Thomas Burzler
Mission: Profit

Thomas Burzler

Mission: Profit

Die Lizenz zum Abschluss

Mit Illustrationen von Timo Wuerz

Bibliografische Information der Deutschen Nationalbibliothek

Die Deutsche Nationalbibliothek verzeichnet diese Publikation
in der Deutschen Nationalbibliografie; detaillierte bibliografische
Informationen sind im Internet über http://dnb.d-nb.de abrufbar.

ISBN 978-3-89749-914-0

Lektorat: Anja Hilgarth, Herzogenaurach
Umschlaggestaltung: Martin Zech Design, Bremen (www.martinzech.de)
Satz und Layout: Das Herstellungsbüro, Hamburg (www.buch-herstellungsbuero.de)
Druck und Bindung: Salzland Druck, Staßfurt

Copyright © 2009 GABAL Verlag GmbH, Offenbach

Über aktuelle Neuerscheinungen und Veranstaltungen informiert Sie
der GABAL-Newsletter unter www.gabal-verlag.de

Inhalt

1. Simon macht sich etwas vor

»Du gehirnlose Amöbe! Geistiger Tiefflieger! Luftverbraucher! Kotzbrocken! Blindgänger!« Simon war nicht mehr zu halten. Er brüllte jetzt geradezu ins Telefon. Schlug bei jedem Wort mit der Faust auf den Tisch. »Blödmann, Rindvieh, Mistkäfer, Schwachkopf, Abzocker!« Erste Krächzer in seiner Stimme verliehen der Tirade etwas Bedrohliches. Die Zahl der Kollegen, die sich vor der offenen Bürotür versammelten, wurde mit jedem Wort größer. »Hohlkopf, Schrumpfbirne, Dorfdepp! Was glaubst du denn, wer du bist? Bloß weil du die Rechnungen abzeichnest, kannst du dir alles rausnehmen, he? Widerlicher Abzocker, widerlicher. Und ich sag dir eines: Jeder Cent soll dir im Hals stecken bleiben. Ersticken sollst du an deinem Geiz, du Dünnbrettbohrer!« Adrenalin pur jagte jetzt durch Simons Blutbahn. Aber mit jeder Silbe, die er in die Sprechmuschel abfeuerte, wuchs das Gefühl der Freiheit, sprengte er ein Glied der Kette, die ihn fesselte. Es war wie ein Rausch. Sein Wortschatz unbegrenzt.

Vor der Tür drehte Strohmeier den Kopf zu Günzle: »Was hat er denn?«

»Dürrling & Knappe, der Chefeinkäufer. Will wohl etwas mehr Rabatt.«

»Und deswegen so ein Terz?«

»Na ja, das geht schon seit zwei Wochen so. Jedes Mal vertrösten sie den Richter und kommen dann wieder mit einer neuen Forderung. Heute war es wohl zu viel für ihn …«

»Eingebildeter Fatzke! Aufgeblasener Einzeller! Hirnloser Wunschschriese! Feige Ratte! Lass mich doch einfach in Ruhe und kauf dir deinen Dreck anderswo. Auf so einen wie dich können wir hier gerade noch verzichten. Zieh Leine!« Simon knallte den Hörer aufs Telefon – und wachte auf. Schweißgebadet der ganze Körper, heftige Spannung an den Schläfen, die Handkante blutig von den vielen Schlägen an die Wand, Decke und Kissen aus dem Bett gekickt. Was war das denn gewesen? Sein Blick ging zur Tür. Keine Kollegen dort. Ein Telefon? Weit und breit nicht. Sein Blick fiel auf den Wecker: 6:17 blinkte es ihm digitalgrün entgegen. Alles gar nicht wahr. Keine zwei Stunden mehr und die gleiche Drecksroutine ging wieder von vorne los. Er griff sich das Kissen und heulte hinein. »Ich halt das nicht mehr aus. Ich halt das nicht mehr aus. Ich halt das nicht mehr aus. Ich halt das nicht mehr aus. Ich halt das nicht mehr aus …«

Cornflakes mit Milch. Kaffee aus der Maschine. Simon rührte gedankenverloren den Zucker zu Molekülgröße. Ziellos folgten seine Augen den Buchstaben in der Morgenzeitung, glitten über Bilder hinweg, ohne sie wahrzunehmen. Das Umblättern der Seiten hatte keinen weiteren Zweck, als das übliche Rascheln zu verursachen. »Warum träume ich so etwas? Geht doch sowieso nicht. Nur ein solches Wort zu einem Kunden und die schmeißen mich hochkant raus. Und wenn's hundertmal wahr ist. Hat nicht Kröncke beim letzten Motivationstag selbst von ›Ratten und Schmeißfliegen‹ gesprochen und davon, wie sein großes Vorbild FJS die alle plattgemacht hat? Hängt nicht bei Günzle das Poster von der Domina mit den Folterwerkzeugen über'm Schreibtisch mit dem Spruch: ›Alle anderen unserer Kunden sind nicht so nett‹? Werfen nicht Kreuzer und Langdorf jeden Tag ihre private Dartmeisterschaft auf die Scheibe mit den Köpfen ihrer zehn wichtigsten Kunden aus? Warum also nicht mal so richtig die Sau rauslassen? Mir ging es doch gut dabei. Zumindest im Traum. Und ich hab recht! Rabatte machen uns kaputt. Noch dazu, wenn sie nie aufhören. Jedes Mal noch billiger. Jedes Mal mit noch längerem Zahlungsziel. Jedes Mal …«

Simon schaute auf seine Hände, die sich, zur Faust geballt, um die Zeitung verkrampft hatten. Weiß waren die Knöchel. Seine

Schläfe pochte. Er hätte schreien können. Aber er verkniff es sich. Brachte ja nichts. Außer Emil, seinem Goldfisch, hörte es ja doch keiner. Und bei dem wusste man nicht.

»Sie haben es satt zu verlieren? Sie möchten gewinnen? Rufen Sie mich an. Wir schaffen das.« Seit ungefähr einer Minute klopfte diese Schlagzeile aus der Zeitung an Simons Sehnerv. Jetzt kam die Botschaft im Gehirn an. Verlieren. Gewinnen. Anruf. *»Wir schaffen das.«* So einfach sollte das sein? Simon schaute aus dem Fenster. Sonnenlos. Grau. Regen. Schlimmer konnte es eigentlich nicht werden. Er riss die Anzeige aus dem Blatt, stopfte sie in die Brusttasche. Später vielleicht, nach dem Mittagessen. Er griff zur Jacke, zum Schirm, klopfte den Schlüsselbund in der Hosentasche ab, kippte den letzten Schluck Kaffee, knallte die Tasse auf die Garderobe und die Tür ins Schloss. Noch vier Minuten bis zur S-Bahn. Hörte dieses Gerenne eigentlich nie auf?

2. Einer Verschwörung auf der Spur

»Ich habe noch eins, ich habe noch eins.« Die Stimme im Kopfhörer überschlug sich fast. »Bei Ihrem Konkurrenten XY bekomme ich das Gleiche um 10 Prozent billiger.« Mehrere Stimmen im Hintergrund riefen jetzt durcheinander. »Super Idee.« »Damit macht er ihn kalt.« »Das ist tödlich.« »Warum eigentlich nicht gleich 20 Prozent?« »Oder 30.« Wildes Gejohle. Gläserklingen.

»Schreib das auf.«

Da war sie wieder, die rauchige, dunkle Stimme der Frau, die bei dieser Organisation das Sagen hatte. Für Tom Profit keine Unbekannte. In seinem jahrzehntelangen Einsatz an der Preiskampf-Front hatte er sie als seine erbittertste Gegnerin kennengelernt. Die feindliche Agentin Tanja Rabattskova. Brünett, wohlgeformt, Beine bis zum Boden. Und zwei augenfällige Argumente, die jeden Mann schwach werden ließen: Preisnachlass und Billigstrategie.

Ihre subversive Zelle, die »Fiesen Einkäufer« (FE), unterwanderte seit Langem erfolgreich die einschlägigen Abteilungen weltweit. Lieferte Einkäufern vermeintlich schlagkräftige Argumente zum Drücken der Preise. Bot Schulungen an, veranstaltete einschlägige Seminare, veröffentlichte Artikel in Zeitschriften und Büchern, trat im Fernsehen auf, als Verbraucheranwältin zum Beispiel. Auch wenn Marketing-Lehrbücher und Werbe-Almanache eine andere Geschichte erzählen: Der Slogan »Geiz ist geil« war in ihrem Thinktank entstanden. Man brauchte sich Tanja nur anzusehen, um den Dingen auf den Grund zu kommen.

Erst vor wenigen Wochen war es den Mehrwert-Agenten der Organisation »ProfitSeller« gelungen, das Hauptquartier der FE zu verwanzen. Gerade rechtzeitig, um einer neuen Aktion auf die

Spur zu kommen, mit der Einkäufer rund um den Erdball unter die Macht Tanjas und ihrer Clique kommen sollten. Der Codename: »Blutrausch«. Zu dieser Stunde saß die Führungs-Crew der FE zusammen und sammelte Ideen für schlagkräftige Argumente gegen gute Preise. Dank der Wanzen waren Tom und die Seinen live dabei.

Was die Abhöranlage seit knapp einer Stunde aufzeichnete, war brisantes Material. Nicht wegen der Qualität der Inhalte. Wohl aber wegen der Wirkung, die sie erzielen konnten. »Die Top-Ten-Sprüche für einen Preisnachlass werden sie schnell zusammenhaben«, meinte Tom zu seiner Assistentin Kathrin, die es sich gleich neben dem Zentralrechner gemütlich gemacht hatte. »Die sind ja auch billig zu haben.« Er grinste.

»Das ist ja das Verführerische daran«, erwiderte Kathrin. »Wenn man leicht auf sie kommt, glaubt auch jeder, dass sie plausibel sind. Und wir haben dann wieder die Arbeit, sie mit tausend Fakten entkräften zu müssen.«

»Hör genau hin«, sagte Tom in diesem Moment. »Gleich kommen die Typen auf die Masche mit der großen Menge …«

»Ich bin Großabnehmer«, kreischte es aus dem Kopfhörer. »Bei der Menge, die ich kaufe, müssen Sie schon ordentlich etwas nachlassen.« Die letzten Silben waren im ausbrechenden Gejohle kaum mehr zu verstehen. Und dann wieder Tanjas gänsehautsanfte Stimme: »Schreib das auf.«

»Apropos aufschreiben«, meinte Tom zu Kathrin. »Was haben wir denn schon an Killerphrasen zusammen?«

Kathrin klickte mit der Maus und der Beamer warf die Liste der bisher gesammelten tödlichen Argumente an die Wand:

- Und Skonto geht extra.
- Bei der Konkurrenz gibt es das viel billiger.
- Auf meinem Schreibtisch stapeln sich Angebote, die besser sind als Ihres.
- Wir brauchen Massenware, keinen Qualitätsmist.
- Ohne Rabatt geht bei uns gar nichts.

- Wollen Sie abschließen oder mir meine Zeit stehlen?
- Bei mir verdienen Sie über die Menge!
- Sie haben doch das Lager voll mit dem Zeug und sind froh,
  wenn ich's Ihnen abnehme.

»Du kannst drauf wetten, dass gleich die Mitleidstour kommt«,
sagte Kathrin. »Ich habe das mal bei Arthur Hailey gelesen, in
Räder. Da verspricht ein Autoverkäufer einem Ehepaar zuerst das
Blaue vom Himmel, sagt den beiden aber, dass er's noch vom Chef
genehmigen lassen muss. Der macht den Mann dann bei offener
Tür lautstark zur Schnecke, droht mit Entlassung – und kürzt den
Rabatt auf ein paar lausige Prozent. Die beiden haben natürlich
total Mitleid mit dem Verkäufer und unterschreiben ...«

»Da haben wir's schon«, sagte Tom. »Hör zu.«

»Noch ein ganz fieser Trick: Der Einkäufer sagt, wir haben da
diese neue Policy. Wenn einer nicht mindestens 20 Prozent auf
die Preisliste gibt, fliegt er bei uns von der Lieferantenliste. DAS
macht Druck.« Tom und Kathrin hörten, wie er sich auf die Schenkel klopfte. »Der traut sich doch nie zu fragen, ob er die Policy mal
schriftlich haben kann.«

»Schreib das auf.«

Allmählich fing Tom an, sich Sorgen zu machen. Da kam viel Arbeit
auf die ProfitSeller und ihre »Mission: Profit« zu, wenn sie nicht
eine Epidemie haben wollten. Er drehte den Lautsprecher herunter. Das Digital Voice System zeichnete zuverlässig alles auf.

»Irgendwelche Termine?«, fragte er Kathrin.

»Kam heute Morgen rein. So ein junger Verkäufer, hörte sich
ziemlich deprimiert an. Arbeitet bei TOPOLOH und träumt von seiner letzten Chance etwas zu verändern. Er hat unsere Anzeige in
der Zeitung gesehen und will dich treffen.«

»Chancen?«

»Er ist noch nicht ganz für die Mehrwert-Sache verloren. Aber
es wird eine Zitterpartie. Seine ganze Firma fährt nämlich noch auf
dieser alten Schiene: sich beim Kunden anschleimen, Geschenke

machen, mit Preisnachlass ködern … Das wird eine harte Nuss. Die Zahlen dieser Firma sehen auch entsprechend schlecht aus. Die machen das nicht mehr lange, wenn sich nichts ändert.«

»Vorbereitungen?«

»Ich schleuse mich ein und fange morgen bei TOPOLOH als Controllerin an. Mutterschutzvertretung.«

»Prima. Noch jemand in der Firma, der uns nutzen kann?«

»Bisher negativ. Aber ich sehe mich um.«

»Was macht der Professor?«

»Ist schon im Labor. Er wird uns blitzschnell die Analysen liefern. Und ein paar taktische Schachzüge.«

»Hört sich gut an. Ich gehe hin und treffe mich mit dem Mann. Name?«

»Simon Richter.«

»Okay. Behalte du mal die Rabattskova und ihre Bande im Auge. Ich fürchte, da braut sich noch etwas zusammen.«

3. Das erste Treffen

Simon wusste, es würde knapp werden. Verdammt knapp. Die Uhr drüben am Kirchturm, es war schon etwas her, dass sie Dreiviertel geschlagen hatte. Rüber ins *Lindström* brauchte er vier Minuten. Wenn er nicht zu lange auf den Lift warten musste und unten an der Zeiterfassung keine Schlange stand. Nur noch diese eine E-Mail. Rolands Blondinenwitze waren einfach unschlagbar. Vielleicht konnte er ja gleich einen bei diesem Agenten anbringen. Womanizer sind für so etwas empfänglich. Ein Blinken in der Menüleiste. Der RSS-Feed. Das musste die Börse sein, also fünf vor zwölf.

Dingsbums Medical Care. Als Verkäufer hatten sie ihn nicht haben wollen, damals. In der ersten Runde gescheitert. Ohne Begründung, ohne Chance, ein paar Argumente anzubringen. Ach – egal. Die Aktien hatte er sich jedenfalls rechtzeitig gesichert. Gleich an diesem »schwarzen Mittwoch«, mit dem Erbe von Tante Anneliese. Seither ging's nur bergauf, eine Zukunftsbranche eben. Mit ihm wären die noch besser. Hightech zu verkaufen, das läuft fast von selbst, ohne Stress. Jeder will's haben. Der Preis – keine Frage.

Simon ertappte sich dabei, wie er auf den Bildschirm starrte, ohne den Inhalt wahrzunehmen. Grün blinkte der Pfeil neben der Notierung. 4,2 Prozent im Plus. Noch ein paar solcher Tage und im Urlaub wäre eine zweite Woche Vier Sterne Superior drin.

Wie eine glühende Nadel bohrte sich der Schlag unter seine Kopfhaut. Die Kirchturmuhr. Er brauchte nicht mitzuzählen. Zwölf. Verdammt! Er riss sein Sakko vom Bügel und rannte los. Er hätte es auch langsamer angehen lassen können. Der Aufzug brauchte gefühlte 20 Minuten, bis die Tür endlich aufging. Nix wie rein und die genervten Blicke der anderen Sardinen ignoriert. Das Ding war schließlich für 18 Leute zugelassen und da waren höchstens 17 drin. Abfahrt. Es ging aufwärts. Verdammt! Um es kurz zu machen: Es war ziemlich genau 17 nach zwölf, als er das *Lindström* betrat.

»Sie müssen Simon sein.« Die Stimme von der Seite klang weder genervt noch erfreut. Ziemlich neutral und gelassen. Aber es schwang etwas mit, was Simon nach dem Gedrängel im Lift und dem Gehetze hierher einen dritten Schweißausbruch bescherte. Dieses untrügliche Gefühl, sich blamiert zu haben, alles vergeigt. Er wandte sich um. »Woher …?« »Es entspricht dem Muster. Sie haben mehr als nur ein Problem.« Ein Mann, eins neunzig groß, kurzes, grau meliertes Haar. Dunkelbrauner Dreiteiler, hellblaues Hemd. Sah eher nach Banker aus als nach Agent. »Sie kommen zu spät. 27 Minuten.«

Simon schoss die Röte ins Gesicht. Scham und Ärger. Der Typ konnte wohl die Uhr nicht lesen. »Wir waren um zwölf verabredet, jetzt ist es …« Demonstrativ wollte er auf seine Uhr deuten.

»Wollen Sie etwas von mir oder ich etwas von Ihnen? Zehn Minuten vor der Zeit da zu sein ist das Mindeste, was Sie einem Gesprächspartner an Höflichkeit entgegenbringen sollten. Und sich selbst auch. Was glauben Sie, wie lange Sie brauchen, um wieder zivilisiert auszusehen und Ihre Gedanken auf der Reihe zu haben?«

Simon verwünschte den Tag. Die Zeitung am Morgen. Die Idee, den Typ anzurufen. Die Blondinenwitze. Die Aktien.

»Sie haben nicht auf die Uhr gesehen und dann noch schnell die E-Mails gecheckt. Der Aufzug kam zu spät und die Schlange vor der Zeiterfassung war ungefähr elf Menschen zu lang.«

Der Typ war Agent. Woher sonst wollte er das wissen?

»Sie haben mich beobachtet?«

»Gar nicht nötig. Sie entsprechen dem Muster.«

»Welchem Muster?«

»Unorganisiert. Undiszipliniert. Unrasiert.«

Unwillkürlich fuhr sich Simon übers Kinn. Das Übliche. Die eine Stelle neben dem linken Mundwinkel. Er kannte das schon. Kam vor, wenn's morgens schnell gehen sollte.

»Und besonders gepflegt gekleidet sind Sie auch nicht.«

Zum Teufel, was nahm der Kerl sich eigentlich raus? »Ich hatte Sie angerufen, weil ich Hilfe im Job brauche, nicht für eine Stilberatung.«

»Simon, auch wenn es Sie überrascht: Das gehört zusammen.«

Oh ja, und der Griff zur Apfelschorle beim Assessment-Center ist ein Zeichen für eine gespaltene Persönlichkeit. Simon hatte genug. »Wissen Sie was: Das war's. Darauf habe ich keine Lust.« Er drehte sich um.

»Wenn Sie bei Ihren Kunden auch so schnell aufgeben, wundert es mich nicht, dass Ihre Provision dieses Mal nur halb so hoch ausfällt wie voriges Jahr.«

Woher wusste dieser arrogante Hund das schon wieder? Ohne sich dessen bewusst zu sein, hatte Simon das »Woher« laut ausgesprochen.

»Weil ich mich für Sie interessiere«, sagte der Agent. »Und jetzt setzen Sie sich schon her und stehen Sie den Bedienungen nicht länger im Weg herum. Sonst kommen wir nie zu unserem Lunch.«

Simon hatte keine Ahnung, warum, aber sein Fluchtinstinkt war im Keim erstickt. Er zog den Stuhl vom Tisch weg und setzte sich. Zornbebend und mit einem kalt am Rücken klebenden Hemd.

»Sie haben gerade die erste Entscheidung für eine bessere Zukunft gefällt«, hörte er den Agenten sagen. »Was essen Sie?«

»Da brauche ich erst die Karte, Herr …« Er zögerte.

»Nennen Sie mich Profit. Tom Profit.« Er hielt Simon die Hand hin.

»Danke, Herr Profit. Ich bin Simon Richter.« Der kräftige Händedruck, der diese zweite Begrüßung begleitete, war angenehm. Irgendwie schien er den Stress der vergangenen Minuten unverzüglich in Luft aufzulösen. Simon war verblüfft und beruhigt zugleich. Besser, das durchzustehen, als wieder wegzulaufen. Besser so.

»Was essen Sie?«

»Keine Ahnung. Ich brauche …«

»Die Karte. Habe ich gehört. Das klingt aber nicht gut.«

17

»Wieso?«

»Sie haben mich hierher gebeten. ›Das *Lindström*‹, sagten Sie, ›kenne ich, das ist okay. Da kann man ein paar leckere Kleinigkeiten essen, genau das Richtige zu Mittag.‹ Waren das Ihre Worte?«

»Ja, so ähnlich.«

»Dann sollte ich mich auf Ihre Worte verlassen können, wenn Sie mich hierher bitten. Da können Sie mit Ihrer Empfehlung die ersten Vertrauenspunkte machen. Gehen Sie in einem solchen Moment des Kennenlernens keine Experimente ein, sondern zeigen Sie sich als Insider. Auch wenn ich vielleicht eine andere Wahl treffe, ist es Ihre Kompetenz, an der ich mich orientiere. Aber wenn Sie mir da schon beim Business-Lunch nichts bieten können, wie soll es dann erst beim Verkaufsgespräch werden?«

Simon dachte nach. »Da könnten Sie recht haben. Mich nervt das auch immer, wenn die Leute ewig nicht wissen, was sie wollen.«

»Verstehen Sie mich nicht falsch: Das Überlegen, das Aussuchen – das sind die Privilegien des Neulings. Diese Freiheit dürfen Sie nie beschneiden. Aber Sie können durch Ihre Insider-Erfahrung, durch Ihr Fachwissen das steuern, was kommt. Diese Chance sollten Sie sich nie entgehen lassen.«

»Ist das die erste Lektion?«

»Wenn Sie so wollen: Ja.«

»Dann schon mal vielen Dank. Und ich empfehle die Spaghetti al Arrabiata. Die sind ein Traum.«

Profit schüttelte sanft den Kopf. »Eher ein Albtraum. Nehmen Sie lieber ein Schnitzel.«

»Was soll das jetzt wieder? Ich dachte, ich soll Ihnen eine Empfehlung geben?«

»Gerichte mit Soße, vor allem mit Tomatensoße, bergen unkalkulierbare Risiken für Ihre Kleidung. Sie sind angespannt, nervös, wissen nicht, wo das Gespräch hingeht, brauchen Ihre Aufmerksamkeit für mich, nicht für Ihren Teller – wie groß, glauben Sie, sind Ihre Chancen, mit unbeflecktem Hemd aus diesem Treffen hervorzugehen? Nehmen Sie ein Schnitzel mit Bratkartoffeln.

18

Oder ein Steak mit Gemüse. Das ist die sauberste Lösung für jetzt. Oder wollen Sie sich eine Serviette umbinden?«

Simon erinnerte sich mit Schaudern an den vorigen Oktober. Günzle, sein Chef, hatte ihn im Auto warten lassen und das Gespräch mit Ottokar und Söhne alleine geführt. »Sie sehen aus wie ein Pizzabäcker, aber nicht wie ein Verkäufer meiner Abteilung«, hatte der ihn angeraunzt. Wegen zwei winzigen roten Flecken auf der Brusttasche. »Chef, ich mach den Besucherbadge drüber«, hatte er noch vorgeschlagen. Ohne Erfolg. »Sie sind wohl vollkommen plemplem«, war die Antwort. Und das Ding war gelaufen.

Simon nickte. »Ich verstehe. Ist gebackenes Hühnchen mit Pommes auch okay?«

»Hühnchen ja, aber nehmen Sie lieber Bratkartoffeln. Das ist besser für Ihre Fitness. Aber darüber werden wir später noch reden. Wir sehen uns heute Abend in *Harry's Bar*. Seien Sie pünktlich.«

Bevor Simon den Mund aufbrachte, war Profit verschwunden. Das konnte ja heiter werden.

4. Die Veränderung beginnt

»Und natürlich erwarte ich von Ihnen in der ganzen Angelegenheit absolutes Schweigen. Ist das klar?« Simon hatte kaum mehr die Kraft, bestätigend zu nicken. Eine Dreiviertelstunde lang hatte ihn Profit jetzt schon in der Mangel. Sie saßen etwas abseits von den anderen wenigen Gästen in *Harry's Bar,* die an diesem Dienstagabend noch bis kurz vor Mitternacht ausgeharrt hatten. Zuhörer hatten sie keine bei ihrem Gespräch. Was heißt Gespräch? Ein Kreuzverhör, das jedem Geheimdienst zur Ehre gereicht hätte.

Lebenslauf, Ausbildung, Vorlieben. Spezialwissen, Sprachenkenntnisse, Hobbys. Einkaufsverhalten, Urlaubspläne, Freizeitgestaltung. Manche Dinge waren ihm erst durch die Fragerei seines Gegenübers wieder eingefallen. »Es gibt nichts, was nicht nützlich sein könnte für Ihre Zukunft«, hatte Profit zwischendrin mal bemerkt, als Simon Zweifel an Sinn und Zweck der Befragung geäußert hatte. »Wenn wir miteinander Erfolg haben wollen, müssen Sie alles auf den Tisch legen.« Und so hatte er erzählt. Vom Taekwondo-Kurs damals und von seiner Begeisterung für italienische Opern. Von seiner Leidenschaft für James-Bond-Filme (»Immer gleich in die Premiere. In *Licence to Kill* habe ich mich zwei Tage vor meinem 13. Geburtstag hineingemogelt.«) und seinen gescheiterten Versuchen, Spanisch zu lernen. »Weiter als *Donde esta Barcelona* habe ich es nie geschafft …«

Es hatte ihn zunächst erstaunt, wie viele Details sich Profit in seinem PDA notiert hatte. Aber dann hatte er ein kleines Spielchen begonnen und sich gedacht: »Schreib du nur!«, und ihn mit Details überschüttet. Aber den Mann konnte offenbar nichts aus der Ruhe bringen. Das Eis in seinem Whiskey Sour war darüber geschmolzen, während der andere immer wieder genüsslich an seinem Martini genippt hatte.

»Sie fragen sich sicher, warum ich das alles wissen will«, sagte Profit gerade. »Ach nee, tu ich das?«, schoss es Simon durch den Kopf, aber er hielt mal lieber die Klappe. Sollte der andere doch reden. »Erstens will ich Sie kennenlernen. Zweitens will ich Ihre Stärken und Schwächen sehen. Drittens analysiere ich die Art und Weise, wie Sie sich mitteilen. Zu viertens kommen wir später.« Profit lehnte sich zurück und winkte dem Ober, eine zweite Runde zu bringen. »Lassen Sie Ihren Drink stehen, der schmeckt jetzt sowieso nicht mehr.«

»Ich hatte eigentlich gedacht, Sie wollen mir mit meinen Problemen im Job helfen«, wagte Simon jetzt Widerspruch. »Das hatte ich Ihnen heute Mittag schon gesagt. Allmählich halte ich das für eine Lachnummer. Blöde Fragen stellen kann jeder, da brauche ich Sie nicht dazu. Ich gehe jetzt.«

Profit schaute ihn an. Nein, er fixierte ihn. Zwei Sekunden, fünf, zehn. »Warum stehen Sie dann nicht auf.«

»Ich …«

»Sie hatten einen eher bescheidenen Nachmittag mit ausreichend Misserfolgserlebnissen und darüber schon wieder vergessen, dass wir uns vor ein paar Stunden schon mal ganz angeregt unterhalten haben.« Profit schien über der Situation zu stehen. Seine Stimme ähnelte der eines Wettermanns im Fernsehen, der ganz emotionslos den Durchzug eines leichten Regengebiets über Hunsrück und Eifel rekapitulierte. »Das sollte Ihnen zu denken geben.«

»Wieso? Das passiert doch jeden Tag mal.«

»Genau. Jeden Tag, jede Woche, jeden Monat. Aber es passiert nicht nur Ihnen. Es passiert auch Ihren Kunden. Haben Sie schon mal überlegt, was passieren kann? Da führen Sie ein gutes, angeregtes Telefonat, machen 20 Minuten lang gutes Wetter, bereiten alles vor, um die Ernte einzubringen. Und kaum haben Sie aufgelegt, verhagelt ein Ihnen unbekanntes Ereignis Ihrem Gesprächspartner so die Stimmung, dass er alles wieder vergessen hat. Was war denn los bei Ihnen nach dem Lunch?«

Der traf den wunden Punkt wirklich haargenau. Profit schien wirklich Ahnung zu haben.

»Ach, es war eines von diesen frustrierenden Telefonaten, wo der Typ am anderen Ende immer wieder mit dem Gleichen anfängt: ›Sie sind zu teuer, Sie sind zu teuer, Sie sind zu teuer …‹«

»Und, sind Sie zu teuer?«

»So gut ich das weiß, liegen wir nur ein paar läppische Prozent über dem, was die Jungs bei NIKLOTOP haben wollen. Aber deren Produkt kommt an unseres nicht heran. Wir haben mehr Power, laufen genauer und geben auch zwei Jahre mehr Garantie. Aber das hat diesen Typ einfach nicht interessiert. Der will einfach nur den billigsten Preis. Alles andere ist dem wurscht.«

»Haben Sie Verständnis für sein Anliegen gezeigt?«

»Na ja, ich habe halt gesagt, wenn außer dem Preis keine anderen Kriterien für ihn wichtig sind, dann könnte er gebrauchte Teile auch bei uns kaufen. Die sind voll überholt, haben die gleiche Garantie und kosten nur 60 Prozent vom Neupreis.«

»Guter Vorschlag. Wie hat er reagiert?«

»Er hat mich angebrüllt. Ich will ihn wohl verarschen. Er kauft neu oder gar nicht. Und er wird mir bei meinem Chef die Hölle heiß machen. Dann hat er aufgelegt.«

»Simon – das war das Beste, was Ihnen in diesem Fall passieren konnte. Denn dieser Einkäufer wollte nur eines: den günstigsten Preis auf dem Markt. Dem waren Sie und Ihre Vorschläge schnurzepiepegal. Mein Vorschlag: Lassen Sie einen Tag verstreichen und schicken Sie dann ein schriftliches Angebot über die gebrauchten Teile an ihn raus. Gehen Sie dabei auf sein Anliegen nach einem optimalen Preis ein. Machen Sie ihm klar, dass Sie sein Anliegen verstehen, dass Sie eigens für ihn eine Lösung entwickelt haben, und stellen Sie den Mehrwert heraus, den er dafür bekommt.«

»Mehrwert?«

»Na, verglichen mit der Konkurrenz. Die höhere Leistungsfähigkeit, die Lebensdauer, die Garantie. Das sind ja alles Dinge, die in der normalen Produkt-Preis-Kategorie noch nicht enthalten sind. Das sind die Argumente, mit denen Sie sich vom Wettbewerb unterscheiden. Egal, ob der Mann darauf abfährt oder nicht: Dokumentieren Sie, was Ihr Angebot besonders macht. Darauf können Sie sich berufen – und das kann er nicht ignorieren. Denn auch er muss sich intern für seine Entscheidung verantworten.«

»Glauben Sie wirklich, das hilft?«

»Sehen Sie, Simon, mit diesem Angebot gehen Sie einen entscheidenden Schritt der Veränderung. Sie machen die Verhandlung zu einer persönlichen Angelegenheit. Auf einmal geht es nicht mehr darum, ob dieser Mann bei NIKLOTOP oder bei TOPOLOH kauft, sondern ob er bei IHNEN kauft oder nicht. Machen Sie sich zu seinem Anwalt in Sachen optimale Einkaufsstrategie, werden Sie sein Partner. Haben Sie eigentlich noch nie *Stratego* gespielt?«

Simon erinnerte sich: »Das Spiel, wo es früher hieß ›Erobern Sie‹, und später dann, damit es auch schön politisch korrekt und antimilitaristisch klingt, ›Befreien Sie‹?«

»Genau. Am weitesten bei diesem Spiel, wo es letztlich um die Eroberung der Welt geht, kommen jene, die Bündnisse eingehen, die auf den ersten Blick beiden Beteiligten helfen, langfristig aber nur dem, der dadurch die meiste Macht anhäuft, um anschließend den bisherigen Partner wieder anzugreifen. Alles eine Frage der Strategie, des Vorausdenkens. Und deshalb müssen Sie Ihr Gegenüber kapieren, Sie müssen wissen, wo ihn der Schuh drückt, wo seine Schwächen liegen und wo er stärker ist als Sie. Was wissen Sie denn über Ihren Kunden?«

»Nicht viel. Der Mann, mit dem ich da zu tun habe, Stövers, ist erst seit fünf, sechs Wochen in der Firma. Der kommt von diesem holländischen Konzern, die NIKLOTOP zu Jahresanfang übernommen haben. Seitdem ist dort nichts mehr wie früher. Alles, worauf man sich verlassen konnte, gilt auf einmal nichts mehr. Es ist wie verhext.«

»Stövers weiß also auch nicht über Ihre Produkte Bescheid, wenigstens nicht im Detail. Er hat vermutlich nur eine Datei übernommen und zieht jetzt die 08/15-Nummer durch. Haben Sie mit ihm schon mal geredet?«

»Nein, worüber denn?«

»Simon, Sie haben sich doch vorher gewundert, warum ich Ihnen so viele Fragen gestellt habe, deren Sinn Sie nicht einsehen wollten. Dabei habe ich versucht, mir ein Bild von Ihnen zu machen. Und zwar nicht nur vom Verkäufer, sondern vom ganzen Simon Richter. Damit ich künftig auf Sie eingehen kann, damit ich mit Ihren Stärken und Schwächen arbeiten kann. Genau das sollten Sie mit Ihren Kunden auch machen. Vor allem, wenn Sie neue Kontakte an der Strippe haben wie Stövers – und schon erkennen, dass die alten Spielregeln nicht mehr gelten. Umso neugieriger sollten Sie sein!«

Simon sah das ein. Aber so etwas war in der Abteilung unüblich. »Wir machen hier keine Plauderstunden. Alles, was wir über unsere Kunden wissen müssen, steht im CRM«, hatte Günzle gebellt, als er ihm freudestrahlend berichtete, er habe herausbekommen, dass sein erster Kunde genauso wie er Fan von St. Pauli sei und beide sich prima über das letzte Spiel unterhalten hätten. Er erzählte das Profit.

»Lassen Sie sich von solchen Themen nicht abbringen. Gespräche auf dieser Ebene machen den Unterschied. Denn wenn Sie und Ihre Kunden so etwas verbindet, ändert sich alles. Er kauft dann nicht mehr irgendwo, sondern er kauft bei IHNEN. Und nur darum geht es«, antwortete der Agent. »Wenn Sie diese Qualität von Beziehung erreicht haben, verhandeln Sie auf anderem Niveau. Natürlich will Ihr Kunde den besten Preis. Aber er sucht ihn sich dann nicht mehr x-beliebig auf dem Markt, er fragt ihn bei Ihnen an.«

»Das ist wirklich so einfach«, staunte Simon.

»Es ist gar nicht einfach«, antwortete der Agent. »Das ist ein hartes Stück Arbeit. Aber es macht einen gewaltigen Unterschied aus, ob der Kunde Ihnen vertraut oder nicht. Zum Vertrauen gehört aber mehr als gute Preise. Dazu gehören auch Ehrlichkeit, Kompetenz und die persönliche Note. Gar nicht einfach!«

»Wonach frage ich denn so ungefähr?«

»Stellen Sie sich nicht dümmer, als Sie sind, Simon. Sie haben die Fakten, die Sie kennen. Ein paar Dinge können Sie sich aus eigener Erfahrung zusammenreimen, ein paar können Sie sich mit dem, was Sie beim Studium gelernt haben, denken. Ansonsten sind Köpfchen und schnelle Reaktionen gefragt. Das haben Sie doch beim Taekwondo gelernt. Alles nur eine Frage der Physik und der richtig angesetzten Hebel ...«

Simon erkannte, wohin das führen würde. Raus aus der Routine. Das hatte er immer gewollt. Und es würde verdammt anstrengend werden. Aber er hatte das Gefühl, dass er sich auf diesen Profit verlassen könnte. Irgendwie hatte der ...

Simon traf seine Entscheidung: »Herr Profit, ich vertraue Ihnen. Lassen Sie uns ins Geschäft kommen!«

Der lächelte. »Darauf noch einen Drink, Simon?«

An diesem Abend schrieb sich Simon in seinen Kalender:

> **Vertrauen ist der Anfang von allem.**
> **Der Kunde muss bei MIR kaufen wollen.**

5. Erste Schritte

Mit so viel Schwung war Simon schon lange nicht mehr in den Tag gestartet. Obwohl es eine kurze Nacht gewesen war. Halb zwei ins Bett, halb sieben wieder raus. Das bedeutete für ihn normalerweise, dass auch zwei Tassen Kaffee und ein extra Espresso Mühe hatten, ihn wach zu kriegen. Aber heute war das ganz anders. Zum ersten Mal seit, ja, seit wann eigentlich? Simon hatte längst vergessen, wann er das letzte Mal unter der Dusche gesungen hatte. Nicht nur ein paar Töne, sondern lauthals. »Oh when the saints go marching in ...« Heute war sein Tag, heute fing alles neu an. Diese Ideen, die Profit ihm geflüstert hatte, die Erinnerung an die alten Erfahrungen, das Gelernte aus dem Studium und den Seminaren. »Ich hab's drauf, ich mach das.«

Simon war zwei Minuten vor der S-Bahn an der Haltestelle.

Simon war der Erste seiner Abteilung im Büro.

Simon suchte sich aus seiner Wochenagenda die härteste Nuss. Er wählte die Nummer.

»Kleinhans.«

»Wunderschönen guten Morgen, Herr Kleinhans. Richter hier, von der TOPOLOH. Wie gehen die Geschäfte?«

»Was geht denn Sie das an?«

Simon zuckte kurz zusammen. Aber dann schoss die frische Energie durch ihn, wischte die kurze Störung beiseite. »Ich habe heute Morgen im Radio die gute Nachricht gehört: Sie übernehmen die Snirt AG. Herzlichen Glückwunsch!«

»Den können Sie sich an den Hut stecken. Was wollen Sie eigentlich von mir?«

Simon musste jetzt doch schlucken. Was war denn mit DEM los? So einfach wollte er sich seine guten Vorsätze aber nicht versalzen lassen. »Na, das bedeutet doch tolle neue Geschäftsmöglichkeiten, neue Märkte, neue Stärke. Da freue ich mich richtig, dass wir als jahrelanger Lieferant …« Er kam nicht weiter.

»Das Gesülze kannst du dir sonst wohin stecken, Junge. Das zieht bei mir nicht.« Kleinhans spuckte die Worte förmlich aus.

Bei Simon gingen die Alarmlampen an. »Das verstehe ich jetzt nicht, Herr Kleinhans. Das sind doch gute Nachrichten. Und als Ihr Partner …«

Wieder fiel ihm der andere ins Wort. »Das mit dem Partner können Sie vergessen. Sind Sie so doof oder tun Sie nur so? Mit der Übernahme holen wir uns doch nicht nur ein paar neue Produkte ins Haus, sondern auch eine komplette Einkaufsmannschaft. Die haben zwar nur Ramsch zu verkaufen, aber das mit den billigen Zutaten machen die bisher nicht schlecht, oder? Und das heißt, dass jeder Job hier erst mal zur Disposition steht. Und die Versprechungen für den Teamleiterposten kann ich erst mal in die Ablage P schieben. Da liegt nämlich auch schon der Brief von ganz oben, dass jetzt alles neu verhandelt wird. Unter anderem mit der Bemerkung, dass alle vorgegebenen Jahresziele noch einmal um zehn Prozent ›optimiert‹ werden müssen. Kapieren Sie das?«

Simon hatte es die Sprache verschlagen. »Ähm, tja«, war das Einzige, was sein blockierter Kehlkopf freigab.

»Das habe ich mir gedacht. Zuerst großkotzig rumtönen und dann, wenn's eng wird, ins Stottern kommen. Davon kann ich mir auch nichts kaufen. Überhaupt, kaufen: Ich erwarte auf Ihr letztes Angebot noch einen extra Nachlass von zehn, nein, besser 15 Prozent. Nennen Sie es von mir aus ›Fusions-Bonus‹ oder ›Welcome-Prämie‹. Egal wie. Hauptsache zackig. Ich brauche jetzt nämlich ein schnelles Erfolgserlebnis, bevor irgendeiner von den Neuen seinen Arsch hier breitmacht. Haben Sie das verstanden?«

»Herr Kleinhans, wir arbeiten doch seit Jahren …« Er klammerte sich an Worte wie Partner, Loyalität, Gemeinsamkeit. Vergebens.

»Trallali und Trallala. 15 Prozent. Schriftlich. Tschüss.«

Die Leitung war tot. Simon so gut wie. Das war ja gründlich schiefgegangen. Wie hatte das passieren können?

Während er noch Löcher ins Leere starrte, bohrte sich ein sirrendes Pfeifen einen Kanal in sein Bewusstsein. Was war das? Auf dem Bildschirm bemerkte er ein aufgepopptes rotes Dialogfeld. Mit leuchtend gelben Worten. »DAS IST JA GRÜNDLICH SCHIEFGEGANGEN. WIE HATTE DAS PASSIEREN KÖNNEN? Profit« Simons Erstarrung wich der Verwunderung. Woher wusste der Agent schon, was geschehen war?

Sein Telefon läutete. »Richter, TOPOLOH, was kann ich für Sie tun?« Die Worte kamen ganz automatisch über seine Lippen.

»Profit hier. Sehen Sie meine Message?«

Simon nickte.

»Das ist zwar sehr schön, dass Sie mir das bestätigen. Aber ich kann's nicht hören, wenn Sie nicken.« Profit klang leicht spöttisch.

»Woher wissen Sie …«, meinte Simon überrascht.

»Wir haben heute Nacht Ihren Arbeitsplatz, na sagen wir mal, aufgewertet. Zwei Kameras beobachten Sie und was hinter Ihrem Rücken geschieht. Wir sind in Ihr Telefon eingeklinkt und haben zwei Voicerecorder vor und hinter dem Monitor installiert. Ihre Daten laufen über uns rein und raus und wenn Sie einen Pups lassen, schlägt unser Duftometer an.«

Simon machte große Augen. »Das verstößt gegen den Datenschutz und gegen die Geheimhaltungsvorschriften«, rief er empört. »Und überhaupt, ich will das nicht!«

»Simon«, Profit klang nun wieder beruhigend, »ob Sie das wollen oder nicht, darüber haben wir doch gestern Abend gesprochen und uns geeinigt, nicht wahr? Außerdem können Sie glauben oder nicht, was ich Ihnen gerade erzählt habe. Vielleicht hat mir ja auch nur meine Intuition gesagt: Dieser junge, erfolgsuchende Mann wird heute früh gleich mal verschärft loslegen und dabei vermutlich sein Pferd in den Graben reiten vor lauter Schwung und Begeisterung. Könnte auch sein, nicht wahr? Ihre Reaktion zeigt mir auf jeden Fall, dass ich richtig liege.«

Simon fuhr sich mit der Hand über die Stirn und durch die Haare. Er schüttelte den Kopf. Worauf hatte er sich da nur eingelassen? Dann erzählte er Profit, was geschehen war.

»Klassischer Anfängerfehler«, antwortete der. »Schön, dass Sie bei den Nachrichten aufgepasst haben. Aber die Interpretation haben Sie dann aus der Ego-Perspektive vollzogen: ›Ich weiß was und ich bin ein toller Hecht.‹ Wenn Sie Wissen erfolgreich anwenden wollen, dann bleibt Ihnen nichts anderes übrig, als sich in Ihr Gegenüber hineinzuversetzen. Sonst liefern Sie nichts als heiße Luft.«

»Sie haben recht. Entschuldigung!«, murmelte Simon.

»Sie brauchen sich bei mir nicht zu entschuldigen, Simon. Ich verkrafte das schon. Machen Sie sich lieber mal ein paar Gedanken, wie Sie dem guten Kleinhans wieder auf die Sprünge helfen können. Der denkt im Moment auch nur an sich.«

»Ich würde ja gern, aber 15 Prozent sind nicht drin. Ich bin da bei meinem letzten Angebot schon an die Grenze gegangen. Mehr Luft habe ich einfach nicht. Können Sie mir nicht helfen?«

»So einfach geht das nicht. Helfen müssen Sie sich schon selbst. Aber ich kann Ihnen zwei Tipps geben. Erstens: Geben Sie jetzt nicht auf. Es geht erst einmal um Emotionen, nicht um Fakten. Und zweitens: Erinnern Sie sich an gestern Nachmittag?«

»An was genau?« Simon saß auf der Leitung. Zu viele Gedanken durchschwirrten sein Gehirn.

»Na, an den Einkäufer, der lieber bei NIKLOTOP kauft als bei Ihnen?«

»Ja, ich erinnere mich.«

»Da lagen Sie ja im Ansatz schon richtig und Ihre Idee mit den Gebrauchten war gut. Was hindert Sie daran, das jetzt auch mit Kleinhans zu machen? Und noch das eine oder andere Service-Goodie obendrauf zu legen, damit in der Summe nicht 15, sondern 20 Prozent herauskommen – aber nicht als Rabatt, sondern als Mehrwert?«

»Mensch, tolle Idee. Da haben Sie recht. Da brauche ich ja nur ein paar Minuten, das habe ich alles noch hier im Speicher! Und was sage ich ihm dann?«

»Zum Beispiel, dass Ihnen Ihre Kurzsichtigkeit leidtut. Dass Sie wirklich daran hätten denken sollen, dass es immer die Einkäufer sind, die den meisten Druck abbekommen. Dass Sie sich seine Sorgen – aus alter Verbundenheit heraus – durch den Kopf haben gehen lassen. Dass Sie sein Problem erkennen und sich gleich an eine Lösung gemacht haben. Eine Lösung, die ihm viele Vorteile bringt und seine Kreativität und unternehmensorientierte Denke unterstreicht.« Profits Ton war eindringlich. »Die menschliche Komponente zu unterschätzen, war Ihr Fehler. Gleichen Sie ihn aus, indem Sie hier gegensteuern. Drehen Sie den Wunsch nach Preisnachlass in ein Mehrwertversprechen. Denn dessen Folgen wirken länger als eine einmalige, kurze Ersparnis. Damit machen Sie Ihren Partner in seiner Firma berühmt und legen gleichzeitig den Grundstein dafür, auch künftig auf dieser Basis mit ihm Geschäfte zu machen.«

Simon verstand. »Weil es nämlich so ist, dass mein ganzer Einsatz in der Vergangenheit umsonst war und ich mich auf einen neuen Einkäufer dort einstellen muss, wenn ich Kleinhans jetzt nichts bieten kann, nicht wahr? Profit, Sie sind echt ein Ass. Danke, dass Sie mir helfen!«

»Gern geschehen, Simon. Legen Sie jetzt los, damit Sie Kleinhans etwas liefern können, bevor er auf dumme Gedanken kommt.«

»Bin schon dabei. Und wann sehen wir uns wieder?«

»Ich melde mich. Bis dann.« Simon sah auf die Uhr. Keine zehn Minuten vergangen. Es war ihm wie eine Ewigkeit vorgekommen. Mehrwert. Was für ein langweiliges Wort. Mit ganz erstaunlichen Möglichkeiten.

Simons Kalender nahm folgenden Eintrag auf:

Immer die menschliche Komponente beachten.

Aus der Sicht des Kunden denken.

---

6. Was ist ein Preis wert?

Sie saßen bei Orangensaft und Croissants in der TOPOLOH-Kantine. Profit hatte sich ins Outfit eines Service-Technikers der Computerfirma geworfen, die das ganze Unternehmen betreute. Für einen Betrachter sah es wie ein zufälliges Zusammentreffen in der Vormittagspause aus, mit einer beiläufigen Plauderei über die Bundesliga, die jüngste Hardware oder das Wetter. Simon hatte sich in den letzten Tagen so viel Pokerface zugelegt, dass er ein solches Treffen anstandslos überstand. Und Profit war sowieso ein Profi in derlei Dingen.

»Der reine Preiskampf hat bei den Unternehmen in Deutschland als Wachstumsstrategie ausgedient«, sagte der Agent gerade. »Jüngste Studien zeigen, dass nur sieben Prozent der Fach- und Führungskräfte in Niedrigpreiskampagnen ein wirksames Mittel für den Unternehmenserfolg sehen. Da dürfte Ihre eigene Erfahrung die gleiche sein, auch wenn Sie bis zur Führungskraft noch ein bisschen Karriere machen müssen, nicht wahr?«

Simon nickte. »Ich vermute ja auch, dass wir auf anderem Weg nach vorne kommen müssen. Aber das, was wir immer zu hören bekommen, klingt doch ganz anders. Wenn die da oben meinen, es ginge auch anders, dann haben die das optimal verschlüsselt. Konkrete Ziele habe ich aus den Hausmitteilungen jedenfalls noch nicht herauslesen können. Wo sehen Sie denn die besten Möglichkeiten?«

»Wenn Sie wachsen wollen, dann brauchen Sie Kompetenz im eigenen Produkt und beim Kunden. Sie müssen Ihre Marktanteile steigern und ohne Nachlass innovativ sein. Erkennen Sie, dass die gleichen Dinge, die ein Unternehmen ganz generell voranbringen,

auch die Eigenschaften sind, mit denen Sie als Verkäufer erfolgreich sind?« Er zog seinen PDA heraus, öffnete eine Datei. »Sehen
Sie her. Wir haben hier einen Vergleich der Umsätze von Unternehmen, die Qualitätswachstum betrieben, mit Firmen, die immer
nur nach der Preisführerschaft strebten. Und siehe da, die gehörten
überdurchschnittlich oft zu den Umsatzverlierern. Stand auch in
der *Wirtschaftswoche*, wird aber immer wieder gern ignoriert.«

»Wie bei TOPOLOH«, warf Simon ein. »Darüber hat mit uns
noch keiner geredet.«

Profit blickte ihn ernst an. »Lieber Simon, da erwarte ich von
Ihnen aber mehr. Wenn keiner mit Ihnen redet, müssen Sie eben
fragen – und im Zweifelsfall auch selbst nach Antworten suchen.
Passivität ist eine ganz schlechte Eigenschaft, wenn man nach oben
kommen will.« Er hielt dem jungen Verkäufer einen Zeitungsaus-
schnitt hin, auf dem einige Zeilen grün gemarkert waren. »Da, lesen Sie.«

*Mehr als jedes zweite Unternehmen in Deutschland strebt statt
günstigen Preisen die Kompetenzführerschaft in der Branche an.
Die Anbieter wollen durch Kenntnis der Kundenbedürfnisse die
höchstmögliche Kundenzufriedenheit erreichen. Damit sind in der
Regel auch eine hohe Kundenbindung und ein hoher Kundenwert
zu erzielen. Auf den Plätzen zwei und drei der Wachstumsstrate-
gien folgen Marktführerschaft und Innovation: 40 Prozent haben
sich eine Ausweitung der Marktanteile auf die Fahnen geschrieben.
Rund 30 Prozent setzen auf Produktinnovationen, um mit neuen
Entwicklungen Wachstum zu generieren. Alle drei Strategien sind
gemessen am Umsatzergebnis der letzten drei Jahre Erfolg ver-
sprechend. Denn der Anteil der Umsatzgewinner, die ihre Wachs-
tumsstrategien an diesen Kriterien ausgerichtet haben, ist überdurchschnittlich hoch. Schlusslicht bilden dagegen die Ansätze, die
auf Kosten- und Preisführerschaft setzen. Die Konzentration auf
möglichst niedrige Produktionskosten (15,5 Prozent) als Basis für
geringe Endverbraucherpreise (7,1 Prozent) hat als Expansions-
strategie offenbar ausgedient.*

Simon blickte auf. »Das liest sich wie eine Verkündigung aus dem Vatikan. Klingt unfehlbar. Aber am Telefon höre ich immer etwas anderes, da geht es ständig um den Preis. Da stimmt doch irgendetwas nicht.«

Profit lehnte sich zurück. »Worüber reden Sie mit jemandem, von dem Sie nichts wissen, außer dass er bei der Feuerwehr arbeitet? Übers Feuer. Was ist Ihr Thema bei einem Gespräch mit einem Mediziner? Krankheit und Gesundheit. Was wollen Sie von Harald Schmidt hören? Einen Gag, eine geistreiche Bemerkung. Aber das ist zu wenig. Wenn Sie Ihren Gesprächspartnern nur ein Thema zu bieten haben, dann bleibt es auch dabei. Wenn Sie über mehr reden können als über Preise, dann verteilt sich das auch anders. Aber ich habe noch einen ganz anderen Verdacht.«

Simon sah ihn neugierig an, derweil seine Finger das Croissant zu einem 1000-Teile-Puzzle zerbröselten. Sein Gesicht war ein Fragezeichen.

»Sie wissen gar nicht, was ein Preis ist.«

Simon sah Profit an, dass ihm diese Bemerkung ernst war. Aber er verstand nur Bahnhof. »Das weiß doch jedes Kind. Der Preis ist das, was etwas kostet.«

»Oder das, was Sie dafür bekommen.«

Simon zog tief die Luft ein. »Aber das ist doch Haarspalterei.«

»Nein, das ist das Leben. Wenn Sie hier bei TOPOLOH diese wunderbaren Analyzer herstellen, dann haben die für Ihr Unternehmen einen Preis. Der setzt sich aus Material- und Fertigungskosten zusammen, aus Löhnen und Gehältern, aus Steuern und Abgaben und noch ein paar anderen Kleinigkeiten. Das ist IHR Preis. Dann rechnen Sie einen Gewinn drauf und Sie haben einen zweiten Preis, den der Kunde bezahlen soll. Je weiter die beiden auseinanderliegen, desto besser, je näher zusammen, desto schlechter. Simon, haben Sie etwa bei Betriebswirtschaft gefehlt?«

»Okay, Ihr Punkt. Danke für die Erinnerung. Aber wie finde ich die richtige Differenz? Wie komme ich auf einen Betrag, den mein Kunde akzeptiert und bei dem wir immer noch auf unsere Kosten kommen?«

»Zwei schöne Formulierungen, Simon. Das ›wir‹ zeigt, dass Ihnen etwas an Ihrem Unternehmen liegt. Und ›auf die Kosten kommen‹ zeigt, dass Sprichwörter manchmal zu kurz springen. Denn damit allein ist noch kein Gewinn erzielt.«

Simon fühlte sich geschmeichelt und wollte nun seinerseits dem Agenten zeigen, dass er nicht ganz ahnungslos war. Immerhin hatte er, seit ihm Profit über den Weg gelaufen war, auch ein bisschen recherchiert. Na ja, er hatte »Mehrwert« bei Google eingegeben und war bis auf Seite 9 oder 10 vorgedrungen.

»Ich kann mir das schon vorstellen, wie man den richtigen Preis findet. Das ist so ähnlich wie im Wetterbericht mit der gefühlten und der tatsächlichen Temperatur«, sagte er. »Das ist rein vom Wert her eigentlich wurscht, weil wir Menschen keinen eingebauten Sensor haben, der uns ein halbes Grad hin oder her genau erkennen lässt. Also muss es etwas damit zu tun haben, wie wichtig uns Temperaturen sind. Oder eben die Produkte, für die wir bezahlen sollen. Richtig?«

Profit gab sich angenehm überrascht. »Da liegen Sie genau richtig. Aktuelle Untersuchungen zeigen, dass Menschen mit komplexen Preisstrukturen überfordert sind. Sie können dann augenscheinlich den effektiven Preis nicht wirklich einschätzen. Dieser Faktor spielt aber im Wettbewerb noch keine wirklich tragende Rolle. Auch in der klassischen Preistheorie reden wir nicht viel darüber.«

»Was sind denn komplexe Preisstrukturen?«, wollte Simon wissen.

»Ein Stück Ware für einen Preis ist simpel. Das lässt sich leicht vergleichen. Ein Stück Ware in Verbindung mit diversen Zusatzleistungen macht die Sache komplex und erschwert den Vergleich. Mein Lieblingsbeispiel ist der Hamburger. Ein Brötchen, eine Hackfleischscheibe, Senf, Mayo, Ketchup, ein paar Zwiebeln, Papier drum herum. Sehr komplex. Dafür einen Euro zu verlangen, erscheint dem Kunden reell. Schließlich zahlt er selbst für ein Brötchen in der Bäckerei schon 30 Cent. Er wird keinen Zweifel daran haben, dass er günstig eingekauft hat, und sich auch noch eine Cola dazu gönnen. Dass er für den Preis eines Bechers hier im Getränkemarkt eine Literflasche bekäme, vergisst oder ignoriert er. Und schon kommt der Verkäufer auf seine Kosten. Menschen folgen in solchen Situationen lieber ihrer Intuition als ihrem Verstand, ja sie erlauben sich sogar, bestehende Einkaufsregeln über Bord zu werfen.«

»Das würde ja heißen, dass ich höhere Preise erzielen kann, wenn ich mit den Emotionen meiner Kunden spiele.« Simon ließ erkennen, dass er sich bei dem Gedanken unbehaglich fühlte, zu Manipulationen zu greifen. »Heißt das, ich soll so eine Art Verschleierungstaktik einschlagen?«

»Nun geben Sie sich mal nicht naiver, als Sie sind.« Profit lehnte sich im Stuhl zurück und trommelte leise mit den Fingern auf den Tisch. »Sie sollen ja keinen übers Ohr hauen. Aber ist es nicht ein legitimes Mittel der Werbung, die Vorzüge des eigenen Produkts ins rechte Licht zu rücken oder besonders schön zu inszenieren – und dabei an die Wunschwelten jener zu appellieren, die als Käufer in Frage kommen?«

Simon nickte nur stumm.

»Gehen Sie ruhig davon aus, dass die Preishöhe im Wettbewerb nicht über die Kraft bei der Entscheidungsfindung verfügt, die ihr – übrigens von beiden Seiten – gern zugebilligt wird. Wir wenden ihr nur die größte Aufmerksamkeit zu, weil sie vermeintlich klar zu Tage tritt, während die anderen Komponenten im Schatten stehen. Je mehr weitere Komponenten wir ins Spiel bringen können, die für den Abnehmer gut und nützlich sind, und je besser wir ihm klarmachen können, dass all dies Bestandteil unserer Leistung ist, desto weniger bedeutsam wird der Preis für seine Entscheidungsfindung.«

Die Vorbehalte schwanden. Jetzt kam Simon allmählich in Fahrt. »Ich fahre also besser, wenn ich möglichst viele Elemente definiere, die im Preis enthalten sind?«

»Das ist Teil eins.« Profit nickte aufmunternd. »Teil zwei heißt, dass der Kunde diese Elemente auch positiv bewertet, wenn er Ihr Angebot mit anderen vergleicht. Je mehr davon, umso besser.

Dann können Sie sich es auch leisten, das eine oder andere Element einzubauen, bei denen Sie nicht so gut abschneiden. Es geht um die überwiegende Wirkung.«

»Hey, dann wär's ja richtig schlau, wenn man ein Element, bei dem ich einen richtigen Vorsprung vor der Konkurrenz habe, aufdrösele und zwei daraus mache.« Simon kam sich vor wie Daniel Düsentrieb, über dessen Kopf eine kleine Glühbirne aufleuchtete. »Unser besonders widerstandsfähiges und haltbares Material zum Beispiel, das weniger Wartung und längere Lebensdauer garantiert. Da mache ich ja auf einen Streich vier Vorteilselemente daraus, die meinen Preis rechtfertigen.«

»Gut gebrüllt, Löwe.« Profit deutete mit seinen Händen Applaus an. »Und Sie müssen noch nicht mal mit Ihren ethischen Bedenken brechen, wie Sie vorher befürchteten.«

»Mir bleibt jetzt die Spucke weg.« Simon schüttelte den Kopf. »Das ist ja eigentlich ganz einfach. Warum machen wir so etwas denn nicht automatisch?«

»Erlauben Sie mir die Bemerkung«, meinte Profit: »Dazu braucht es etwas mehr als ein BWL-Studium und ein Verkäufertraining. Da ist Kreativität gefragt, die aus Ihnen heraus kommt und nicht per Lehrbuch verordnet wird. Selbstständiges Denken – man sollte nicht meinen, wie oft das als verkaufsfördernde Maßnahme untersagt ist. Und Sie müssen natürlich auch über Prozesse Bescheid wissen. Die, die bei Ihrem Kunden im Betrieb ablaufen, und die, die ihn in seinem tiefsten Inneren bewegen. Wenn Sie hier auf Zack sind, dann haben Sie irgendwann so viele Vorteile zu bieten, dass sich der Kunde insgeheim wundert, warum Sie eigentlich nicht viel mehr für Ihr Angebot verlangen.«

Simon lachte mit einem zweifelnden Unterton. »Den Tag, an dem das passiert, möchte ich noch erleben …«

»Nehmen Sie es sich einfach vor und arbeiten Sie daran. Dann steht er früher im Kalender als das nächste Weihnachten.« Profit stand auf, nahm sein Tablett und schlenderte zum Ausgang. Im Wegdrehen grüßte er noch einmal kurz zu Simon hin. Der saß da und hatte einen ziemlich nachdenklichen Ausdruck im Gesicht.

Als Simon eine Viertelstunde später in sein Büro zurückkam, fand er einen grellorangefarbenen Umschlag auf seinem Schreibtisch. »Service Manual und Bedienungsanleitung« stand in großen Lettern daraufgedruckt. »Seltsam«, dachte er, »so etwas hat es die ganze Zeit noch nicht gegeben – und jetzt habe ich nicht mal neue Hardware oder Software bekommen …« Er riss den Umschlag auf. Ein knallgrüner Notizzettel stach ihm ins Auge. »*Wir wollten sichergehen, dass keiner diesen Umschlag öffnet außer Ihnen. Künftige Dokumente von Professor Tango aus unserer Forschungsabteilung erhalten Sie ebenfalls auf diesem Weg. P.*« Simon nahm die beiden zusammengetackerten Dokumente zur Hand, die ebenfalls im Kuvert gesteckt hatten. »Dossier Mehrwert« stand über dem einen, »Sales Science« über dem anderen. Er sah auf die Uhr. Bis die anderen kamen, hatte er noch mindestens zehn Minuten. Zeit genug, um einen ersten Blick darauf zu werfen.

Vorher notierte er sich noch kurz:

> **Der Preis setzt sich aus vielen Komponenten zusammen.**
> **Der gefühlte Preis muss nicht der wahre Preis sein.**

First Class fliegen

Ein Flug nach New York ist ein Flug nach New York. Menschen und ihr Gepäck werden von A nach B gebracht. Die Leistung ist für alle gleich. Oder etwa nicht?

Betrachten wir Flug LH 404 etwas genauer. Start in Frankfurt um 17.00 Uhr, Ankunft auf John F. Kennedy International um 20.25 Uhr Ortszeit. Das Flugzeug ist eine Boeing 747-400. An Bord befinden sich 16 Sitze für die First Class, 80 Sitze für die Business Class und 234 Sitze für die Economy Class. Die Preisspanne für einen Hin- und Rückflug bewegt sich am Stichtag zwischen 414 Euro für den günstigsten und 7261 Euro für den teuersten Platz. Gehen wir einmal davon aus, dass es einem Reisenden allein um die Beförderung geht – mit welchem Mehrwert will die Fluggesellschaft ihn dazu bringen, die Preisdifferenz von rund 750 Prozent auszugeben?

Mehrwert 1: Flexibilität

Das billigste Ticket mit seinen Sonderkonditionen ist absolut unflexibel. Der Passagier ist an den gebuchten Flug gebunden; es muss entweder gegen Aufpreis umgebucht werden oder es verliert seine Gültigkeit. Das First-Class-Ticket ist absolut flexibel und ein Jahr lang ohne Aufpreis umbuchbar – auch mehrfach. Ein absoluter Vorteil für Reisende, die ganz kurzfristig entscheiden müssen oder wollen. Der gleiche Vorteil wäre allerdings auch in der Business Class zu haben und mit 4059 Euro ein ganzes Stück billiger.

Mehrwert 2: Komfort

Passagiere der Economy-Klasse sitzen in Dreier- oder Vierer-Reihen. Die Sitzkissen sind 40 Zentimeter breit, der Abstand zur Vorderreihe beträgt ca. 80 Zentimeter. Die Passagiere der First Class können sich im Upper Deck der 747 über einen Sitzabstand von 228 bis 234 cm und deutlich breitere Sessel freuen, die sich zu einem regelrechten Bett umwandeln lassen. Jeder dieser Sitze lässt sich vom Rest der Kabine abschotten. Noch wertvoller als der Ruhe-Komfort ist indes der Vorzug, hier ungestört arbeiten zu können. Was eine echte Führungskraft ist, erwirtschaftet hier locker einen stattlichen Anteil des Ticketpreises.

Mehrwert 3: Verpflegung

Ein vorgefertigtes Tablett, das – Vorspeise, Salat, Hauptgang und Dessert auf einmal – Reihe für Reihe an den Platz gebracht wird. »Bitte haben Sie Verständnis dafür, wenn Ihre Auswahl schon vergriffen ist.« Eine kleine Auswahl von Wein (weiß oder rot), Bier und Softdrinks. Vor der Ankunft einen kleinen Snack. So ernährt sich der Economy-Passagier. Reisende der First Class können sich schon vor dem Abflug in ihrer exklusiven Lounge am Flughafen ein komplettes, frisch zubereitetes mehrgängiges Menü gönnen (oder aber auch einen einfachen Leberkäs mit getrüffeltem Kartoffelsalat) – und trotzdem an Bord noch einmal genüsslich zuschlagen. Und zwar genau zu der Zeit, da sie Lust darauf haben. Feinste Zutaten, Kaviar inklusive, sind von Sterneköchen zu einer exklusiven Auswahl zusammengestellt. Eine umfangreiche Weinkarte, Champagner, edle Spirituosen sorgen für »High Spirits« über den Wolken.

Mehrwert 4: Toiletten
In der First Class teilen sich 5 Passagiere eine Toilette. In der Economy sind es 39.

Mehrwert 5: Unterhaltung
Die individuelle Musik- und Filmauswahl in der First Class bietet auf größeren Bildschirmen und mit besseren Kopfhörern ein Vielfaches des Vergnügens und der Abwechslung.

Mehrwert 6: Leistung
Erster Klasse dürfen die Reisenden nicht nur schwereres, sondern auch mehr Gepäck mit sich füh-

ren. Unter anderem zwei Stücke fürs Handgepäck, was manchem die lästige Warterei nach der Landung am Fließband erspart. Für ihre Garderobe stehen eigene Kabinette zur Verfügung, und auch die Flugbegleiter haben mehr Zeit, weil sie sich um weniger Kunden kümmern dürfen.

Mehrwert 7: Zeit
Der eigentliche Knackpunkt. Während sich Reisende mit billigen Tickets und niedrigen Klassen früh anstellen und zeitig am Gate einfinden müssen, können die teuren Passagiere sich viel Zeit lassen mit dem An-Bord-Gehen. Von den First-Class-Lounges in München und Frankfurt, wo eigene Pass- und Sicherheitskontrollen installiert sind, werden sie sogar direkt mit einem Cayenne oder einer S-Klasse an den Jet transportiert. Und beim Aussteigen sind die Passagiere »vorne« die ersten, die den Flieger verlassen, was sie auch bei den Zoll- und Einwanderungsbehörden zeitsparend nach vorn bringt. Zum Festpreis, je nach Entfernung, dazubuchbar: ein Zubringerflug mit einem privaten Business-Jet von jedem Land- und Dorfflughafen in Europa.

Mehrwert 8: Bonus
Die Passagiere auf den teuren Plätzen bekommen wesentlich mehr Bonusmeilen gutgeschrieben als die anderen. Damit erreichen sie

schneller den Zugang zu Prämien. Der eigentliche Vorteil liegt aber in der besonderen Einreihung von Vielfliegern. Die bekommen für ihre vielen Meilen den Status eines »Senators«, der mit vielen Privilegien verbunden ist. Wem es gelingt, innerhalb von zwei Jahren 600 000 Meilen zu sammeln, zählt zum Kreis des elitären »HON Circles« und wird für seine vielen Stunden an Bord mit besonderer Zuwendung gehätschelt. Unter anderem steht ihm in der exklusiven Lounge eine Badewanne zur Verfügung. Die beiden dort ausliegenden Badeenten im Trachtenanzug sind als Mitbringsel inklusive. Und als Sammelobjekt sehr begehrt. Manche baden nur deswegen.

Mehrwert 9: Prestige

Klar. Wer mehr zahlt, darf sich auch mehr wert fühlen.

Die mit First-Class-Passagieren erwirtschaftete Rendite ist dennoch um ein Vielfaches besser als jene mit den billigen Plätzen. Verkauft werden müssen sie trotzdem erst einmal.

Quelle: *Ulrich Pfaffenberger, Wirtschaftsjournalist*

Sales Science, Report No. 1

Wissenschaftler zum Beispiel akzeptieren Verkäufer, die sich auskennen, eher als solche, die nur den Abschluss suchen

Für Wissenschaftler und Forscher sind jene Verkäufer von Labortechnik die wertvollsten, die ihnen dabei weiterhelfen, ihre Forschungsarbeiten zu entwickeln. Anstatt alles daranzusetzen, ihren Abschluss unter Dach und Fach zu bringen, gehen sie einen Schritt weiter und übersetzen Leistungsdaten in ein Szenario, das zeigt, wie das Produkt dem Wissenschaftler dabei hilft, seine Ziele schneller und effizienter zu erreichen. Lieferanten, die darauf setzen, derlei beidseitige Vorteile zu entwickeln, haben bessere Chancen, richtige Vorteile für ihre Kunden zu entwickeln.

Dies ist das Ergebnis eines Life-Science-Reports der BioInformatics, LLC (http://www.gene2drug.com) mit dem Titel »Improving Sales Rep Performance: A Global Analysis«. Auf Basis einer Umfrage unter mehr als 1800 Wissenschaftlern liefert diese Untersuchung nicht nur Anregungen, wie einschlägige Zulieferer unter Berücksichtigung branchen- und regionalspezifischer Vorlieben ihre Vertriebsstrategie verbessern können. Sie zeigt auch, dass unterschiedliches Alter, Geschlecht und Zuständigkeit der Forscher nach unterschiedlichen Ansätzen in deren Adressierung verlangen.

Die Studie weist unter anderem darauf hin, wie wichtig es ist, dass Verkäufer während ihrer Schulung ausreichend Zeit investieren, um ihre Kunden kennenzulernen. So sind sie in der Lage, auch eindeutig zu erklären, wie sich ihr Produkt optimal nutzen lässt. Sie bekommen auf diesem Weg Argumente an die Hand, um die Überlegenheit ihres Produkts darzustellen und die Kosten für den eventuellen Wechsel zu einem neuen Zulieferer zu begründen.

Die Antworten in der Studie machten deutlich, dass diese Art von Informationen für die Verkäufer wertvoller ist als die Kenntnis über die Preisbildung.

»Wissenschaftler sind eng mit ihrer Forschungsarbeit verbunden und haben kein Interesse, sie aufs Spiel zu setzen. Der Wechsel zu einem anderen Produkt oder die Verwendung einer neuen Technologie stellen für sie ein Risiko dar, weil sie damit keine Erfahrungen aus erster Hand machen konnten und auf die Funktionalität vertrauen müssen. Um sie zu überzeugen, müssen die Verkäufer mehr Vorteile greifbar machen als nur eine Kostenersparnis. Wenn billige Werkzeuge zum Verlust von seltenen Proben oder zu gescheiterten Experimenten beitragen, hat sich der Kunde gar nichts gespart – ganz zu schweigen von der Neubearbeitung eines umfangreichen Versuchsprotokolls«, sagt Bill Kelly, Präsident von BioInformatics.

Gerade im Bereich der Life Sciences sollten Verkäufer die Besuche bei ihren Kunden langfristig planen, statt überraschend zur Tür hereinzuplatzen. Wie die Studie zeigt, tauchen 52 Prozent aller Verkäufer unerwartet auf. Die Antwortenden machten darauf aufmerksam, dass angemeldete Besuche in ihren Augen nicht nur respektvoller erscheinen, sondern auch ergiebiger sind. »Wenn Wissenschaftler wissen, dass ein Verkaufsrepräsentant sie besuchen wird, können sie ihre Fragen vorbereiten oder mit Vorab-E-Mails relevante Informationen oder Literatur anfragen, die dann auch genau ihren Erfordernissen entspricht. So generieren die Verkäufer nicht nur Mehrwert für ihren Kunden, sie schaffen auch eine wohlwollende Gesprächsstimmung«, merkt Kelly an.

Der Report listet auch Benchmark für die Verkaufsabteilungen von mehr als 40 Life-Science-Zulieferern. Mehr als die reine Statistik, so Kelly, lieferten jedoch die Postings in Internet-Diskussionsforen wie The Science Advisory Board (http://www.scienceboard.net) Hinweise darauf, wie zerstörerisch sich eine schlecht geschulte Verkaufseinheit auswirken kann. »Ein schlechter Verkäufer kann das Image der ganzen Firma in den Augen eines Kunden trüben – und die Geschichte eines Zwischenfalls verbreitet sich rapide.«

b.w.

Empfehlungen

- Identifizieren Sie die Qualitäten, die einzelne Kunden persönlich von ihren Verkäufern erwarten – auch abhängig von der Region, in der Sie arbeiten.
- Stellen Sie das professionelle Training und die Fähigkeiten sicher, die Ihre Kunden erwarten.
- Finden Sie heraus, zu welchem Zeitpunkt Ihre Verkäufer am meisten gebraucht werden, um Kaufentscheidungen zu unterstützen. Und vergleichen Sie die Antworten Ihrer Kunden anhand deren regionaler Herkunft.
- Bestimmen Sie, welche Formen der Hilfestellung und Unterstützung von den Kunden als maßgeblich betrachtet werden – und achten Sie auch hier auf die regionale Verteilung.
- Erkennen Sie, wie der Typus des Käufers die Akzeptanz von Verkaufsmitarbeitern beeinflusst.
- Finden Sie heraus, welche Lieferanten die am besten geschulten, erfolgreichsten Verkäufer haben.
- Ermitteln Sie, wie die Persönlichkeitsprofile von Kunden aus der Forschung deren Verhalten gegenüber Verkäufern beeinflussen.

Quelle: Ulrich Pfaffenberger, auf Basis des Life-Science-Reports der BioInformatics, LLC (http://www.gene2drug.com) mit dem Titel »Improving Sales Rep Performance: A Global Analysis«.

7. Der Gegenangriff

»Was steht an?« Tanja Rabattskova klang ungeduldig. »Mir passiert zu wenig. Zu viele Diskussionen über Ethik und Qualität. Warum redet keiner über Preise? Jungs, was ist los?«

Kathrin, die gerade Dienst am Lauschapparat schob, drehte den Regler nach oben. Aber dennoch war nichts zu hören. Schien so, als steckten die »Fiesen Einkäufer« in einer Kreativitätskrise. Doch sie hatte sich zu früh gefreut.

»Ich habe da eine Idee, Boss.« Die Stimme klang etwas zögernd, aber bestimmt. »Wir sollten uns mal wieder um die Baumärkte kümmern.«

Rabattskovas Antwort kam zischend wie ein Messer. »Das läuft doch schon seit Jahren. Alter Hut.«

Aber die Stimme von vorher widersprach. Der Voice-Analysator hatte sie inzwischen als Henry »das Messer« Schmittke identifiziert. Dass landesweit keine Schlagbohrmaschine mehr zur Rendite ihres Herstellers beitrug, war sein zweifelhaftes Verdienst. »Chefin, das stimmt zwar, aber wir haben hier eine prima Chance, unser Thema mal wieder in den Medien zu pushen.«

»Okay. 30 Sekunden für dich.«

»Morgen ist Bilanzpressekonferenz bei der Schraubschlau AG. Wie ich aus Vorstandskreisen gehört habe, wollen die ihre Aktion ›20 Prozent auf alles‹ künftig nur noch punktuell einsetzen. Da müssen wir eingreifen. Ich kenne den Typen, der dem Vorstandsvorsitzenden die Reden schreibt. Zwei, drei schlaue Sätze und wir bringen wieder Zug in die Sache.«

»Was schlägst du vor?«

»Ich habe das schon mal formuliert, so dass die Wirtschaftsjournalisten das auch kapieren und aufgreifen. Damit die ganze Sache in Richtung Marktbereinigung, Konsolidierung, Verteilungskampf läuft. Die müssen Blut riechen.«

»Schon gut. Was soll der Mann sagen?«

»Erstens: Wir kommen mit Preisen, die unter denen der Wettbewerber liegen. Zweitens: Mit unserer neuen Preisstrategie nehmen wir auch Umsatzeinbußen in Kauf. Drittens: Im Wettbewerb wird es keine Entspannung geben, wir machen weiter. Wir werden aggressiv sein und wollen, dass es zu Konsolidierungen kommt. Und viertens, das Schönste zum Schluss: Wir können nur laut und knallhart. Na, wie klingt das?«

»Wenn er das bringt, wird er zum Messias. Das wird ein paar von denen wieder Mut machen, die inzwischen unter den Argumenten der anderen Seite zu zweifeln begonnen haben. Und es macht natürlich auch Druck auf seine Kollegen bei der Konkurrenz, die werden nachziehen müssen.« Anerkennung schwang mit in der Stimme der Rabattskova, Kathrin meinte, das Grinsen der Gegenagentin über den Kopfhörer zu erkennen. »Klasse Schachzug, Henry. Ran an den Speck!«

Eine weitere Stimme meldete sich zu Wort. Es war, wie Kathrin auf dem Display sah, Roberto di Gerona, der Finanzspezialist der Gruppe. »Ich habe mir gerade die Bilanzzahlen angesehen, die Schraubschlau morgen vorlegen wird. Die haben schon dieses Jahr kräftig Federn gelassen. 30 Prozent Rückgang beim Ebitda im Inland. Kein Wunder bei der Strategie. Um das reinzuholen, werden sie ihre Zulieferer kräftig ausquetschen müssen. Da bleibt keine Luft für Nettigkeiten und Argumentationen. Das wird unsere Ziele kräftig voranbringen. Und unseren Gegnern den Wind aus den Segeln nehmen.«

»Apropos: Gegner.« Rabattskovas Stimme schnitt wie ein Messer durch den Kuchen des Wohlgefallens, der ihrer Gang gerade so zu munden schien. »Ich habe da einen Report vorliegen. Profit scheint wieder aktiv zu werden. Er wurde bei einem konspirativen Treffen beobachtet, mit einem Nachwuchseinkäufer von TOPOLOH. Gibt's Näheres?«

46

Sina Falke-Grey, die einzige andere Frau im Team, meldete sich zu Wort. »Ich bin dran an der Geschichte. Den Verkaufschef dort hatten wir ja schon ganz auf unserer Linie, der volle Preisschleimer. Musste aber wohl in jüngster Zeit einige Niederlagen einstecken. Das macht den Nachwuchs begehrlich. Den Mann, der da mit Profit redet, haben wir noch nicht im Visier gehabt. Simon Richter, kleine Nummer, bisher nur auf Nebenkriegsschauplätzen eingesetzt. Mein Team ist an ihm dran, aber ich habe noch kein Feedback.«

»Dann aber dalli.« Kathrin konnte sich gut vorstellen, wie sich die wohlgeformten Lippen der oberfiesesten aller Einkäufer-Agentinnen in diesem Moment zu einem dünnen Strich verzerrten. »Störfaktoren müssen sofort eliminiert werden. Ihr müsst Druck machen, Zweifel säen. Seine Kunden attackieren. Ihm die Preise verderben. Sofort ein paar Streicheleinheiten an seine Konkurrenz.« Wie die Schüsse aus einer Maschinenpistole peitschten ihre Anweisungen durch den Raum. »Und dann«, sie senkte ihre Stimme, »bitte gleich auch wieder ein paar Statements aus der Politik zum Thema Mehrwert-Steuer. Ich will, dass dieses Wort ein für alle Mal diskreditiert wird. Alles klar? Sitzung beendet.«

Für Kathrin war das alles nichts Neues. Aber sie würden Simon warnen müssen. Und ihm Beistand leisten. So eine Art Preis-Bodyguard nach außen hin. Sie selbst würde ja in wenigen Stunden schon ihren eigenen Schreibtisch bei TOPOLOH einnehmen. Die heiße Phase könnte beginnen.

8. Die drei Fragezeichen

»Lust auf Mittagessen? F.« Das knallgrüne Post-it auf dem Monitor konnte Simon nicht übersehen. »F.«, das war Franzi aus der Buchhaltung. Sie waren zusammen aufs Gymnasium gegangen und seit er im Theaterkurs den Puck im *Sommernachtstraum* gespielt hatte, schwärmte sie für ihn. Harmlos, aber in schweren Zeiten eine kleine Aufmunterung. Ab und zu luden sie sich gegenseitig zum Lunch ein, um einmal ein paar andere Gesichter zu sehen und andere Themen zu besprechen als mit den immer gleichen Pappnasen aus der Abteilung. Aber heute war ein schlechter Tag. Das Gespräch mit Profit in der Kantine am Vormittag hatte schon zu viel Zeit verschlungen und er war mit seinem Anrufplan weit unter Soll. Schade, dass sie keine Alternative vorgeschlagen hatte. Er würde absagen. »Sorry, überlastet. Nächste Woche? S.«, tippte er in die Mail.

Er nutzte die Zeit, die er in der Mittagsstunde allein und ungestört im Büro verbrachte, lieber, um ein bisschen von dem in die Tat umzusetzen, was Profit ihm vorhin nahegelegt hatte. »Versuchen Sie die Prozesse zu verstehen …« Der hatte leicht reden. Aber Simon verstand die Idee dahinter.

Er holte sich fünf Kunden auf den Schirm, bei denen er in jüngster Zeit abgeblitzt war. Und dann noch zwei, mit denen er reden konnte, was er wollte, an die er aber nie richtig herankam. »Wie das tapfere Schneiderlein«, dachte er. »Siebene auf einen Streich.«

Dann zeichnete er drei Spalten aufs Papier. Solche Dinge erledigte er ungern im Rechner. Zu wenig übersichtlich. Spalte 1: Kunde. Spalte 2: Persönlichkeit. Spalte 3: Firma. Aus dem Gedächtnis schrieb er Zeile für Zeile hinter die Namen, was er wusste. Wie die Jungs – es waren ausnahmslos Männer, mit denen er Probleme hatte – tickten. Worauf sie immer wieder herumritten. Wogegen sie sich sträubten. Und so weiter. Bei manchen von ihnen kam erstaunlich viel zusammen. Nur bei Schmitters, dem Komponenteneinkäufer von der Dumens AG, fiel ihm nichts ein. Außer dass der immer extrem kurz angebunden war und seine Äußerungen ins Telefon bellte wie einen Befehl. »Kommisskopp«, notierte Simon, damit überhaupt etwas dastand.

In der dritten Spalte war die Sache schon schwieriger. Was sollte er auch von den betrieblichen Strukturen und Prozessen wissen? Klar, ihm war bekannt, wofür die Kunden seine Produkte einsetzten. Aber warum oder in welcher Umgebung? Keine Ahnung. Genauso wenig wusste er darüber, wie bei denen der Workflow aussah. Er beschloss, Vermutungen in die Liste einzutragen, die er bei nächster Gelegenheit verifizieren wollte. Vielleicht könnte er ja im Internet etwas dazu herausfinden. Oder einen Kollegen fragen. Aber die würden wie immer keine Zeit haben wollen und ihn damit allein lassen.

Plötzlich, beim Stichwort »allein«, fiel ihm doch einer ein, der helfen würde. Sogar mit Begeisterung. Sein alter Herr zu Hause. Der verbrachte ganze Tage beim Zeitunglesen in der Stadtbücherei. Seine Worte klangen ihm im Ohr: »Die ganzen Blätter umsonst. Man muss auf dem Laufenden bleiben, mein Junge, ohne dafür ein Vermögen auszugeben!« Sollte doch Vater ein bisschen helfen. Gleich heute Abend würde er mal daheim vorbeischauen und mit einer Schachtel »Montecristo« Schwung in die Recherche bringen.

Das Telefon läutete. »Simon Richter, TOPOLOH AG, was kann ich für Sie tun?«

»Ich brauche fünf Analyzer. Machen Sie mir da mal ein Angebot!« Schmitters. Kaum denkt man an den Teufel …

»Herr Schmitters. Das freut mich aber. Bis wann brauchen Sie die guten Stücke denn?«

»Sparen Sie sich das Gewäsch. Gleich. Sonst würde ich nicht anrufen.« Mann, hatte der eine Laune. War bei dem heute Mittag die Gulaschkanone kalt geblieben?

Simon blieb locker. Profits gute Ratschläge klangen ihm noch im Ohr. Und er hatte zwei Worte genau verstanden: »brauche« und »gleich«. Das klang nicht nach langen Verhandlungen oder Preisfeilscherei. Doch er traute dem Frieden nicht. Während er »Bitte einen kleinen Moment. Ich prüfe gerade mal die Verfügbarkeit in unserer Datei« ins Telefon flötete, rief er über den Reuters-Ticker schnell die jüngsten Nachrichten zu Dumens auf. Da, gleich die zweite Meldung von oben: Lieferschwierigkeiten bei der neuen Messstation für die staatliche Raumfahrtagentur. Genau dafür hatten sie bei TOPOLOH vor zwei Monaten mitgeboten und waren aus dem Rennen geflogen. »Zu teuer«, hatte es geheißen. Simon grinste. Die Ausschreibungssieger waren dann wohl zu billig gewesen.

»Herr Schmitters, das sieht ganz schlecht aus. Wir haben da auf Monate keine freie Lieferposition vermerkt.« Dem würde er jetzt seine Anschnauzereien zurückzahlen. Der würde schmoren. Und dann bezahlen. So beschloss das Simon. Aber sicherheitshalber wollte er sich bei Profit rückversichern. »Ich überprüfe das aber gleich noch mal mit dem Chef der Lagerverwaltung. Darf ich Sie in 15 Minuten zurückrufen?« Flöt, flöt.

»Wenn's sein muss«, bellte Schmitters. Und schon war die Leitung tot.

Simon, sehr beruhigt, dass er noch immer allein war, wartete darauf, dass gleich ein Signal von Profit kommen würde, dessen Abhöranlage das Ganze sicher registriert hatte. Und da knackte es auch schon im Kopfhörer. »Profit hier. Wir haben alles mitgehört. Der hat's aber nötig. Was haben Sie vor?«

»Also normalerweise, wenn der Kunde diesen Satz sagt, von wegen ›Machen Sie mir ein Angebot‹, dann hätte ich jetzt losgelegt und ein Standard-Paket aus meinem SAP-System rattern lassen«, antwortete Simon. »Aber nach unseren Gesprächen habe ich das Gefühl, dass das falsch wäre.«

»Damit liegen Sie goldrichtig. Ich war schon überrascht, dass Sie nicht gleich damit angefangen haben und ihm noch am Telefon etwas anboten.« In Profits Bemerkung schwang Neugier mit.

»Ich kann den Typ einfach nicht ausstehen. Der hat null Ausstrahlung und immer diesen Anmotz-Ton. Da genieße ich es einfach, ihn mal zappeln zu lassen. Außerdem habe ich bei Reuters …«

Profit unterbrach ihn: »… die Sache mit der Raumstation gelesen. Schlau gemacht. Wir haben das beobachtet. Sie sind da auch genau auf der richtigen Fährte. Wenn die nicht bis Ende der Woche die Analyzer haben, ist nicht nur der Auftrag futsch, sondern auch eine Konventionalstrafe von 500 Millionen fällig. Da geht es um mehr als Schmitters Kopf. Kennt der sonst jemand bei Ihnen im Haus?«

»Garantiert nicht. Mit dem will keiner zu tun haben. Der letzte Auftrag liegt über zehn Jahre zurück. Der Einzige, der seit damals mit ihm telefoniert hat, bin ich.«

»Gut, dann fahren Sie den Kurs weiter. Verkaufen Sie ihm die Dinger zum Listenpreis. Rabatt gibt es keinen. Dafür machen Sie es möglich, dass er die Analyzer übermorgen per Kurier im Haus hat. Das ist echter Mehrwert mal zwei: für seine Firma und für ihn selbst. Vergessen Sie nicht: Die Versandkosten gehen extra.«

Jetzt musste Simon grinsen: »Yes, Sir. Daran hatte ich gerade auch schon gedacht.«

»Merken Sie sich das ruhig für später: Auch Leistungen, die der Verkäufer dem Kunden umsonst bietet wie beispielsweise ein Warenmuster oder ein Beratungsgespräch, sollten in das Angebot aufgenommen werden – mit Nennung des Wertes. In Ihrem Fall eben die bevorzugte Behandlung und der Verzicht auf Zuschläge.«

»Sie meinen, ich soll reinschreiben: ›Liefern wir, berechnen aber nicht?‹« Simon war jetzt richtig aufgepumpt. »Das nenne ich mal einen Einfall. Profit, Sie sind ganz schön ausgebufft. Mit Ihnen möchte ich nicht verhandeln müssen.«

»Simon, bleiben Sie auf dem Teppich. Sie haben verstanden, jetzt setzen Sie's um. Ich erwarte mir viel von Ihnen. Ran an den Speck!« Und schon war der Agent wieder aus der Leitung.

Genau 12 Minuten und 32 Sekunden später bekam Schmitters seine Zusage. Er hatte wohl inzwischen selbst gemerkt, welcher Lapsus ihm da vorher unterlaufen war, als er die Dringlichkeit seiner

Bestellung zu erkennen gegeben hatte. Er versuchte zu feilschen, Druck zu machen, mit Einschaltung eines Vorgesetzten zu drohen. Simon blieb hart wie der Felsen von Gibraltar. »Herr Schmitters, ich garantiere Ihnen, dass Sie die Teile übermorgen in der Hand halten. Dann bleiben Sie bei der Raumstation im Zeitplan und wir können beweisen, dass unsere Bauteile die besten sind. Daran liegt mir viel. Und darum verzichte ich auf Eilzuschlag und Prämie fürs Überspringen der Warteliste und liefere Ihnen korrekt nach Liste zuzüglich Verpackung. Ich bin mir sicher, dass Ihnen unser Wettbewerb das nicht bieten kann. Sie finden mein Angebot in einer Minute auf Ihrem Fax. Wenn Sie es bis 14 Uhr bestätigen, lasse ich Ihre Sendung noch heute konfektionieren. Okay?«

»Ich verlasse mich auf Sie. Wenn es nicht klappt, kostet Sie das Ihren Kopf, Richter. Wiederhören!«

Das war das längste Statement, das Schmitters je abgegeben hatte. Simon schlug dreimal mit der Faust auf den Schreibtisch. Dann rief er Profit zurück. »Es hat geklappt. Ich möchte mich für Ihre Tipps bedanken. Aber warum hat das jetzt eigentlich so reibungslos funktioniert? Wenn der nicht so unter Druck gestanden hätte, wäre es nicht so glattgelaufen, oder?«

Profit gab ihm recht. »Natürlich nicht. Aber grundsätzlich haben Sie genau das Richtige getan. Nämlich, bevor Sie blind ein x-beliebiges Angebot rausgehauen haben, die genauen Bedürfnisse des Kunden geklärt. Das ist das A und O. Außerdem waren Sie sich sicher, dass Sie eine echte Chance haben. Nur dann lohnt sich die Arbeit eines individuellen und kundenorientierten Angebots. Zugegeben, das war in diesem Fall nicht sehr aufwendig. Aber es gab ja auch nur eine einfache Aufgabe zu bewältigen: Die Analyzer mussten schnell geliefert werden. Sie werden künftig Gelegenheit haben, sich bei komplexeren Aufgabenstellungen noch mehr Gedanken machen zu müssen. Garantiert.«

»Woran erkenne ich denn, ob ich wirklich eine Chance habe oder ob der Auftrag vielleicht schon vergeben ist und der Kunde will noch ein drittes Angebot für seine Entscheidungs-Genehmigung? Manchmal hatte ich in der Vergangenheit diesen Verdacht.«

Simon zweifelte, dass sich die Dinge immer so leicht regeln ließen, wie Profit sich das vorstellte.

»Da werden Sie nicht daran vorbeikommen, das zu prüfen. Lernen Sie Fragen zu stellen, die Ihnen da weiterhelfen. Je mehr Sie über Ihren Kunden wissen, desto eher können Sie ihm auf den Zahn fühlen. Bei den Analyzern gibt es ja nur vier oder fünf Anbieter. Und Sie kennen die Stärken und Schwächen der Konkurrenz. Fragen Sie nach bevorzugten Materialien oder dem geplanten Einsatzumfeld. Finden Sie die benötigte Menge heraus oder die Leistungsaufnahme. Checken Sie Fristen und vereinbaren Sie mindestens noch ein weiteres Gespräch. Sie müssen wissen und dürfen auch danach fragen: Wer entscheidet nach welchen Kriterien über die Auftragsvergabe? Es spricht nichts dagegen zu fragen, ob es reicht, das Angebot in einer Woche zu schicken. Somit geben Sie Ihrem Kunden zwischen den Zeilen zu verstehen, dass Sie nicht auf seinen Auftrag angewiesen sind. Selbstbewusstes Auftreten gehört mit dazu! Das ist ein bisschen Detektivarbeit, ein bisschen Mikado und ein bisschen Puzzle. Ganz sicher können Sie nie sein, aber die Summe der Indizien wird Sie auf die richtige Spur bringen.«

Simon war beeindruckt. So differenziert hatte er die Angelegenheit noch nie betrachtet. Was Profit da vorbrachte, leuchtete ihm ein. Aber ihm schwante Mehrarbeit: »Das ist dann sicher noch nicht alles, was?«

Profit lachte. »Da liegen Sie 100 Prozent richtig. Die Hauptarbeit ist das richtige Gestalten Ihres Angebots. Haben Sie noch ein paar Minuten?«

Simon sah auf die Uhr. 12.53 Uhr. Die lieben Kollegen reizten die Mittagspause immer bis zur letzten Sekunde aus. Das heißt, ihm blieben noch zehn, vielleicht elf Minuten. Sein Telefon-Soll dagegen konnte er für heute vergessen. »Aber was soll's?«, dachte er. Das, was ihm Profit bisher gesagt hatte, war alles richtig gewesen. Da war weiteres Zuhören den Einsatz wert. Er sagte: »Zehn Minuten, dann bin ich nicht mehr allein.«

»Okay«, kam es aus dem Kopfhörer. »Ich gebe Ihnen ein paar Anhaltspunkte. Den Rest müssen Sie sowieso selbst erarbeiten und ausprobieren. Betrachten Sie Ihr Angebot nicht als ein Stück Papier für Formalien. Gestalten Sie es als Fortsetzung des Gesprächs, geben Sie ihm einen verkaufenden Ton. Zeigen Sie darin, dass Sie die Anforderungen des Kunden verstanden haben. Ihm muss dank Ihrer wegweisenden Worte klar werden, wie seine Lösung aussieht. Technische Beschreibungen lassen Sie weg – der Kunde muss auf Anhieb verstehen, was er liest!«

»Aber wir sind verpflichtet, aus Marketinggründen …«

»Vergessen Sie's. Im Zweifelsfall legen Sie als Anhang eine technische Beschreibung mit dem Vermerk ›für Ihre Unterlagen‹ bei. Aber wenn Ihr Brief zu technisch ausfällt, wird der Empfänger sich nur nach dem richten, was am Ende unterm Doppelstrich steht: dem Preis. Deshalb ist es auch wichtig, in das Angebot zu schreiben, welche Vorteile der Kunde hat, wenn er mit Ihnen zusammenarbeitet. Hier sollten Sie nicht die zehn allgemeinen Marketing-Sätze Ihrer Firma aufzählen, sondern konkret zwei oder drei Punkte nennen, die speziell auf diesen Kunden abgestimmt sind. In der Kürze liegt die Würze – das alte Sprichwort hat nichts von seiner Wahrheit verloren. Wenn Sie zu viel schwafeln, verirrt sich der Empfänger zwischen den Buchstaben und sucht seinen Ausweg da, wo er noch durchblickt: bei den Zahlen.«

»Wie merke ich denn, dass mein Angebot richtig angekommen ist? Einfach noch einmal anrufen oder wie?« Simon wollte auf Nummer sicher gehen.

»Klar doch«, antwortete Profit. »Machen Sie Ihre Angebote immer mit einem Satz wie ›Ich werde Sie übernächste Woche anrufen und die weiteren Schritte mit Ihnen besprechen‹ aktiv. Am besten nennen Sie ein konkretes Datum. Das bewahrt Sie vor Pseudo-Anfragen und hält die Geschichte am Laufen. Außerdem bestimmen Sie so das Tempo des Geschehens.«

Simon schrieb mit, so schnell er konnte. So musste sich Moses gefühlt haben, als Gott ihm die Zehn Gebote diktierte. Er war hin und her gerissen. Auf der einen Seite erkannte er Profits Worte als richtig und hilfreich an. Auf der anderen Seite fühlte er sich fast schon bloßgestellt. Wie hatte er nur glauben können, als Verkäufer erfolgreich zu sein? Jeder Satz, den er notierte, erschien ihm als Dokument seines bisherigen Versagens.

Profit musste so etwas geahnt haben. »Ich kann mir vorstellen, wie es Ihnen gerade geht. Sie hatten mit mir Kontakt aufgenommen, damit ich Sie auf Ihrem bisherigen Weg voranbringe, und stattdessen ziehe ich Ihnen den Boden unter den Füßen weg. Das ist nicht so. Ihnen war bisher nur durch Routine und unzureichende Vorbilder der Blick verstellt. Wenn Sie ein bisschen in sich gehen, werden Sie bald entdecken, dass Ihr gesunder Menschenverstand Ihnen das Gleiche sagt, was Sie jetzt von mir hören. Ich werde Ihnen da in den nächsten Tagen noch ein paar Tipps geben.«

Simon fühlte Erleichterung. Auf eine Botschaft wie diese hatte er gehofft. »Danke, Herr Profit, das hilft mir weiter, ich …«

Die Tür des Büros ging auf. Strohmeier, Kreuzer und Langdorf kamen herein. Brüllten »Mahlzeit« und warfen sich hinter ihre Schreibtische. »Schau an, der fleißige Herr Richter, telefoniert sogar in seiner Mittagspause«, meckerte Kreuzer. »Wollen sich wohl beliebt machen, was? Oder ist's nur die Freundin?«

Simon sah gar nicht hin. Er beendete formvollendet den Dialog mit einem scheinbaren Kunden: »Vielen Dank für das angenehme Gespräch. Ich werde Ihnen den Auftrag gleich nachher bestätigen. Es freut mich sehr, dass wir nach so vielen Jahren wieder im Geschäft sind.« Legte auf und griff nach dem Notizblock.

»Wer war denn dran?«, fragte Strohmeier scheinheilig.

»Schmitters. Hat fünf Analyzer geordert. Zahlt Listenpreis.« Simon beließ es bei dieser lakonischen Mitteilung. Den anderen drei blieb der Mund erst mal offen stehen.

Mit Freude macht er seinen Eintrag im Timer:

> **Angebote individuell und kundenorientiert schreiben.**
> **Schlaue Fragen bringen Antworten und Sicherheit.**

Was Prestige und Ingenieurkunst wert sind

Fragen Sie doch mal beim Porsche-Händler nach einem Rabatt. So zuvorkommend und kundenorientiert, wie die Verkäufer dort geschult sind, werden Sie nicht das schallende Gelächter ernten, das Ihnen zusteht. Sondern ein freundliches Lächeln und ein ebenso freundliches Statement, das Ihnen klarmacht, dass dieses Wort im Verkaufshandbuch für edle Sportwagen nicht vorkommt. Und weil Sie das ahnen, werden Sie erst gar nicht nach einem Rabatt fragen.

Wobei Sie, als Kenner der motorisierten Szene, durchaus berechtigt einen Vergleich zwischen dem Leistungsvermögen von Porsches und ihren Konkurrenzmodellen und den Preislisten anstellen dürften, der eine solche Frage rechtfertigen könnte. Aber ein Porsche ist eben ein Porsche. Und deshalb sehen wir dortselbst einmal nach, was den preiswerten Unterschied ausmacht. Und siehe da, wir stoßen auf das Argument »Mehrwert durch technische Qualität«.

Zitat: »*Eigentlich ist der Ursprung von allem die Idee, das Konzept, das Prinzip. Eigentlich ist es schon der Name: Dr. Ing. h.c. F. Porsche AG. Ungewöhnlich vielleicht. Aber passend.*

Denn der Grundsatz des Unternehmens, der Mehr-Wert von Porsche, steckt in diesem Kürzel ›Ing.‹. Eigentlich gehört es groß geschrieben. ›ING.‹. So groß wie die Ingenieurskunst, die wir gern auf die Spitze treiben.

Besonders in unserem Forschungs- und Entwicklungszentrum Weissach. Der Keimzelle unseres Know-how. 3550 weltweit gültige Patente werden hier verwaltet, jedes Jahr kommen weitere 100 dazu. Aus dem Konstruktionsbüro in der Stuttgarter Kronenstraße, das Professor Ferdinand Porsche 1931 als hochmodernes Dienstleistungsunternehmen für die Automobilbranche gegründet hat, ist 1972 die Denkfabrik von Porsche in Weissach geworden.«

Zwischenfrage: »Professor, Denkfabrik, weltweite Patente, Rabatt. Welches Wort passt nicht in die Reihe?«

Zitat: »*Mit Werkstätten, Prüfständen, Laboratorien, Messzentren, Windkanal und Crash-Anlagen. VarioCam Plus, PCCB, variable Turbinengeometrie. Es sind immer auch die technischen Evolutionen, die unseren Sportwagen eine Seele geben. Die glaubhaft dieses besondere Verlangen unterstreichen, auch mal auszubrechen. Dass die Qua-*

lität stimmt, dass zwei Drittel aller jemals gebauten Porsches immer noch fahren, hat mit dem zu tun, was wir den Sportwagen ab Werk mitgeben.

›Ing.‹ ist so etwas wie unser genetischer Code. Denn Professor Ferdinand Porsche, der Gründervater, war Konstrukteur. Er entwickelte unter anderem Fahrzeuge, um Autorennen zu gewinnen. Wir haben die Tradition erfolgreich gepflegt. Die 24 Stunden von Le Mans 16-mal gewonnen, mehrmals die Targa Florio und Paris – Dakar sowie dreimal mit unseren Motoren auch die Formel-1-Weltmeisterschaft. Es waren die unterschiedlichsten Fahrzeuge der verschiedensten Generationen. Aber es war immer ein Porsche. Mit den Siegen gewinnt man an Erfahrung. Die haben wir gesammelt, mit all dem Wissen, das im Lauf der Jahre dazugekommen ist, gebündelt und daraus ein unverwechselbares Konzept für Sportwagen entwickelt. Das bildet die Basis für unsere heutige Fahrzeugpalette. Es ist ein Erbe, aber ein sehr lebendiges.«

Zweite Zwischenfrage: »Evolution, Targa Florio, VarioCam Plus, Preis. Über welchen Begriff wollen wir da lieber nicht mehr reden?

Mit Stolz und Selbstbewusstsein wird anschließend dem Betrachter vermittelt, warum er mit dem Porsche-Logo auf seinem Fahrzeug sozusagen Sportler, Rebell und Edelmann zugleich ist. Ein anschauliches Beispiel für ›Mehrwert durch Image und Prestige‹.«

Zitat: »Das Prinzip Porsche ist unsere Unabhängigkeitserklärung. Sie beruht auf Werten und Philosophien, die zusammen unseren Mehr-Wert ausmachen. Das Prinzip Porsche handelt von einem Unternehmen, das weiß, dass Größe nicht alles ist. Es handelt auch von einem Unternehmen, das konsequent seinen eigenen Weg geht. An der Börse zum Beispiel, weil wir nicht viel von Quartalsberichten halten und sie folglich auch nicht veröffentlichen. In der Außenwirkung, weil wir Subventionen nicht nur ablehnen. Wir stellen sie sogar grundsätzlich in Frage. In der Automobilindustrie, weil es das kleine Unternehmen Porsche wagt, sich beim großen Konzern Volkswagen einzukaufen, um langfristig seine Selbstständigkeit zu sichern. In der Gesellschaft, weil uns – trotz der exklusiven Produkte – die soziale Akzeptanz über alles geht. Auf dem Arbeitsmarkt, weil wir zur Sicherung unseres langfristigen Erfolgs keine Stellen abbauen, sondern Arbeitsplätze sichern und schaffen. In der Standortfrage, weil wir zu Deutschland stehen und den anderen permanent beweisen, dass man auch hier Erfolg haben kann.«

Keine Subventionen. David gegen Goliath. Soziale Akzeptanz. Lieber Leser und potenzieller Porsche-Fahrer: Sie kaufen sich hier nicht einfach ein Auto. Sie steigen ein in eine Weltanschauung. Das ist eigentlich unbezahlbar.

Zitat: »*Übrigens, das Prinzip Porsche ist eine Frage des eigenen Anspruchs. Die Besinnung auf eigene Tugenden. Wir haben ganz bestimmte Vorstellungen davon, wie wir unsere Fahrzeuge entwickeln und produzieren. Neben der größtmöglichen Wirtschaftlichkeit müssen sie auch die hohen Anforderungen erfüllen, die wir an uns selbst stellen. Es geht dabei um Qualität, um Fragen des Umweltschutzes, um Sicherheit. Und natürlich um Faszination. All das ist wichtig. So wichtig, dass wir unsere Zulieferer vom ersten Gedanken an ein neues Fahrzeug an der Entwicklung beteiligen und viel von ihnen verlangen. Weil wir auch viel von uns verlangen. Wir setzen auf Partnerschaft.*

Das Prinzip Porsche handelt auch von Verantwortung. Den Kunden gegenüber und der eigenen Geschichte. Wir vergessen nie, wo wir herkommen.

Nämlich aus dem Motorsport, wo wir viele Rennen gewonnen haben. Wir konzentrieren uns auf das, was wir können: Sportwagen bauen. Und auf ein paar Sachen mehr.

Wie gesagt, wir sind ein kleines Unternehmen. Das Porsche-Prinzip ist auch das David-Prinzip. Wir haben keine Angst vor den Großen. Wir sind unabhängig. Wir sind der profitabelste Automobilhersteller der Welt.«

Danke, dass Sie zu diesem Profit beitragen. Sie können stolz auf sich sein.

Quelle: *Ulrich Pfaffenberger, Wirtschaftsjournalist, Zitate: Website der Dr. Ing. h.c. F. Porsche AG, http://www.porsche.com/germany/aboutporsche/porschephilosophy/*

9. Der Ingenieur

Es war abends, spätabends, als es passierte. Simon hatte gedacht, er sei allein im Büro. Seit Stunden saß er über dem Angebot für Tricolore Enterprises, um den geforderten Preisnachlass reinzurechnen. Aber er kam auf keinen grünen Zweig. Denn wie auch immer er ansetzte: Seit dem letzten Gespräch mit Profit überfielen ihn jedes Mal nach kürzester Zeit Zweifel und er kam nicht mehr weiter. »Der hat leicht reden mit seinem: ›Kämpf um deine Preise‹. Er muss die Angebote ja nicht schreiben ...«, maulte Simon seinen Tischrechner an. Zeit für einen Kaffee. Dann würde er noch einen Versuch starten. Danach war's eh Zeit für die S-Bahn.

Der Kaffeeautomat streikte. Wie so oft in letzter Zeit. Simon schlug mit der flachen Hand auf die Front. Er schlug mit der Faust an die rechte Seite. Er trat mit dem Fuß gegen den Sockel. Nichts passierte. Das Geld war drin, das Display blinkte und der Espresso verweigerte sich.

»Mist Technik, verdammte. Elender Schrott!«, brüllte Simon und trommelte im Takt gegen den Apparat.

»Sie sind entweder Verkäufer oder Buchhalter.« Der blanke Zynismus in der leisen Stimme hinter ihm jagte ihm ebenso Schauer über den Rücken wie der Schreck darüber, dass da überhaupt noch jemand war.

»Schleichen Sie sich immer von hinten heran?« Simon wandte seinen Ärger gegen den überraschenden Beobachter seines Zorns. »Was machen Sie überhaupt mitten in der Nacht hier?«

»Ich unterstelle mal: das Gleiche wie Sie. Ich arbeite.«

Noch immer dieser Zynismus. Simon kochte.

»In der Tat. Ich arbeite hier. Und zwar verdammt hart.« Er erinnerte sich an den ersten Satz. »Was soll überhaupt diese Anspielung ›Verkäufer oder Buchhalter‹?«

»Weil das die beiden Abteilungen mit dem geringsten Verständnis für Technik sind.« Sein Gegenüber, vielleicht eins siebzig groß, Cordhose, kariertes Hemd, Birkenstocks, grinste jetzt. »Und die werden am schnellsten aggressiv, wenn mal etwas nicht so läuft, wie sie sich das wünschen. Die völlig hilflos sind, wenn sich Gerätschaften verweigern.«

»Jetzt übertreiben Sie aber, Herr, Herr …« Simon versuchte vergeblich den Namen auf dem Mitarbeiterschild zu entziffern, den der andere am Gürtel trug, halb verdeckt durch das Hemd, das ihm aus der Hose hing.

»Nikolitsch. Erasmus Nikolitsch, Ingenieur in der Forschungsabteilung. Und Sie?«

»Simon Richter, Verkauf. Und Sie haben recht. Diese verdammte Technik kotzt mich an. Da fliegen wir seit 40 Jahren zum Mond, aber einen Kaffeeautomaten zu konstruieren, der zuverlässig gegen Geld etwas Warmes zu trinken ausspuckt, den kriegen wir nicht hin. Da kann ich doch mit Recht sauer sein und mich aufregen!«

»Mag sein. Mag auch nicht sein. Haben Sie die Warnleuchte nicht gesehen?«

»Welche Warnleuchte?«

»Hier unten, dieses kleine Lämpchen. Wenn es blinkt, tankt der Automat gerade Wasser nach und kann keine Getränke ausgeben. Das dauert ungefähr zehn Minuten.«

»So ein Mist. Das hat mir keiner gesagt. Und es steht auch nirgends. Und sowieso: Das Lämpchen kann ja kein vernünftiger Mensch sehen, da unten auf Kniehöhe. Also das ist doch ein Konstruktionsfehler!«

»Lieber Herr Richter. Sie machen mir zwar eigentlich einen ganz vernünftigen Eindruck. Aber noch so ein unbedachtes Wort gegen die Technik und Sie können von mir aus bleiben, wo der Pfeffer wächst. Denken Sie doch erst mal nach, bevor Sie so einen Quatsch von sich geben.«

»Wieso? Stimmt doch.«

»Stimmt nicht. Der Fehler liegt nicht in der Konstruktion, sondern im Einkauf. Zufällig habe ich die Geschichte mitgekriegt. Sie erinnern sich doch noch an die alten Automaten?«

»Aber sicher. Da gab's nie ein Problem.«

»Das nicht. Aber die Firma, die sie aufstellt, war unseren Kollegen aus der Buchhaltung auf einmal zu teuer. Sie kennen ja das Sparprogramm Value 2010, oder? Alles zehn Prozent billiger oder es fliegt raus?«

»Ja, bei uns haben sie auch schon angefangen, Werbeartikel zu streichen ...«

»Ihre Werbeartikel kratzen mich nicht. Aber hier, der Automat. Der Anbieter wollte beim Preis nicht nachgeben. War von seiner Qualität überzeugt und ließ den Einkauf abblitzen. ›Sie werden schon sehen, wo Sie mit anderen Maschinen hinkommen‹, meinte er. Unsere Einkäufer haben dann im Internet gesucht und einen Posten günstiger Automaten erwischt, die gleich 30 Prozent billiger waren. Und natürlich gleich zugeschlagen und sich für den Erfolg feiern lassen.«

»Ist doch auch klasse. 30 Prozent. Ganz ohne Verhandeln.« Simon stellte sich sofort vor, wie ihm ein solches Schnäppchen eine Verhandlung mit einem seiner Einkäufer verhageln würde.

»Schnäppchen, Schnäppchen. Wenn ich dieses Ramschwort nur höre. Die Automaten stammten aus einer stornierten Lieferung nach Japan. Da sind die Menschen nicht nur etwas kleiner, sie schreiben auch kürzer. Hier, passen Sie auf!« Nikolitsch zog einen der Aufkleber an der Front des Automaten ein Stück weit ab. »Alles auf Japanisch. Mit deutschen Texten überklebt. Die sind viel länger und damit war kein Platz mehr für den Warnhinweis – hier, sehen Sie: die kleine rote Uhr mit dem leuchtend gelben Pfeil. Die Bedienungsanleitung steckt übrigens auf der Rückseite in einer Tasche. Japanisch, Koreanisch, Thai und Englisch.«

Simon schüttelte den Kopf. »Aber wer kommt denn auf die Schnapsidee ...«

»Richter, ich wusste, Sie sind noch nicht ganz verkorkst.

Schnapsidee – das isses. Aber das braucht einen nicht zu wundern, dass immer dann, wenn Prozente im Spiel sind, Promille herauskommen. Die Japaner haben übrigens den Auftrag storniert, weil ihnen die zehn Minuten Wartezeit zu viel waren. ›In dieser Zeit können unsere Ingenieure wunderbare neue Erfindungen machen und unsere Vertriebler viele Telefonate führen. Das ist uns zu teuer‹, sagten die. Und liegen damit natürlich richtig.«

»Das kann man so sehen, auch wenn's ein bisschen scharf formuliert ist.« Simon leuchtete das Argument ein.

»Oh ja, oh ja, ›scharf formuliert‹«, meinte Nikolitsch. In seiner Stimme schwang schon wieder dieser bissige Zynismus mit. »Das kann sich natürlich in Liebreiz und Wohlgefallen nicht mit euren Sanso-gespülten Mailings vergleichen. Aber darum geht's doch letztlich, das ist doch überall in den großen Industrieländern die harte Währung: Personalkosten. Wer einen Vorsprung im Wettbewerb haben will, muss dort ansetzen. Und wer ihn verlieren will, spart sich dort zu Tode.« Beim letzten Satz schien alle Energie aus dem Gesicht des Ingenieurs verschwunden. Seine Blicke, seine Mimik, die ganze Körperhaltung drückten nun pure Resignation aus.

»Wie meinen Sie das?«

»Das verstehen Sie ja doch nicht, Sie verkaufen ja bloß.«

»Sie haben damit angefangen, raus mit der Sprache.«

»Also gut, auch wenn ich wenig Hoffnung habe, dass das bei Ihnen richtig ankommt. Wir haben doch gerade über Value 2010 gesprochen, richtig?« Simon nickte. »Alles zehn Prozent runter, richtig.« Simon nickte wieder. »Warum brauchen wir das?«

»Weil die Kosten schneller steigen als die Umsätze. Dadurch schrumpft die Ertragsspanne und bevor wir den Aktionären weniger Dividende zahlen, sparen wir lieber in der Firma etwas ein.« Simon hatte gut zugehört beim Strategiemeeting vorige Woche. Für sie im Verkauf hatte das Einschnitte bei den Werbemitteln und bei den Schulungen bedeutet und ein Anheben der Jahresziele um fünf Prozent für die gleiche Provision. Genüsslich rieb er diesen großen Verzicht jetzt Nikolitsch unter die Nase. »Sie sehen, wir tragen richtig was dazu bei, dass wir diese Lücke schließen.«

»Junger Mann, das meinen Sie jetzt doch nicht ernst.« Nikolitsch schien ehrlich entsetzt. »Was hatten Sie denn zuletzt für eine Note in Mathe?«

Bevor Simon den Mund zum Protest gegen diese ehrenrührige Bemerkung aufbekam, packte der Ingenieur ihn beim Arm. »Kommen Sie mal da rüber zum Schwarzen Brett. Ich rechne Ihnen mal etwas vor.« Er griff sich einen Edding und zeichnete ein Raster auf die Tafel. »Wie steht es denn um die Umsatzrendite bei uns, wissen Sie das? Neun Prozent, zehn, elf?«

Simon dachte kurz nach. »Ich glaube, dass sie bei acht Prozent liegt. Das stand neulich mal in so einer Rundmail.«

»Umso schlimmer.« Nikolitsch schrieb in die oberste Zeile eine Acht. »Jetzt sagen Sie mir mal, wie viel vom Gewinn verloren geht, wenn Sie einen Rabatt von zwei Prozent geben?«

»Wollen Sie mich verschaukeln? Zwei Prozent eben.« Simon gab sich entrüstet. »Da bleiben noch immer sechs Prozent, das ist …«

»Die pure Blödheit.« Die Stimme kam von dort, wo die Treppe war, und brachte Simon vollkommen aus dem Gleichgewicht. Profit! Wie kam der hierher? Und was wollte er?

»Herr Nikolitsch scheint mir mit Zahlen besser umgehen zu können als Sie, Simon.« Die linke Augenbraue des Agenten war bedenklich weit hochgezogen. »Was haben Sie eigentlich damals während Ihrer Ausbildung getrieben?« Simon fühlte sich sehr, sehr unwohl in seiner Haut. Diesen Quatsch mit Umsatzrendite EBIT und so hatte er immer ignoriert. Sollten sich doch die Buchhalter darum kümmern. Er war für den Umsatz zuständig. Er blieb stumm.

»Zwei Prozent Rabatt sorgen in diesem Fall dafür, dass die Umsatzrendite um ein Viertel schrumpft. Und Sie haben recht, die Umsatzrendite bei TOPOLOH liegt derzeit bei acht Prozent. Mit sinkender Tendenz übrigens. Darf ich?« Er wandte sich Nikolitsch zu und nahm ihm den Edding aus der Hand.

»Bevor Sie angesichts der Zahlen die Flucht ergreifen, lieber Simon, machen wir's mal ganz einfach.« Profit schrieb eine »1000« auf die Tafel. »Sie verkaufen ein Produkt für durchschnittlich 1000 Euro. Verkaufen, wohlgemerkt. Also nicht Preisliste und das ganze Pipapo. Die Kosten dafür liegen bei 920 Euro. Bleibt Ihnen also ein Ertrag von …?«

»80 Euro«, murmelte Simon, der sich seit Frau Hütenkoflers demütigenden Gedichtaufsagungen in der dritten Klasse nicht mehr so in die Ecke gedrängt gefühlt hatte.

»80 Euro oder acht Prozent.« Profit betonte jede Silbe einzeln. »Sagen wir mal, Sie verkaufen von den Dingern 1000 Stück im Jahr. Dann bringt das eine Million Umsatz und 80 000 Euro Gewinn.« Er schrieb »80 000« auf die Tafel.

»Wenn Sie Ihren Kunden jetzt Rabatt geben, und seien es nur die vermeintlich mickrigen zwei Prozent Skonto – um wie viel reduziert sich dann Ihr Gewinn?« Profit schrieb groß »– 2« auf die Tafel und schaute ihn eindringlich an. »Na?«

Während Simon noch rechnete, schrieb Profit unter die »1000« eine »980«. »So viel bezahlt Ihr Kunde dann noch fürs Stück. Und weil sich die Kosten nicht verringern, bleiben bei Ihnen pro Stück 20 Euro weniger in der Kasse. Bei 1000 Stück im Jahr also summa summarum 20 000 Euro weniger Gewinn. Richtig?«

Simon nickte nur.

Profit war nun ganz in seinem Element. »Ich weiß, es ist spät und das Kopfrechnen fällt schwer, aber ich wüsste jetzt gern von Ihnen, wie viel zusätzlichen Umsatz Sie machen müssen, um diesen Mindergewinn auszugleichen? Wie oft sind 80 Euro in 20 000 Euro enthalten …?«

»200 und ein paar Zerquetschte«, wollte Simon schätzen, da fiel ihm Nikolitsch ins Wort: »250 genau.«

»Sehr gut, Herr Ingenieur«, nickte der Agent. »Exakt 250 ist der richtige Wert. Das macht«, Profits Hand zuckte wie ein Blitz über die Tafel, »+ 25.« Das schrieb er direkt neben die »– 2«. »25 Prozent mehr Umsatz übers Jahr. Seien Sie ehrlich, Simon: Was wird Ihnen leichter fallen: Gegen die zwei Prozent Rabatt anzukämpfen oder 25 Prozent mehr zu verkaufen? Seien Sie ehrlich.«

Simon sah es ein. Dagegen war nichts einzuwenden. Das war überzeugend. Ein Viertel mehr Umsatz, das kostete Schweiß und Tränen – und Zeit. Das hieß, neue Kunden angraben, Wettbewerber rausboxen, Stress pur und unsicherer Ausgang. Im Grunde unmöglich.

Profit klopfte ihm aufmunternd auf die Schulter. »Es schadet nie, wenn man ein bisschen rechnen kann. Stimmt's, Herr Nikolitsch?«

»Stimmt genau, Herr …?«

»Profit, Tom Profit. Agent Ihrer wirtschaftlichen Majestät, der Preistreue.« Die beiden schüttelten sich die Hand. »Den jungen Mann da kenne ich schon.« Er deutete auf Simon. »Der braucht noch etwas Unterstützung in diesen Dingen. Damit er künftig mit seinen Rabatten sorgfältiger umgeht. Und damit Sie, Herr Nikolitsch, künftig ein paar Sorgen weniger haben, was Ihr Budget angeht.«

»Woher wissen Sie …« Der Ingenieur schien weniger erstaunt als freudig überrascht.

»Mir ist das Memorandum zu Augen gekommen, das Sie vorige Woche an den Vorstand gesandt haben. Dass Ihre aktuellen Bemühungen um entscheidende Produktverbesserungen um mehr als ein Jahr zurückgeworfen werden wegen der Budgetkürzungen. Und dass dann Ihre Konkurrenten den Vorsprung aufholen könnten, den TOPOLOH heute noch hat.«

»Sie sind wirklich gut informiert. Hut ab.« Nikolitsch sah sich endlich einem Menschen gegenüber, der die ganze Problematik verstand. »Dann werden die Verkäufer noch größere Rabatte geben müssen, um Marktanteile zu halten, der Gewinn wird noch weiter schrumpfen, die Forschungsmittel werden noch mehr gekürzt und irgendwann machen wir dann das Licht aus, weil alle anderen an uns vorbeigezogen sind.«

»Nun malen Sie mal nicht gleich ganz schwarz, Herr Ingenieur«, meinte Profit. »Auch andernorts sitzen kurzsichtige Vorstände, die ihre Firmen kranksparen. Aber Sie liegen generell richtig. Denn auch Ihre Einkäufer werden irgendwann nicht mehr umhin kommen, billigere Rohstoffe und Dienstleistungen einzukaufen, um die Deckungslücke zu schließen – und das wird leider auch die Qualität verschlechtern.« Er wandte sich zu Simon. »Na, Herr Richter, was könnten wir dagegen unternehmen?«

Simon, der dem Gespräch der beiden mit wachsender Aufmerksamkeit und schwindendem Frust über seine Wissenslücken beim Deckungsbeitrag gefolgt war, ahnte, worauf Profit hinauswollte. »Unsere Preise halten. Aber …«

»Sehr schön. Aber, wie Sie sagen wollten, das wird nicht reichen. Sie müssen die erzielten Preise sogar erhöhen, um die schon ersparten Defizite wieder aufzuholen und den alten Vorsprung wiederherzustellen. Nicht wahr, Herr Ingenieur?«

»Genau. Bei TOPOLOH zum Beispiel machen wir im Jahr 150 Millionen Umsatz. Wenn ihr Verkäufer es hinkriegen würdet, bei den Preisverhandlungen nur zwei Prozent mehr herauszuschlagen, bringt das der Firma drei Millionen Gewinn zusätzlich, cash auf die Kralle. Dann könnten wir in neue Technologien und Rohstoffe investieren, unsere Produkte noch besser machen und vielleicht auch die zwei Spezialisten aus Stanford anheuern, die dieses neue Nano-Verfahren entwickelt haben.« Glücksblitze gingen von dem Mann aus der Forschungsabteilung aus und erhellten den Raum. »Damit packen wir so viel zusätzliche Produktivität in unsere Analyzer, dass wir die Preise locker noch mal um zehn Prozent erhöhen können.«

Bei Simon fiel der Groschen. »Mehr Einnahmen fürs Unternehmen durch Mehrwert für den Kunden, verstehe ich das so richtig, Herr Profit?« Der grinste breit und hieb ihm mit seiner Linken auf die Schulter. »Goldrichtig, Simon. Und Ihr Kaffee ist jetzt auch fertig.«

Später am Abend notierte sich Simon:

> **2 % Nachlass sind 25 % Gewinn-Einbuße.**
> **Es lohnt sich, um jeden Prozentpunkt**
> **zu kämpfen.**

Sales Science, Report No. 2

Warum Preiskampf nicht die beste Marketingstrategie ist

Einige Unternehmen werden nie verstehen, dass, »wenn der Wert ihres Angebots allein vom Preis abhängt, das Preisargument letztlich die einzige werthaltige Position ist, über die sie im Wettbewerb verfügen«, sagt Chakravarthi Narasimhan. Der Marketing-Professor an der Olin Business School der Washington University in St. Louis hat beobachtet, dass »Manager, die sich im Übermaß auf verlorene Marktanteile konzentrieren, in einen sinnlosen Rabatt-Kreislauf eintreten – ohne auf die langfristigen Folgen ihres Tuns zu achten«.

Automobilhersteller zum Beispiel.

Die Händler wollen nur eines: Mehr Fahrzeuge ins Rollen bringen. Um diesen Wunsch zu unterstützen, leiten die Hersteller Preisaktionen ein, bieten Rabatte an und senken die Finanzierungskosten der Käufer. »Das zusätzliche Volumen, das sich auf diese Weise schaffen lässt, wird allmählich zurückgehen«, sagt Narasimhan. »Warum? Weil es aus Sicht des Käufers immer wieder eine neue Aktion geben wird, der Druck zu kaufen also nachlässt.« Auf diese Kaufzurückhaltung wiederum würden die Anbieter mit neuen Preisaktionen antworten. »Strategische Konsumenten machen sich Gedanken über die künftige Preisentwicklung«, erläutert der Professor. Oder mit anderen Worten: Sie gehen davon aus, dass die Preise schwanken, und bereiten sich auf verschiedene Weise darauf vor.

Narasimhan sowie seine Forscherkollegen Tat Chan, ebenfalls Professor für Marketing, und Qin Zhang, Assistenz-Professor für Marketing an der University of Texas in Dallas, werteten für ihre Studie das A. C. Nielsen Scanner Panel aus, das Daten zum Kaufverhalten bei Tunfisch in Dosen von 1000 willkürlich ausgewählten Haushalten in Sioux Falls, South Dakota, während eines Zeitraums von 123 Wochen lieferte. Ihr Ziel war es, »ein dynamisches Strukturmodell zu schaffen, um den Einfluss zeitweiser Preisaktionen auf das Verhalten der Haushalte zu ermitteln, und Mehrverbrauch, Markenwechsel und Vorratshaltung zu ermitteln«. Obwohl manche Käufer die Marke wechselten, um Preisvorteile mitzunehmen, entschied sich doch die Mehrheit loyaler Kunden lieber dafür, ihre Vorräte aufzustocken, wenn ihre Marke gerade günstiger war. Ein deutlicher Preisrückgang veranlasste Geringnutzer dazu, ihren Verbrauch zu erhöhen, während Häufignutzer zur Lagerhaltung übergingen. Nach Auffassung von Narasimhan, Chan und Zhang schädigen damit Preisaktionen die Rendite von verbreiteten Marken auf lange Sicht. Ein Zuwachs beim Absatz während einer Preisaktion war in der Regel gefolgt von einem Absatzrückgang in Phasen mit regulären Preisen. Ähnliche Beobachtungen machten die Wissenschaftler beim Verkauf von Papierhandtüchern.

Aus ihrer Sicht tun Preisverantwortliche gut daran, effizientere Formen bei der Kombination von Preis- und Werbestrategien zu entwickeln. Sie müssen dabei berücksichtigen, dass unterschiedliche Kunden unterschiedliche Interessen und Vorlieben haben – und eine unterschiedliche Bereitschaft, einen bestimmten Preis für ein Produkt oder eine Dienstleistung zu bezahlen. Dieses Verständnis ist der kritische Faktor für Erfolg. Narasimhan empfiehlt den Unternehmen, Werthaltigkeit über andere Wege denn über den Preis zu schaffen. Zum Beispiel über einen verbesserten Kundendienst, über ein wirkungsvolles Programm zur Honorierung von Kundenloyalität oder über eine Aufwertung des emotionalen Faktors und des Images einer Marke. Die wahre Kreativität sei bei einer marktgerechten Dosierung im Marketingmix gefragt: »Bewahren Sie sich treue Kunden durch nicht-preisorientierte Mehrwertkomponenten.«

Quelle: Ulrich Pfaffenberger, auf Basis von Presseinformationen der Olin Business School der Washington University in St. Louis

10. Der Morgen danach

Er hatte sich mit Nikolitsch verabredet, gleich für den nächsten Mittag in der Kantine. Bei Gorgonzolahuhn und Brokkolireis wurde aus der Begegnung des gestrigen Abends der Beginn einer Freundschaft. »Entschuldigen Sie bitte, dass ich gestern Abend so unwirsch war«, hatte Simon gleich zur Begrüßung gemeint. »Ich saß an einem Angebot, kam nicht weiter und musste mir dann Ihre schlauen Sprüche anhören. Da war nicht mehr viel Platz für Freundlichkeiten.« Der Ingenieur hatte nur genickt. »Ich habe Sie ja auch richtig hochgeschossen, da brauchte ich keine Charme-offensive als Antwort zu erwarten. Aber ein etwas dickeres Nervenkostüm hätte ich eigentlich schon bei Ihnen erwartet. Ihre Kunden können Sie ja auch nicht so anmachen, wenn die Ihnen blöd kommen, oder?«

Simon erinnerte sich an die letzte Telefonschulung. Was heißt letzte. Die war gleich nach seiner Einstellung gewesen, im Mai vor vier Jahren, und bis heute die einzige geblieben. »Wir sind vorher ohne Sie zurechtgekommen, dann können wir das jetzt auch noch einen weiteren Tag lang«, hatte Günzle, der Abteilungsleiter, gemeint. »Einen muss ich hinschicken, das wird oben erwartet. Die anderen brauche ich alle hier. Also sind Sie dran.« Dabei hatte sich die Angelegenheit eigentlich gelohnt. Vor allem das Thema »Deeskalation« hatte es ihm angetan gehabt und bis heute berücksichtigte er die Ratschläge seines Trainers. Luft rauslassen, Emotionen runterfahren, Verständnis zeigen, Fragen stellen, den Kunden immer wieder beim Namen nennen. »Nö«, meinte er zu Nikolitsch, »das kriege ich sogar ganz gut hin. Manchmal macht es richtig Spaß zu testen, auf welchem Weg man die Spannung wieder herauskriegt. Da lernt man viel fürs nächste Gespräch. Aber die zahlen ja auch dafür. Sie sind ja bloß ein Kollege aus der Firma ...«

»Schöne Einstellung. Da brauchen wir uns über nichts mehr zu wundern. Schon mal was vom internen Kunden gehört, Richter?«, maulte Nikolitsch, dem die Ironie in Simons Bemerkung wohl in den falschen Hals geraten war.

»Sorry, sorry«, ruderte der Verkäufer auch gleich zurück. »Ich finde Sie ziemlich okay. Ich meinte nur: Wir haben mit euch Technik-Fuzzis sowieso nie Kontakt. Ihr lebt ja in einer ganz anderen Welt. Da weiß ich manchmal mehr über die Techniker meiner Kunden als über euch.«

»Das ist ja das Problem. Ihr verkauft einfach so ins Blaue hinein, keine Ahnung, was drinsteckt, Hauptsache Umsatz. Darum ist es umgekehrt für uns genauso: Ihr lebt in einer ganz anderen Welt«, antwortete Nikolitsch. »Dabei wäre so etwas wie diese Information, die Sie über die Techniker der Kunden haben, für uns echt nützlich. Vermutlich würde uns das weiter helfen als diese neutralen Pflichtenhefte, die man so oder so interpretieren kann.«

Simon hatte in der Tat schon mal darüber nachgedacht, ob er diese Informationen nicht irgendwo aufschreiben oder dokumentieren sollte. Aber im Berichtssystem gab es kein Dokument dafür, im CRM bei den Kunden auch kein eigenes Feld für einen Eintrag und dann hatte er auch noch gehört ... »Unsere Kundenberichte können Sie nicht lesen, nicht wahr?«, fragte er den Ingenieur. »Oder haben Sie Zugang zum CRM?«

Nikolitsch grinste. »Offiziell nur unser Boss. Der meint, dass der Mist, den ihr da reinschreibt, für uns nur kontraproduktiv ist.«

Simon grinste zurück. »Den schreiben wir ja auch nicht für euch. Ich mache Ihnen einen Vorschlag: Wann immer ich künftig auf etwas stoße, wovon ich glaube, dass Sie es brauchen können, schicke ich Ihnen eine kleine Mail. Das bleibt unter uns. Wenn Sie's brauchen können, ist es gut, wenn nicht, schnell gelöscht. Okay?« Er hielt dem Ingenieur die Hand hin. Der schlug ein. »Klasse. Machen wir. Ich heiße übrigens Erasmus.« »Simon.« Sie stießen mit Johannisbeerschorle auf die neue Partnerschaft an.

»Was ich noch fragen wollte.« Simon kam jetzt direkt auf den Punkt. Seit gestern Abend geisterte die Option »10 Prozent höhere Preise« durch seinen Kopf. »Du hattest da bei unserer nächtlichen Fortbildung in Sachen Deckungsbeitrag etwas erwähnt, was neue Technologie angeht. Dann könnten wir tatsächlich unsere Preise erhöhen?«

Nikolitsch sah sich kurz um, ob sie ungebetene Zuhörer hatten. Dann beugte er sich vor, senkte seine Stimme und schaute Simon ernst an. »Das, was ich dir jetzt sage, muss absolut unter uns bleiben. Das fällt unter die Rubrik ›top secret‹.« Simon nickte eifrig.

»Wir arbeiten in unseren Analyzern heute mit einer zwar sehr hoch entwickelten, nichtsdestoweniger aber konventionellen Pumpentechnik. Was Materialtechnik und Verarbeitung angeht, sind wir unseren schärfsten Wettbewerbern etwa ein Jahr voraus. Das entspricht einem Effizienzvorsprung von rund 18 Prozent.« Nikolitsch registrierte, wie angestrengt Simon ihm zu folgen versuchte. »Das heißt nichts weiter, als dass unsere Kunden um 18 Prozent wirtschaftlicher arbeiten als solche mit anderen Produkten. Wir könnten – bei einer durchschnittlichen Gerätelaufzeit von fünf Jahren – also theoretisch in der Anschaffung um 80 Prozent teurer sein als die Konkurrenz, brächten unseren Anwendern aber immer noch einen rechnerischen Vorsprung von zehn Prozent. Du weißt selbst, dass solche Preise nicht durchsetzbar sind. Aber vielleicht erkennst du jetzt, wie überflüssig Rabatte sind.«

»Und wie ich das erkenne«, dachte Simon. »Das ist die Lösung für mein Angebotsproblem von voriger Nacht.« Dem Ingenieur gegenüber begnügte er sich mit einem kurzen »Ja, verstanden«.

»Diesen Vorsprung können wir noch ungefähr ein Jahr lang halten. Dann laufen unsere exklusiven Lieferverträge mit dem Pumpenhersteller aus. Unsere zwei schärfsten Wettbewerber sind schon an ihm dran. Das wird entweder teuer oder wir haben das Nachsehen. Es gibt jetzt zwei Möglichkeiten. Wir verbessern die Pumpe auf eigene Faust. Das haben wir drauf, wir arbeiten schon daran, unter anderem mit neuen Erkenntnissen aus der Metallurgie. Aber es ist noch völlig offen, wie viel Effizienzgewinn wir damit erzielen können. Vielleicht sieben, vielleicht acht Prozent – aber vielleicht auch nur zwei. Einen entscheidenden Marktvorteil können wir damit noch nicht garantieren. Außerdem wurden uns Stellen gekürzt, was die Arbeiten verlangsamt.« Simon sah seinen Traum von rosigen Verkaufszeiten platzen. »Möglichkeit zwei: Wir holen uns die beiden Cracks aus Stanford. Die haben etwas ganz Neues entwickelt. Pumpen mit Nanotechnologie. So gut wie serienreif. Und so gut wie unbekannt. Ich habe gestern Abend noch kurz mit deinem Freund Profit darüber gesprochen, er hat mir das bestätigt. Selbst die Geheimdienste tappen da noch im Dunkeln.«

Simon unterbrach: »Was bringen diese Nanopumpen?«

Nikolitsch lehnte sich zurück, die Miene eines Pokerspielers im Gesicht. »Was schätzt du?«

Simon beschloss, hoch einzusteigen. »20 Prozent?«

Nikolitsch zuckte nicht einmal.

»25? 30?«

Der Ingenieur zog einen Drehbleistift aus der Hemdtasche, griff nach der Serviette und malte zwei Sechsen darauf. »66 Prozent – zwei Drittel. Das ist nobelpreisverdächtig«, meinte er. »Aber noch können wir die Jungs für zwei Millionen haben. Pro Jahr. Mit allen Rechten an der Erfindung bis 2025.«

»Und wo liegt das Problem?«, wollte Simon wissen.

Nikolitsch seufzte. »Wir haben die Millionen nicht. Weil ihr beim Verkaufen immer so großzügige Rabatte gebt.« Er griff sich eine zweite Serviette und schrieb ein paar Buchstaben und Zahlen drauf.

»Was ist das?«, fragte Simon.

Das sei eine Rechnung, meinte sein neuer Freund. Zwar schon ein paar Jahre alt, seit er sie 2004 in einem Magazin gelesen habe – »SalesBusiness, ein Magazin für Verkäufer übrigens!« –, ließen sie ihn nicht mehr los. »Würden die Verkäufer bei MAN ihre Preise nur um zwei Prozent höher durchsetzen, hätte damals das Unternehmen seinen Gewinn um 146 Prozent verbessern können. Bei Metro wären es 124 Prozent gewesen, bei Bayer 62 Prozent oder bei Volkswagen 44 Prozent. Wenn du willst, suche ich dir die Tabelle gern raus. Die sollte bei euch an jedem Schreibtisch hängen mit der fetten Überschrift: DARF ES EIN BISSCHEN MEHR SEIN?«

Die Logik dessen, was Erasmus ihm nun erläuterte, sollte Simon für immer prägen. »Für unsere Firma wären es ziemlich genau 25 Prozent mehr Gewinn. Das sind exakt drei Millionen. Damit bezahlen wir nicht nur die beiden aus Stanford, sondern investieren auch noch in ein paar neue Kaffeeautomaten, um die Produktivität im Vertrieb wieder zu erhöhen. Wir zeigen der Konkurrenz, wo der Hammer hängt, sichern uns auf Jahre die Pole-Position am Markt und gewinnen dadurch weitere Mittel und Kräfte, um unseren Vorsprung auszubauen. Na, wie klingt das?«

Simon war nachhaltig beeindruckt. Er schwor sich, nie mehr schlecht von einem Ingenieur zu denken. Und er sagte: »Mann, da müssen wir etwas unternehmen.« Sein erster Schritt würde sein, in das Angebot den Effizienzvorteil hineinzurechnen. Der Satz schwebte schon durch sein Gehirn: »Bei einem nachgewiesenen Produktivitätsvorsprung gegenüber vergleichbaren Konkurrenzprodukten amortisiert sich unser Kaufpreis für Sie bereits im zweiten Betriebsjahr der Analyzer – 18 Prozent mehr Effizienz ist unser Rabatt an Sie.« Wäre ja gelacht, wenn die das nicht kapierten.

Sein Notizbuch nahm folgenden Eintrag auf:

> **2 % bessere Preise bringen uns
> 3 Millionen Gewinn.
> Mehrwert durch Produktivität
> statt Rabatte.**

11. Die Kampagne

»Wir brauchen einen Slogan. Ein paar einfache Worte, die sich jeder merken kann. Die so cool daherkommen, dass sie ratzfatz zum Allgemeingut werden. So etwas wie ›Geiz ist geil‹ eben. Strengt euch an, Jungs!« Tanja tigerte auf ihren Highheels in einem Tempo durch den Raum, dass das Klappern der Absätze wie Maschinengewehrfeuer klang. Ihre »Jungs« waren hörbar, besser gesagt »unhörbar«, eingeschüchtert. Denn was Kathrin und Tom aus dem Lautsprecher vernahmen, war Schweigen. Furchtsames, einfallsloses Schweigen.

»Ich wünschte, wir hätten damals eine Kamera dort installiert. Die Gesichter würde ich zu gern sehen«, meinte die junge Agentin.

»Lohnt sich nicht. Erstens kennen wir die Pappnasen dieser Truppe nur zu gut. Und zweitens hätten einige unserer Kollegen hier dann doch wieder nicht der Versuchung widerstehen können und sich von den zwei starken Argumenten der Rabattskova ablenken lassen«, entgegnete Profit. »Was wir wissen wollen, das erfahren wir auch so.«

Kathrins Glas vibrierte leicht, als nun wieder die schrille Stimme Tanjas aus dem Lautsprecher heulte. »Ihr verdammten Penner! Wenn das so weitergeht, streiche ich euch nicht nur die Provision, ich kürze euch auch noch das Fixum. Und wisst ihr wohin? Auf null Komma null null. Wir sind doch nicht zum Spaß hier!« Irgendwo im Hintergrund splitterte Glas. Die Top-SCHLAMBE[1] war bekannt dafür, dass ihr Zorn genauso tiefe Spuren der Verwüstung hinterlassen konnte, wie es ihrem geballten Sexappeal gelang, eine

---

1 Super-Charme-Hexe-Lässt-Anfänger-Möglichst-Billig-Einkaufen

Horde harter Männer in ein scheues Rudel Musterknaben zu verwandeln. Noch ein Glas und noch eins.

Da, ein Stimmchen. »Ich bin zwar noch neu hier, aber ich hätte da eine Idee.«

»Wer bist denn du? Seit wann haben Klosterschüler bei uns Zutritt?« Pflichtschuldiges Männerlachen quittierte den Scherz der Chefin. »Schnauze! Also, raus mit der Sprache …«

»Canisius Böllinger, Soziologie und Psychologie im vierten Semester, sehr angenehm, Frau Rabattskova!«

»Sülz hier nicht rum. Spuck aus, was Sache ist, oder mach dich vom Acker!«

»Nun, liebste Chefin, ich habe mir gedacht, wir könnten eine Kampagne mit erotischen Untertönen lostreten. ›Sex sells‹ hat schon immer funktioniert – da könnte man der Sache eine ganz neue Wendung geben.« Von Satz zu Satz war die Stimme fester geworden. Kathrin und Tom spürten die Gefahr, die in seiner Idee lag, sofort. Tanja offenbar auch, denn sie hörte sich schon viel gelassener an, als sie den Studenten zum Weitersprechen aufforderte. »Da wüsste ich jetzt gern mehr darüber, mein Junge. Lass hören.«

»Ich denke da an einen Slogan wie ›Sparsam ist sexy‹. Das zeigt garantiert Wirkung. Denn da können die ganzen Knicker, denen die fünf Euro für einen Blumenstrauß bei Aldi schon zu viel sind, sich endlich mal etwas auf ihre Knausrigkeit einbilden. Unterm Strich läuft es natürlich auf das Gleiche raus wie ›Geiz ist geil‹, hört sich aber ganz anders an, fast schon seriös. Ich denke, dass vor allem Politiker in fortgeschrittenem Alter ihr Sein und Scheinen gleich in neuem Glanz sehen werden, wenn sie es mit diesem Slogan veredeln können. Sie werden den Spruch salonfähig machen – und die Wirtschaft wird ruck, zuck nachziehen.«

Zuerst erstarrte der Lautsprecher in sekundenlangem Schweigen. Dann hörte man das leise Klatschen von Händen und eine heimtückisch zischende Rabattskova. »So ein durchtriebener Plan! Teufel auch, das muss klappen. Mein Junge, bis morgen Ausarbeitung der Details, dann Besprechung hier im Lagerraum!«

»Meine verehrte Chefin …«, flüsterte Canisius fast.

»Ja, was?« Die Agentin klang wieder ungehalten.

»Wenn Sie gestatten: Ich habe das schon als PowerPoint-Präsentation vorbereitet … und ein paar Handouts für Sie und die Kollegen …« Sammetweich im Klang, doch unwiderstehlich in der Sache, was das Fiese Einkäuferlein da vorbrachte.

»Da brat mir doch einer einen Storch.« Ehrliche Verblüffung klang aus Rabattskovas Stimme. »Dann leg gleich mal los.«

»Darf ich Ihre Aufmerksamkeit auf Schaubild eins legen. Da haben wir einen Einkäufer, der kennt nur eines: den Preis. Den haben wir von allen am liebsten. Jeder Cent, den ihm der Verkäufer aus der Tasche zieht, bereitet ihm schlaflose Nächte. Wir machen ihm klar: Ein Zehntel-Cent zu wenig Rabatt und du kannst gleich als Quasimodo zum Glockenläuten gehen. Denn du hast es versäumt, zugunsten deiner Firma sparsam beim Geldausgeben zu sein.« Aus dem Hintergrund meldeten sich die ersten Stimmen der zuvor so schweigsamen Bande wieder zu Wort. »Genau«, »kennen wir«, »super Ansatz«.

Böllinger fuhr fort. »Schaubild zwei. Da haben wir die Zocker, die mit der Freude am Feilschen. Unsere Botschaft an sie muss lauten: Lass dir nicht in die Karten schauen, pokere bis zum Geht-nichtmehr, ohne Rücksicht auf Verluste. Es geht nicht um deine Firma, es geht um deinen persönlichen Sieg. Zeige keine Emotionen, kenne kein Pardon – spare dir den Luxus von Gedanken und strategischen Überlegungen. Und du wirst im Rudel der Schönste und Stärkste sein und die Frauen werden sich nach dir umdrehen …« Der Rest seines Satzes ging im Gejohle der nun wieder erwachten Meute unter, das minutenlang anhielt.

»Schaubild drei«, fuhr Canisius fort, als sich die Gemüter wieder beruhigt hatten, »Schaubild drei schließlich zeigt jene Einkäufer, die nicht rechnen können. Die nur buchstäblich ihre Vorgaben erfüllen und keine Ahnung haben, wie man ein Angebot differenziert betrachtet. Ihnen muss unsere besondere Aufmerksamkeit gelten, denn hier setzen unsere schärfsten Gegner an, die Mehrwert versprechen.« Laute »Buh«- und »Pfui«-Rufe unterbrachen ihn, bis Rabattskova mit einem »Ruhe jetzt« die Disziplin wieder herstellte.

»Auch dieser Zielgruppe müssen wir verklickern, dass sie sich alles sparen müssen, was von ihrer persönlichen Einstellung ablenkt. Sondern dass sie viel mehr daran denken sollen, wie attraktiv ein Einkäufer ist, der genau das tut, was sein Chef ihm vorgibt. Denn seine Erfolge stehen jetzt und gleich und sofort auf dem Papier. Da braucht man nicht zu rechnen, das kann man sehen!«

Jetzt gab es kein Halten mehr. Begeisterte Hochrufe, rhythmisches Klatschen, das eine oder andere Klirren zerbrechender Gläser sandten eine Kakophonie überschwänglicher Freude durch die Leitung. Kathrin und Tom sahen sich an. »Nicht unbedingt neu, das Ganze, aber sehr gefährlich«, sagte er. »Vor allem der Slogan. Den können viele übernehmen, ohne dass sie viel nachdenken müssen«, erwiderte Kathrin. »Umso wichtiger, dass wir unsere Anstrengungen verstärken. Wir müssen bei diesem Simon schnell vorankommen. Jeder zusätzliche Mitstreiter wird gebraucht.«

Sie wollten schon das Überwachungsgerät abschalten, da zog sie noch einmal die messerscharfe Stimme Rabattskovas in ihren Bann: »Und bist du dir sicher, dass die Verkäufer das nicht durchschauen? Dass Sie sich nicht etwas einfallen lassen, um unsere Kampagne zu unterminieren?«

»Ach, Chefin!« Canisius Böllingers Stimme klang auf einmal richtig kräftig und entspannt. »Da reicht doch wie immer ein Satz: Wollen Sie den Auftrag oder wollen Sie ihn nicht?«

Tom Profit grinste angriffslustig. »Das werden wir schon sehen, du halbgarer Milchbubi.« Und knipste den Lautsprecher aus. Mit links.

Warum es sich auszahlt, mit den Kunden eine Connection einzugehen, die vom Service bestimmt wird

Die Festo AG & Co. KG ist ein weltweit führender Anbieter von Automatisierungstechnik und Lernsystemen für die industrielle Aus- und Weiterbildung. Das Unternehmen wächst. Der Weltumsatz für das Geschäftsjahr 2007 lag bei über 1,6 Mrd. €, ein Wachstum von fast 9 % gegenüber dem Vorjahr. In Deutschland, wo rund ein Drittel des Umsatzes erwirtschaftet wird, wuchs das Unternehmen überdurchschnittlich mit rund 11 %. Wie viel das Unternehmen verdient, bleibt das Geheimnis der Eigentümerfamilie. Dass vom Ertrag eine ordentliche Summe in Mehrwert für Produkte und Kunden fließt, ergibt sich aus den dokumentierten Aktivitäten.

»Um am Hightech-Standort Deutschland auch in Zukunft wettbewerbsfähig zu sein, investieren wir jedes Jahr 7,5 % vom Umsatz in Grundlagen- und Zukunftsforschung sowie die Entwicklung neuer Produkte und Verfahren. Dies ist für uns die Basis, um jährlich 100 Produktneuheiten an den Markt zu bringen«, erläutert Dr. Eberhard Veit, Sprecher des Vorstands der Festo AG. Insgesamt umfasst das Produktprogramm rund 25 000 Katalog-produkte in einigen hunderttausend Varianten sowie kundenspezifische Lösungen und Sonderanwendungen für die pneumatische und elektrische Automatisierungstechnik.

2800 Patente hält Festo weltweit, rund 100 kommen jedes Jahr dazu. Mikro- und Nanotechnologie, Elektronik und Mechatronik spielen dabei eine entscheidende Rolle. Damit können die Kunden von Festo im Maschinen- und Anlagenbau mit intelligenten Komponenten in den nächsten Jahren ihre digitale Fabrik und damit entscheidende Wettbewerbsvorteile realisieren. »Innovationen für höchstmögliche Produktivität der Kunden, weltweite Präsenz und enge Systempartnerschaft mit den Kunden sind die Markenzeichen von Festo«, heißt es denn auch selbstbewusst im Firmenprofil.

Die Ausrichtung der Leistungen am Kundenprozess, die Beherrschung der Komplexität von Produkt und Service sowie die Optimierung der »Supply Chain« und ein ganzheitliches Logistikkonzept betrachtet Festo als wesentlichen Bestandteil der Unternehmensstrategie. Diese Punkte sind in der Balanced Scorecard fest verankert.

Das vorrangige Ziel von Festo liegt darin, einen Mehrwert im Wertschöpfungsprozess des Kunden zu schaffen. Dies wird erreicht durch:

– Eine konsequente kundenorientierte und logistisch optimierte Wachstumsstrategie für Technologien, Produkte, Regionen und Branchen. Das Ergebnis: weltweite Flexibilität für optimale Kundennähe
– Internationale, schnelle Verfügbarkeit
– Langfristig stabile weltweite Lieferpartnerschaft
– Globale Synchronisation mit der Wertschöpfungskette der Kunden mittels sogenannter »Customer Connectoren«.

Customer Connectoren – was steckt dahinter?

Festo bezeichnet damit Alleinstellungsmerkmale in Produkt- und Servicequalität, die das Unternehmen besonders eng mit seinen Kunden verbinden. Sie stehen an oberster Stelle in der Strategie der »verzahnten Wertschöpfungsprozesse«. Es handelt sich dabei um im »Order Processing« von Festo verankerte Schnittstellen parallel zur Wertschöpfungskette der Kunden. Eine logistische Dienstleistung als Mehrwert zur Produktqualität. »Customer Connectoren sichern strategische Kundenvorteile«, heißt es bei Festo. So stehen nicht nur die klassischen Schnittstellen Bestellung und Auslieferung bei den Schwaben im Fokus der Optimierung, sondern das Unterstützen aller wertschöpfenden Prozessschritte beim Kunden. Entwickelt und fortgeschrieben wird diese Philosophie auf Basis einer stetigen Analyse der branchenspezifischen Prozessketten der Kunden und auf Basis des Wissens der Festo-Fachberater. Das Ergebnis: Prozessbeschleunigung wie auch Vereinfachung der Entwicklungs- und Produktionsprozesse der Kunden.

Customer Connectoren spielen zum Beispiel in den Bereichen Konzept, Entwicklung und Konstruktion eine tragende Rolle. So bietet das Unternehmen Fachberatung und Training durch über 3500 Mitarbeiter – weltweit vor Ort. Das komplette Produktprogramm steht in Form von 2-D-/3-D-CAD-Modellen zum kostenlosen Download bereit. Ein Online-Katalog liefert eine komplette, leicht zu erschließende Übersicht aus einer Hand: 20 000 Produkte datenbankgestützt im Web – in sieben Sprachen.

Besonderes Gewicht haben die Customer Connectoren bei Beschaffung, Qualitätsmanagement, Produktion und Lieferung. So gilt in aller Regel ein 19-Stunden-Lieferservice in Europa für sämtliche Komponenten aus dem Basis-Programm. Die Kunden selbst bestimmen dabei die Kommunikationswege: Festo ist immer erreichbar, schriftlich, per Fax, telefonisch oder online. Die Kunden bestimmen auch die Verpackung, die entsprechenden Systeme werden auf Wunsch als Set angeliefert. Optimierte Bestellprozesse über moderne EDI-Anbindungen über Barcode oder SAP-Direkt-Verbindung beschleunigen die Abläufe und senken die Kosten.

Dem Kunden helfen, selbst am Ball bleiben, dazu dient die Analyse des Lagers mit Analyse der Produkte von Festo, Bereinigung der Produktpalette, Beratung bei Auslaufmodellen sowie Planung der optimalen Lager- und Bestellmenge.

Auch eine Optimierung der Lagerstruktur können die Kunden von Festo beziehen. Darin eingeschlossen sind die Punkte: Bewertung der besten Lagermethode, zentrales Lager oder fertigungsnahe Montagelager – mobil oder statisch, Kanban-Philosophie, Reduzierung des Lagerbestandes, Abbildung eines virtuellen Kundenlagers im SAP-System von Festo.

Wer Nachschub oder Ersatzteile braucht, kann sich auf kurze Wege zu Festo verlassen. Etwa durch die Belieferung aus fertigungsnahen Lagern: beispielsweise aus dem Customer Service Center Rohrbach mit 100 000 Lagerplätzen für Fertigprodukte und europaweiter Direktbelieferung. Dazu gibt es auch einen Abholservice rund um die Uhr in vielen deutschen Verkaufsbüros. Produktionsstandorte weltweit garantieren Nähe zu den Fertigungsstätten der Kunden. Die Hauptstandorte dabei sind über den Globus gut verteilt: Deutschland, Brasilien, Bulgarien, Indien, Korea, Mexiko, Ukraine, Ungarn, USA. Ein »Special Manufacturing Service« sorgt mit Sonderanfertigungen in weiteren 23 Ländern für eine noch schnellere Lieferung.

Bleiben noch Wartung und Betrieb als Einsatzfeld für Customer Connectoren.

Maximale Prozesssicherheit verspricht Festo durch zwei Faktoren: hochwertige Produktlösungen und überzeugende Services – weltweit. Ob unterstützend, energiesparend oder präventiv, Reparatur oder Ersatzteilbeschaffung inklusive.

Was die produktbezogenen Services angeht, setzt Festo auf

– diagnosefähige Produkte
– Ersatz- und Verschleißteil-Service – weltweit, zentral, schnell und in Katalogform online
– Reparatur-Service für Komponenten und Baugruppen

Bei den generellen Services zeigen die Schwaben Profil über

– Wartungsverträge für maximale Anlagenverfügbarkeit

- Help- und Hotline via Telefon oder E-Mail
- Vor-Ort-Service
- Total Productive Maintenance Support für effiziente Instandhaltung

Das Prinzip ist ausgezeichnet. 2003 erhielt Festo dafür den Deutschen Logistikpreis.

Quelle: *Ulrich Pfaffenberger, Wirtschaftsjournalist, Zitate: Pressemitteilungen der Festo AG & Co. KG*

12. Hinter den Kulissen des Wissens

Profit und Tango saßen im Labor. Der Professor wedelte mit einem USB-Stick durch die Luft. »Einer davon in jeder Verkaufsorganisation – und wir revolutionieren die Welt des …«

»Langsam, Tango, langsam.« Profit hob beschwichtigend die Hand. »Ich bin mir nicht sicher, ob wir das wirklich wollen. Schließlich lebt diese Welt vom Wettbewerb. Ich bin nach wie vor der Meinung, dass wir nur jene unterstützen sollen, die sich aktiv an uns wenden. Wenn wir Ihre Dossiers und die Sales Science wahllos unters Volk werfen, richten wir mehr Schaden als Nutzen an. Denken Sie nur an die vielen Ramschläden, die auf diese Weise wertvolle Tipps bekämen, ihren Schund auch noch gewinnbringend zu verkaufen. Nein, nein, wir bleiben beim *piano*.«

Der Wissenschaftler murmelte zwar noch ein paar Worte des Missbehagens in seinen struppigen roten Bart, zeigte sich aber ansonsten einsichtig. »Ich dachte ja nur … vielleicht eine Massenbewegung … Frage der Überzeugung … tausend gute Beweise …«

»Ich weiß, ich weiß«, sagte Profit. »Ohne die überaus verdienstvolle Arbeit Ihrer Abteilung stünden wir ProfitSeller mit unserer ›Mission: Profit‹ nicht da, wo wir heute stehen. Was Sie und Ihre Leute leisten, ist absolut bewundernswert – das ist der Treibstoff für unsere Arbeit, der Wind, der uns über die raue See trägt, die Trüffeln im Eintopf der Wirtschaftswissenschaft, der Grand Cru …«

»Halten Sie die Klappe, alter Schleimer. Zwei neue Assistentinnen wären mir lieber als diese Firmenjubiläumspoesie.« Tango tippte sich an die Stirn. »Das letzte Mal, als ich auf solche Sprüche hereingefallen bin, wollten Sie von mir ein Rezept, um den deutschen Mobilfunkmarkt in ein dauerhaft zukunftsfähiges Gefüge mit

echten Alleinstellungsmerkmalen zu verwandeln. Leichter erfinde ich die Formel für den Weltfrieden, lieber Herr Profit!«

»Warum ich eigentlich hier bin, Prof«, sagte Profit mit einem gewinnenden Lächeln: »Wir brauchen mal wieder ein paar fundamentale Sätze aus dem Leben eines Einkäufers. Ich habe das Gefühl, dass einige unserer bisherigen Kandidaten diesen Aspekt schon wieder aus den Augen verloren haben. Und bei den neuen Kandidaten kann man sowieso nicht oft genug darauf hinweisen, dass es allemal lohnender ist, sich in die Gedankenwelt der Gegenseite zu versetzen, als sich selbst ständig neu zu erfinden. Was hätten Sie denn da anzubieten?«

»Tja, was haben wir denn da?« Tango scrollte durch seine Datenbank. »Rollenspiele sind gerade sehr en vogue«, sagte er. »Da könnten die Herren Verkäufer – und die Damen natürlich auch – eine Menge lernen. Wenn eine Einkaufsorganisation auch nur halbwegs auf Zack ist, dann können Sie das Weihnachtsgeld drauf wetten, dass die jede Verhandlung vorher durchspielen. Und das nicht nur einmal, sondern mehrmals, wenn die Perspektive lohnend erscheint. Die arbeiten da übrigens eng mit dem Controlling zusammen und betreiben in der Regel ein intensives Monitoring über die Stärken und Schwächen ihrer Lieferanten.«

»Das ist echt ein Schwachpunkt«, meinte Profit. »Da muss ich sogar vor der eigenen Haustür kehren. Wir haben da auch schon lange nichts mehr gemacht. Können Sie mir nicht eine kleine Computersimulation basteln mit ein paar netten Filmchen, die sich das Team dann von Zeit zu Zeit mal reinpfeifen kann?«

»Vergessen Sie's. Simulationen bringen nur die halbe Miete. Den vollen Effekt haben Sie nur im wirklichen Leben. Das sollten Sie doch wissen, Profit. Ihren Klienten treten Sie doch auch persönlich auf die Füße und nicht per E-Mail!«

»Wie wahr, wie wahr, mein lieber Professor. Was haben Sie noch so in petto?«

»Was wir da in jüngster Zeit aus Einkäufertrainings so zusammengesammelt haben, deutet darauf hin, dass die alte Taktik ›schmoren lassen‹ noch immer sehr beliebt ist …«

»Sie meinen: den Verkäufer reden lassen und reden lassen und reden lassen, bis er sich so richtig verausgabt und mehr gesagt hat, als er eigentlich wollte?«

»Exakt. Wir haben da einige Jungs im Einkauf beobachtet, das sind regelrechte Schweigekünstler. Die würden jedem Trappistenkloster zur Ehre gereichen.«

»Ich kenne das aus meinen jungen Jahren.« Profit kratzte sich am Hinterkopf. »Du fühlst dich da wirklich wie Scott auf dem Weg zum Nordpol. Kein Anhaltspunkt, nur Eiswüste, die Kälte kriecht durch alle Glieder – und immer hast du den beklemmenden Verdacht, Amundsen könnte schon da sein.«

»War er das nicht tatsächlich?«

»Schon. Hat aber auch nichts geholfen. Auf dem Rückweg verloren beide das Leben …«

»Na ja, ganz so schlimm wird's für die Verkäufer nicht werden. Aber wenn die Jungs nicht endlich lernen, dass sie nicht alle Pfeile auf einmal verschießen, sondern ein paar auf Reserve im Köcher behalten, dann würde das schon viel helfen.«

»Sie sprechen von den Männern. Ist das bei Frauen nicht so?«

»Wir können es noch nicht beweisen, aber wir haben den Eindruck. Die Damen bei uns im Team tippen auf Erfahrungswerte.«

»Erfahrung worin?«

»Im Umgang mit Männern zum Beispiel. Schauen Sie sich doch mal in einem typischen Anbaggerlokal um. Wie viele Männer sind da aktiv – und wie viele Frauen? Und wer lässt da wen reden? Und wartet ab, ob gute Aussagen kommen oder ob sich die Balzerei nicht irgendwann als Geblubber entpuppt? Haben Sie schon mal erlebt, dass eine Frau bei solchem Anlass gleich alle Türen öffnet? Ich nicht. Mir scheint das eine viel versprechende Spur, zumal sie einer anderen Taktik weitgehend entspricht, die wir im Einkauf ebenfalls gehäuft wahrnehmen.«

»Und die wäre?«

»Zermürben durch zähe Verhandlungen.«

»Ach, die gute alte chinesische Wasserfolter. Man sollte es nicht glauben …«

»Ach, wissen Sie, da arbeiten die Unternehmen eigentlich ihren Kunden in die Hände. Durch das immer schnellere Reporting, den Run auf gute Quartalszahlen und die schwindende Geduld für langfristige Erfolge entsteht bei vielen Verkäufern der Eindruck, sie hätten eigentlich gar keine Zeit mehr zu verhandeln. Sie wissen doch selbst, wie viele von denen schon aufgeben, wenn gleich das erste Telefonat nicht die gewünschte Wendung Richtung Abschluss nimmt. Wenn da die Gegenseite ein bisschen auf ausdauernd macht und Widerstand leistet, wird das immer öfter als ziemlich schmerzhaft empfunden. Ich fürchte auch, dass wir da einen zweiten, gegenläufigen Trend haben, gesellschaftlich bedingt.« Tango legte seine Stirn in Falten.

»Hängen Sie die Geschichte jetzt nicht ein bisschen zu hoch?« Profit blickte skeptisch.

»Prügeln Sie mich jetzt nicht als Traditionalisten und Verklärer der guten alten Zeit. Aber wenn ich mir ansehe, wie verbreitet inzwischen das Tricksen und Täuschen ist … Denken Sie doch nur mal an diese ganzen Doping-Fälle. Und dann sehen Sie sich Typen wie Oli Kahn an, die dafür verspottet werden, dass sie sich durchbeißen. Ich habe da so meine Bedenken!«

»Tango, Sie sind ein alter Schwarzseher. Nur weil heute jeder kleine Skandal in den Medien gleich zu einem Ballon aufgeblasen wird, gibt es noch keinen Grund, an der Menschheit zu verzweifeln.« Profit schlug mit der flachen Hand so fest auf den Tisch, dass der Professor zusammenzuckte. »Wenn ich mir ansehe, was Sie laufend an *good news* in unseren Dossiers und Science-Stücken herbeizaubern – dann ist das doch der beste Beweis für das Gegenteil.«

Er tippte mit dem Zeigefinger auf den Bildschirm. »Aber das, was Sie da alles zusammengetragen haben, das möchte ich übersichtlich auf einem kleinen Chart haben. Das bekommt morgen jeder meiner Klienten in die Hand. Die sollen sich das jeden Tag vor Augen führen, wie ihre Gegenüber ticken.«

Sales Science, Report No. 3

Preise sind keine einfache Angelegenheit, sondern setzen sich aus mehreren kritischen Komponenten zusammen

Empfehlungen für die Preisbildung fallen dann besonders leicht, wenn die Anbieter von Waren oder Dienstleistungen ein Monopol haben. Die einzige Obergrenze, die es zu berücksichtigen gilt, lautet: Welche Kosten kann der Kunde ertragen, bevor er Verzicht übt?

Auch wenn es einen echten Wettbewerb gibt, fallen Empfehlungen für die Preisbildung nicht sehr schwer. Weil da viele Firmen nahezu identische Produkte anbieten, können sich die Preisgestalter auf ihr Gefühl verlassen, dass sie mit einem Preis in der Nähe der Grenzkosten ziemlich richtig liegen.

Wenn sich der Markt allerdings in der Grauzone dazwischen, also weder Monopol noch intensiver Wettbewerb, bewegt, dann liegt der Fall anders. Vor allem dann, wenn sich die Produkte und Dienstleistungen in der Qualität differenzieren lassen.

»Differenzierung beim Produkt, die zur Differenzierung bei der Wertschätzung durch den Kunden führt, ist die vorherrschende Form echten Wettbewerbs«, sagt Tridib Mazumdar, Inhaber des Howard R. Gendal-Lehrstuhls für Marketing an der Whitman School of Management der Syracuse University im US-Bundesstaat New York und Leiter des dortigen Dekanats für Forschung und Entwicklung. »Und darum brauchen wir hier eine Preisbildungs-Empfehlung für die Verantwortlichen.« Seine Forschungen, im *European Journal of Operational Research* unter dem Titel »Components of Optimal Price Under Logit Demand« gemeinsam veröffentlicht mit Amiya Basu, ebenfalls Marketing-Professor an der Whitman School, sowie S. P. Raj, Marketing-Professor an der Cornell University, haben zum Ziel, möglichst einfache Richtlinien für diesen Fall zu entwerfen.

»Preisfindung schließt normalerweise die drei Cs ein«, sagt Mazumdar. »Cost, competition, and customer.« Allein, es fehlt aus seiner Sicht an konkreten Hinweisen darauf, welchem der drei Faktoren in welchem Fall der

Vorzug zu geben ist. Weshalb die drei Wissenschaftler vorschlagen, sich dem optimalen Preis durch eine Gleichung anzunähern, die die Kosten ebenso berücksichtigt wie die Intensität des Wettbewerbs und die Bewertung des Kunden. »Diese Gleichung gewährt Einblick in den Wert eines Preises und zeigt, welchen Beitrag jeder einzelne Faktor zum optimalen Preis leistet.« Sie wurde unter verschiedenen Bedingungen getestet und hat sich als robust erwiesen.

Die Komponenten des optimalen Preises sind

1) Die Preis-Sensibilität des Kunden – je niedriger diese ausfällt, desto höher der Preis. Im Normalfall trägt dieser Faktor am stärksten zum optimalen Preis bei.
2) Mehrwert oder Differenzierung – der relative Vorteil einer Marke gegenüber einer anderen. Wo immer Mehrwert geschaffen wird, lässt sich ein höherer Preis durchsetzen.
3) Sättigung – das vorhandene Marktvolumen für einen höheren Preis. Dies ist der schwächste aller Faktoren.

Quelle: Ulrich Pfaffenberger, auf Basis von Presseinformationen der Whitman School of Management der Syracuse University

13. Wie aus dem Lehrbuch

»Ein Tag wie aus dem Lehrbuch für Kundenfreundlichkeit«, dachte Simon, als er abends vor dem Fernseher lag und sich mit einer schon x-mal gesehenen Folge von *Hör mal, wer da hämmert* den nötigen intellektuellen Abstand zu seinem Arbeitsleben verschaffte. Die aberwitzige Szene im Laden, als Tim auf dem Weg zur Verleihung des Titels »Autokönig des Jahres« auf einmal ohne Sprit dasteht und ihn der Händler gnadenlos abzockt ... »So abgebrüht möchte ich auch mal sein«, dachte Simon. Auf der anderen Seite: Was er heute erlebt hatte – Himmel noch mal, die hatten auch keine Nerven gekannt.

Aber der Reihe nach. Der Morgen hatte schon gut begonnen. Er hatte einen Kunden besucht, Spezialist für Lautsprecher und alles, was dranhängt. Zum ersten Mal. Wollte die Leute mal kennenlernen, sich ein bisschen umsehen, so wie Profit das empfohlen hatte. Schon der Gang über den Werksparkplatz war aufschlussreich gewesen. Kein Auto älter als drei Jahre. Und auf jeder Heckklappe ein Aufkleber: »Ich bin stolz darauf, bei Labinski zu arbeiten.« Hut ab!

Dass ihn anschließend die Rezeptionistin begrüßte, als wäre er ein Staatsgast aus dem Orient, hatte ihn noch mehr beeindruckt. Die musste doch wissen, dass er etwas wollte und nichts brachte, oder? Auf jeden Fall war sie 1a informiert, hatte sogar gefragt, wie die Fahrt auf der Autobahn gewesen sei ... Und nachdem er seinen Besucherzettel ausgefüllt hatte, überreichte sie ihm ein kleines Geschenk mit den Worten: »Hiermit heißen wir Sie im Hause Labinski recht herzlich willkommen.« Er hatte das kleine Päckchen erst auf dem Rückweg ausgepackt: ein kleines tragbares Radio, Top-

Marke. Er würde die Rezeptionistin nicht nur wegen ihrer Freundlichkeit nicht wieder vergessen. Und die Firma auch nicht. Stand doch, klein und dezent zwischen »UKW« und »MW«, ein »Listen to Labinski«.

Auf dem Rückweg war Simon gut durchgekommen und beschloss, gleich noch eine Autowäsche dranzuhängen. Die Viertelstunde musste drin sein. Außerdem lag die Waschanlage, wo er sowieso immer hinfuhr, direkt am Weg. Da ging's schnell, die waren nett und hatten irgendwie auch ein Waschmittel, das sein Auto sauberer machte, als er das anderswo bekam. Dafür zahlte er auch gern den einen Euro mehr.

Er orderte eine »Rundum-Wäsche« für neun Euro. Nach einer kurzen, fachmännischen Diskussion über das Thema »Antenne einschieben oder nicht?« drückte der Serviceman dann aus Versehen auf die falsche Taste. Statt »Rundum« bedeutete das »Standard«. Simon ließ das Fenster herunter und rief: »Hey, was soll das? Ich habe ›Rundum‹ bestellt.« Der Serviceman kam im Dauerlauf gerannt und drückte den »Not-Aus«-Knopf.

Das hatte Simon nicht erwartet. Bevor er etwas fragen konnte, verschwand der Mann im Kassenhäuschen. Simon saß ratlos da, der Typ hinter ihm hupte. Simon zuckte demonstrativ die Schultern, hob die Hände. Da kam Mr. Carwash auch schon wieder. Er drückte Simon Geld in die Hand. Nicht, wie der erwartet hatte, die Differenz, sondern die ganzen neun Euro. »Tut mir leid, das war mein Fehler. Die Wäsche geht aufs Haus. Schönen Tag noch und bis zum nächsten Mal.« Garantiert, dachte Simon, so etwas ist mir ja noch nie passiert.

Nach dem Mittagessen dann wieder ein Erlebnis, bei dem er sich fragte: »Habe ich bisher auf dem Mars gelebt?« Die Maus seines, zugegeben nicht mehr taufrischen, PCs war defekt. Er hatte das schon eine Woche geschoben, aber jetzt blieben ihm fünf Minuten, bevor die anderen aus der Pause kämen. Er wählte die Hotline an und flehte innerlich um eine kurze Warteschleife. Überraschung eins: Es klingelte keine fünf Mal. Überraschung zwei: Er kam mit seinem Problem gleich zu jemandem, der es lösen wollte.

»Kein Problem«, erwiderte die aufgeweckte, extrem freundliche Telefonistin. »Ich sende Ihnen eine neue zu.« Simon musste das erst verdauen. Sicherheitshalber schickte er hinterher: »Ja und mit der alten? Muss ich sie zurückschicken? Brauchen Sie eine Bestätigung? Muss ich ein Formular ausfüllen?« »Aber woher denn«, klang es glockenklar aus dem Kopfhörer. »Die alte Maus können Sie behalten. Wir wollen, dass Sie zufrieden sind.«

»Wenn ich jemals ein Buch schreibe«, dachte sich Simon, »die Story muss rein. Und wenn's keiner glaubt ...«

Dann die Heimfahrt. Er war noch am Getränkemarkt vorbeigefahren und anschließend zur Tanke. An der Kasse – »Heute habe ich echt Glück mit den Frauen«, dachte Simon, »eine schaut freundlicher als die andere« – entschied er sich gegen den neuen *Playboy*, kaufte sich lieber *SZ Wissen*.

Und dann der krönende Abschluss. Lächelt die Frau ihn an und sagt: »Wir haben heute eine Aktion. Sie haben vollgetankt und können sich in unserem Bistro etwas aussuchen. Was hätten Sie denn gerne? Etwas Süßes oder etwas Salziges?«

Simon traute dem Lächeln auf einmal nicht mehr so ganz. »Nun ja«, dachte er, »Apfeltasche oder Salzbrezel. Tolle Idee.« Er beschloss, das Angebot auszureizen: »Wo darf ich mir denn etwas aussuchen?«

Sie ließ sich nichts anmerken. Gleiche Freundlichkeit, gleiche Stimmlage: »Überall hier an der Theke. Wenn Sie wollen, mache ich Ihnen auch ein Sandwich frisch.«

»Nein, nein, nicht nötig«, meinte Simon verdattert. Er zeigte auf ein Schinken-Käse-Baguette, das immerhin mit 3,50 Euro ausgezeichnet war. »Lieber das da ...«

»Ja gern«, sagte sie und packte ihm das Baguette ein. »Lassen Sie's sich schmecken!«

Simon genoss dieses Baguette wie schon lange kein Tankstellen-Futter zuvor. Und er schwor sich: »Wenn ich wieder in der Nähe bin, dann werde ich wieder hier tanken und mir wieder etwas Leckeres kaufen.«

Er rechnete nach. Sicherlich kostete sein Snack im Einkauf keine drei fünfzig. Aber was war seine Verwunderung und sein Erstaunen wert? Mit Geld sicherlich nicht zu beziffern. Sehr, sehr clever gemacht. Er fuhr an den Straßenrand, hielt an, zog sein Notizbuch aus der Tasche und notierte sich:

> **Kunden unerwarteten Nutzen nach dem**
> **Kaufabschluss bieten.**

Das »nach« unterstrich er fett. Und dann noch:

> **Idee: Nach der Lieferung Kunden**
> **kleines Präsent anbieten.**

Auch »Idee« unterstrich er fett.

Während beim Heimwerkerkönig der Abspann lief, starrte Simon auf seine Notiz. Darüber würde er mal nachdenken müssen. Oder wenigstens nachlesen. Vielleicht hat ja schon jemand ein schlaues Buch darüber geschrieben. Er würde Profit fragen. Der wusste das sicher.

14. Simon probiert Phase 2 aus

Dieses Telefonat war anders gelaufen als sonst. Simon fing allmählich an, die Empfehlungen Profits ernst zu nehmen. »Machen Sie mir ein Angebot«, hatte der Einkäufer von Schloms & Co. gesagt. Das hörte sich schon ziemlich nach Abwimmeln an. Aber Simon hatte nicht locker gelassen. »Wie müsste dieses Angebot denn aussehen, damit wir ins Geschäft kommen?« Er hatte sich diesen Satz, den ihm Profit ans Herz gelegt hatte, mit rotem Edding auf ein Post-it geschrieben. Wie eine Sprechblase hing er an seinem Monitor.

Der Schloms-Mann hörte sich zum ersten Mal interessiert an. »Wie meinen Sie das?«

»Nun, ich will Ihnen ja nicht irgendwas anbieten. Sondern etwas, das Sie brauchen können. Was sind denn die wichtigsten Anforderungen, die Sie an unser Produkt haben?« Erst in der Sprechpause nach dem Fragezeichen fiel ihm auf, dass er das Thema Preis nicht ausgesprochen hatte. Nicht einmal daran gedacht hatte er. Gut gemacht, Simon. Profit wäre stolz auf dich.

»Wir brauchen beste Qualität. Top-Material. Das Zeug muss so zertifiziert sein, dass wir's weltweit auf den Markt bringen können. Die Lieferung erfolgt natürlich just in sequence. Und beim Service erwarten wir eine 48-Stunden-Garantie.« So zackig, wie die Antworten aus dem Headset trommelten, hatte der Typ das sicher auswendig gelernt. Oder er las sein schriftliches Briefing laut vor.

»Ich sehe schon, Sie legen Wert auf Perfektion«, sagte Simon. »Da sind Sie bei uns genau richtig. Darum garantieren wir Ihnen sogar einen 24-Stunden-Service.«

Jetzt klang Schloms & Co. auf einmal richtig aufgeweckt. »Das«, sagte er und machte danach eine Augenbrauenhochzieh-Pause, »das ist sehr interessant. Wie stellen Sie das sicher?«

»Lieber Herr Kraus, das möchte ich Ihnen gern schriftlich geben. Darf ich das meinem Angebot hinzufügen?«

»Machen Sie, machen Sie. Aber ich sollte das morgen auf dem Tisch haben. Bei uns ist immer donnerstags Vertriebsmeeting. Da könnte ich das dann einbringen …«

»Verstehe schon«, dachte Simon. »Du willst dich bei deinem Boss profilieren. Chef, ich habe da einen, den könnte ich beim Service auf 24 Stunden drücken … Schon verstanden. Dich werde ich glücklich machen.«

»Geht in Ordnung, Herr Kraus. Ich fasse das gleich mal zusammen und schicke Ihnen das heute noch per Mail voraus.«

»Super, klappt das bis vier? Ich habe heute noch viel zu tun.«

Klar, Tennisclub oder eine Runde mit dem Cabrio – soll ich raten? Simon wusste, dass ihn das die Mittagspause kosten würde. Aber das war's ihm wert.

»Klar, kein Problem. Sie kriegen das pünktlich. Dafür sind wir ja auch bekannt.«

»Nur noch eins, Herr Richter.«

Mist, Mist, Mist. Jetzt kommt er doch noch mit dem Preis. Simon traten Schweißperlen auf die Stirn. Mist.

»Ja, Herr Kraus?«

»Wir hatten da in letzter Zeit ein paar Probleme mit dem Spam-Filter in unserer Firma. Schicken Sie das Angebot doch parallel auch per Fax. Dann habe ich auf jeden Fall etwas Schriftliches vorliegen.«

Noch ein paar Minuten, nachdem er den Hörer aufgelegt hatte, saß Simon regungslos an seinem Schreibtisch. Er war geneigt, an Wunder zu glauben. Ein Gespräch, ein Angebot – der Preis kein Thema? Konnte das sein? Dieser Wunderknabe Profit! Den würde er gleich mal anrufen, um ihm die frohe Botschaft mitzuteilen. Jetzt kann mich keiner mehr über den Tisch ziehen, jetzt gehört die Welt mir. Es fehlte nicht viel und Simon hätte auf dem Weg zur Toilette zu hüpfen angefangen.

Was Profit ihm am Telefon sagte, holte ihn dann wieder auf den Boden der Tatsachen zurück. »Das hört sich ja ganz nett an«, hatte der lakonisch gemeint. »Aber vielleicht hat dieser Einkäufer einfach vergessen, nach dem Preis zu fragen. Oder er ist gar nicht dafür zuständig und sammelt einfach mal pro forma die Angebote, mit denen ein höher gestellter Kollege dann auf Verhandlungstour geht. Haben Sie schon geklärt, ob der Mann überhaupt zuständig ist?«

Simon fühlte sich mit einem Schlag elend.

»Was wissen Sie überhaupt über Schloms & Co.?«, hakte Profit nach.

Simon stotterte ihm die paar Sätze vor, die seine Kundendatenbank auf den Monitor warf. Nummer drei am deutschen Markt. Spezialisiert auf Exporte nach Südamerika. Hochpreisige Produkte. Gilt in den Medien als Musterbeispiel für Gründergeist und Innovation. Seit zehn Jahren auf der Wunschliste der eigenen Firma, aber immer gescheitert. Anspruchsvoll bei der Auswahl von Zulieferern.

»Na, das ist doch schon etwas, wo wir ansetzen können«, meinte Profit. »Jetzt setzen Sie sich noch ein paar Minuten ans Internet und googeln sich noch ein paar aktuelle Fakten zusammen, dann sehen wir weiter.«

»Wozu das denn?« Der alte Simon kam wieder durch. Den Erfolg gerade noch vor Augen, schien dieser sich nicht nur in Luft aufzulösen. Jetzt kam sogar noch extra Arbeit. »Ich weiß doch schon …«

»Gar nichts wissen Sie«, konterte Profit mit knurrendem Unterton. »Welche Strategie verfolgt das Unternehmen? Welche Branchen und Segmente werden bedient? Haben die für irgendetwas in jüngster Zeit Lob oder Kritik bekommen? Welche Themen greift die Geschäftsführung öffentlich auf? Und checken Sie um Himmels willen die Position Ihres Ansprechpartners. Nicht, dass Sie das ganze Pulver auf einmal und vergeblich verschießen.«

Simon fühlte sich überfordert, vor allem mit dem letzten Punkt. »Wie soll ich denn das rauskriegen?«

»Fragen Sie Ihre Kollegen, gucken Sie in XING nach oder sehen Sie zu, dass Sie einen finden, der sich bei Schloms auskennt. Und machen Sie Tempo, Ihr Angebot muss in ein paar Stunden raus.«

»Ja, das wird verdammt knapp. Keine Ahnung, wie ich das schaffen soll.«

»Mein Tipp fürs nächste Mal: Vorher nachsehen. Es schadet gar nichts, wenn man ein bisschen mehr über einen Kunden weiß als das, was in der Firmendatenbank steht. Erstens verstehen Sie dann schneller, um was es Ihrem Gegenüber geht. Zweitens können Sie kompetenter antworten, wie Sie selbst auf den Bedarf des Kunden eingehen wollen. Drittens freut der sich, dass Sie so gut informiert sind. Und viertens sparen Sie sich hinterher eine Menge Zeit. Lesen Sie eigentlich Zeitung?«

»Ja, die *Dingsdorfer Nachrichten*. Vor allem wegen dem Sport.«

»Vergessen Sie's. Ohne *FAZ*, *Handelsblatt* oder *Financial Times* kommen Sie nicht weiter. Das ist das Mindeste. Sie brauchen einen guten Wirtschaftsteil, damit Sie informiert sind über die Welt, in der Sie und Ihre Kunden sich bewegen.«

»Aber das kostet doch Zeit. Die habe ich nicht übrig.« Simon sah sich schon mit Lesebrille zwischen Papierbergen verschwinden. »Wir bekommen doch jeden Dienstag immer diese Dossiers aus der Research-Abteilung, da steht alles so schön zusammengefasst.«

»Lassen Sie mich aus alter Geheimdienst-Erfahrung eine Empfehlung aussprechen«, sagte Profit. »Diese Dossiers sind das Papier nicht wert, auf das sie kopiert sind. Vorselektiert und zusammengekürzt, nach der Meinung eines sogenannten Experten irgendwo weit weg von Ihnen, der das Ganze durch seinen persönlichen Filter betrachtet und Ihre Bedürfnisse nicht kennt. Verlassen Sie sich nur auf Informationen aus Quellen, die Sie schätzen und bewerten können – und sammeln Sie selbst. Und denken Sie daran: Sie bekommen damit auch einen Vorsprung vor allen, die sich nur auf die Drittware verlassen wollen. Das sollte Ihnen die Mühe wert sein.«

Simon nickte bedächtig. So hatte er das noch nicht gesehen. Die Sache mit dem Vorsprung leuchtete ihm ein. »Danke für den Tipp. Ich lege gleich los.« Ein verschmitztes Lächeln ging über sein Gesicht. »Haben Sie eine der Zeitungen selbst abonniert?«, fragte er Profit.

»Alle drei.«

»Dann dürfen Sie mich als Abonnenten werben. Sie können doch sicher noch ein Rührgerät brauchen ...« Im Auflegen noch hörte er schallendes Gelächter aus dem Hörer.

Sehr geehrter Herr Kraus,
»Wenn wir unsere Spitzenposition behaupten und neue Absatz-
felder in den emerging markets erschließen wollen, dann können
wir uns nur auf eines verlassen: Qualität, Qualität, Qualität.«
Ganz im Sinne dieses Statements Ihres Geschäftsführers Georg
Schloms jr. vor dem Übersee-Club vor 14 Tagen biete ich Ihnen die
Partnerschaft der TOPOLOH AG als Zulieferer von erstklassigen
Systemkomponenten an. Wie heute am Telefon besprochen ...«

Selten hatte Simon mehr Lust dabei verspürt, ein Angebot zu schreiben, als diesmal. Profits Empfehlung mit der Internetrecherche war Gold wert. Gleich beim ersten Quersurfen auf der Schloms-Website war er auf eine Pressemitteilung zu diesem Auftritt des Oberbosses gestoßen: »Neue Chancen im Export. Garanten für unseren Erfolg in aller Welt.« Viel staatstragendes Geschwafel, aber dann diese Aussage. Volltreffer. Und fünf Zeilen weiter der Satz, auf den es ankam: »Qualität hat ihren Preis: Als Spitzenanbieter im obersten Marktsegment wissen wir, dass Wettbewerb dauerhaft nicht mit Dumping-Konditionen zu gewinnen ist.« Ein Zitat, vom Himmel geschenkt.

Der Brief sprudelte nur so aus der Tastatur. Simon hatte Profits Worte noch im Ohr: »Das Angebot ist ein schriftliches Verkaufsgespräch. Formulieren Sie es individuell und persönlich. Um Himmels willen keinen Formbrief – Ihr Ansprechpartner könnte sonst das Gefühl haben, dass auch Ihre künftigen Dienstleistungen und Ihre Produkte nur 08/15 sind. Geben Sie konkrete Lösungsvorschläge. Zeigen Sie die Vorteile, die eine Zusammenarbeit mit Ihrem Unternehmen bringt.«

Genau das konnte er dank seiner Recherche jetzt tun. »Gehen Sie auf die Anforderungen des Kunden ein.« Wortwörtlich, wie in einem Protokoll, schrieb er nieder, was Krauss ihm anvertraut hatte: Top-Material. Weltweit gültige Zertifikate. Lieferung just in sequence.

»Außerdem freuen wir uns, Sie mit unserem garantierten 24-Stun-
den-Service zu überzeugen. Wie andere Kunden unseres Hauses
Ihnen gern bestätigen werden, führt dies zu einer spürbaren Profi-
tabilität beim Einsatz unserer Produkte.«

Simon wusste nicht nur, dass Kraus darauf abfahren würde. Er hatte auch herausgefunden, dass er ihm mit diesem Thema ein gefundenes Fressen liefern würde. In XING hatte er die Zugehörigkeit des Einkäufers zur Alumni-Gruppe der Hochschule St. Gallen entdeckt. Dort wiederum fand er unter »Personalien« einen gerade zwei Monate alten Hinweis, dass der Mann, von zwei DAX-Unternehmen heiß umworben, sich wegen der »gestalterischen Perspektiven« für eine Führungsposition beim Mittelständler Schloms entschieden hatte. Volle Peilung: Er war an der richtigen Adresse.

»Ich werde Sie am Dienstag kommender Woche noch einmal in die-
ser Sache kontaktieren, um unser (Simon jubilierte: U-N-S-E-R!!!)
weiteres Vorgehen abzustimmen. Mit freundlichen Grüßen ...«

Agent Profit konnte stolz auf ihn sein.

Sein Notizbuch freute sich über den Eintrag:

> **Sich vor dem Angebot Klarheit über den**
> **Kunden verschaffen.**
> **Das Angebot individuell an die Bedürfnisse des**
> **Kunden anpassen.**

Wie ein Hersteller durch Innovation seinen Kunden neue Geschäftsfelder öffnet und damit das eigene Produkt am Leben erhält

Das Printmedium Zeitung ist selbst in die Schlagzeilen geraten. Nichts beschäftigt die Zeitungsindustrie derzeit so intensiv wie ihre eigene Zukunft und die ihrer Kunden: Wie können sich Verleger und Zeitungsdruckunternehmer in der cross- und multimedialen Welt heute und in Zukunft behaupten?

Verleger und Zeitungsdruckunternehmer sind gefordert: Bestehende Geschäftsmodelle müssen überdacht und relauncht, neue kreiert werden. Herkömmliche Denkmuster müssen aktualisiert und an neue Marktgegebenheiten angepasst werden. Die Zeitungsindustrie muss dem veränderten Leserverhalten offensiv Rechnung tragen. Das Produkt Zeitung an sich muss noch attraktiver und zielgruppenorientierter werden. Dies gilt für alle unmittel- und mittelbaren Bereiche der Zeitungsproduktion: für technische Innovationen, Vertriebsstrukturen und Verlagskonzepte, für die Zeitung als wichtiges Werbemedium und nicht zuletzt für die sich verändernde Kundenstruktur und die daraus resultierende Fokussierung auf neue Zielgruppen.

Neue Zielgruppen, neue Märkte. Werbung für das Produkt Zeitung beginnt bereits dort, wo neue, junge Zielgruppen für das Printmedium begeistert werden können: Kinder und Jugendliche. Die zunehmende Zahl junger Leserinnen und Leser schafft neue Möglichkeiten und Perspektiven für Verleger – langfristige Leser-Blatt-Bindung – und Anzeigenkunden – neue Zielgruppen – gleichermaßen.

Beinahe revolutionär ist der Erfolg sogenannter Freesheets, kostenloser Zeitungen, die sich ausschließlich und gewinnbringend über Werbeanzeigen finanzieren. Der Markt für diese kostenlosen Blätter boomt. Die Nachfrage nach Freesheets ist weltweit ungebrochen. Bereits heute erscheinen rund um den Globus täglich mehr als 40 Millionen Exemplare für unterschiedlichste Zielgruppen – Tendenz steigend.

Die Umstellung auf kleinere, handlichere Formate im Zeitungsdruck steht vielfach im Mittelpunkt der Diskussion um die Zukunft der Zeitung. Mit der Formatumstellung geht der Relaunch des Layouts von Zeitungen in der Regel unmittelbar einher: Ein frisches, modernes Design soll neue Zielgruppen für das Printmedium interessieren.

Der Wechsel zum attraktiven Tabloid- oder Berliner Format hat direkte Auswirkungen auf das Geschäftsmodell des Verlages oder Druckunternehmens. Dabei sind teilweise nicht unerhebliche Investitionen zu leisten. MAN Roland, der Weltmarktführer für Zeitungsoffset und Rollenoffset insgesamt, bietet seinen Kunden hierfür innovative und zukunftsweisende Konzepte und Lösungen an. Sie sind ebenso vielfältig und differenziert wie die Welt der Zeitung selbst.

Fest steht allerdings: Ein Formatwechsel allein garantiert nicht automatisch steigende Auflagenzahlen und Werbeeinnahmen. Vielmehr muss der Formatwechsel von einer Reihe flankierender Maßnahmen nachhaltig unterstützt werden: Anzeigenkunden müssen vom neuen Konzept überzeugt werden, eine intensive Leserkampagne sorgt für eine starke Leser-Blatt-Bindung, eine konsequente Preispolitik gegenüber Anzeigenkunden und Werbepartnern in Kombination mit einer spürbaren Qualitätssteigerung beim Zeitungspapier sichert bestehende Kundenbeziehungen – und schafft neue.

Um den Forderungen nach einem veränderten Erscheinungsbild der Zeitung entsprechen zu können, setzt MAN Roland auf Kundennähe, Kundenservice und auf die Entwicklung innovativer Maschinenlösungen. Das Zauberwort heißt »Applied Innovations«. Zukunftsweisende Entwicklungen schaffen Mehrwert für Verleger und Kunden. Ob vollautomatischer Plattenwechsel mit dem APL-Roboter (APL = Automatic Plate Loading), der den Plattenwechsel auf rund zweieinhalb Minuten verkürzt, was insbesondere bei häufigen Plattenwechseln enorme positive Kosteneffekte generiert, ob Heatset-Coldset-Kombinationen oder UV-Trockner für moderne Applikationen im Zeitungsdruck oder ein umfangreiches Service- und Dienstleistungsportfolio im Rahmen von PRINTVALUE (printnet, printcom, printservices und printadvice) – MAN Roland steht seinen Partnern mit maßgeschneiderten individuellen Entwicklungen, Produkten und Services weltweit zur Verfügung

MAN Roland bietet die Drehscheibe, um neue Produktideen weltweit zu kommunizieren und zu verbreiten. Die Förderung neuer Geschäftsmodelle durch technische Produktinnovationen steht ebenso im Fokus des Weltmarktführers wie ein umfangreiches Service- und Dienstleistungsangebot für Verlage und Druckunternehmen. Ziel der weltweiten Strategie ist es,

den Anwendern im engen Praxis-
dialog vor Ort deutlich zu machen,
was sich mit ihrem Equipment realisieren lässt. Die Erfahrungen des
intensiven globalen Austausches
zeigen deutlich: Das Potenzial der
Zeitungsproduktion ist noch lange
nicht ausgeschöpft.

Quelle: *Hintergrundinformation der
MAN Roland für Journalisten »Die Zeitung: Modell mit Zukunft«, Oktober 2007*

Sales Science, Report No. 4

Margenkönige setzen auf Innovationen und werten ihre Produkte über Kooperationen auf

Bei fast jedem zweiten Unternehmen, das überdurchschnittliche Margen erzielt, ist das ertragsstärkste Produkt gerade erst in der Markteinführung. In diesem Abschnitt steigen Nachfrage und Absatz überdurchschnittlich stark an. Dadurch sichern sich die Firmen positive Deckungsbeiträge. Zum Vergleich: Weniger als jeder zehnte Betrieb, der mit etablierten Waren handelt, kann entsprechende Gewinne verbuchen. Das ist das Ergebnis einer »Potenzialanalyse Preisstrategien« der Unternehmensberatung Steria Mummert Consulting.

Knapp zwei Drittel der Spezialisten erwirtschaften hohe Margen mit Angeboten, die sich erst neu am Markt etablieren. Der Grund für die schnellen Produktwechsel: Sieben von zehn Nischenanbietern wollen sich in möglichst kurzen Intervallen auf die Wünsche einer bestimmten Zielgruppe einstellen. Um den Umsatz weiter zu steigern, müssen Unternehmen regelmäßig die Kundenzufriedenheit verbessern. Dies gelingt Nischenanbietern am besten. Mehr als jeder zweite Spezialbetrieb schafft es, seine Produkte nahezu vollständig an den Verbraucherwünschen auszurichten. Dagegen weisen nur vier von zehn Massenanbietern ein ähnliches Ergebnis auf. Die Folge: Nur jedes fünfte Unternehmen, das die breite Käuferschicht anspricht, erzielt überdurchschnittliche bis sehr gute Margen.

Um diese Defizite auszugleichen, setzen die Massenanbieter vor allem auf eine günstige Preisgestaltung. Allerdings gelingt es bisher nur einer Minderheit der Unternehmen, diesen Anreiz gegenüber den Kunden auch zu kommunizieren. Nach eigener Einschätzung schaffen es nur zwei Prozent dieser Unternehmen, die Preisvorteile ihrer Produkte gegenüber dem Verbraucher positiv herauszustellen. Als Grund werden neben zu knapp kalkulierten Budgets für die Unternehmenskommunikation auch unausgereifte Marketingkonzepte genannt.

Darüber hinaus vernachlässigen Firmen die Möglichkeit, ihre Produkte über Kooperationen mit zusätzlichen Leistungen auszustatten, um sich so von Wettbewerbern abzusetzen. Ein Branchenüberblick zeigt, dass bisher vor allem Finanzdienstleister mit Partnern zusammenarbeiten (14,3 Prozent). Bei den übrigen Dienstleistern (8,7 Prozent), im produzierenden Gewerbe (4,7 Prozent) und im Handel (3,7 Prozent) sind solche Konzepte dagegen deutlich schwächer ausgeprägt. Dabei liegt der Erfolg von Partnermodellen nahe. Denn Unternehmen, die hohe Margen erzielen, weisen die meisten Kooperationen auf.

Quelle: Presseinformation »Margenkönige setzen auf Innovationen« der Steria Mummert Consulting vom 29. November 2006

15. Extras gehen extra

Es war einer dieser Abende, die riefen so laut nach einem Bierchen in der Lieblingskneipe, dass Simon nicht widerstehen konnte. Zumal ihn die *Eckfahne*, das alte Stammlokal der Fans vom ESC 05, schon seit Monaten nicht mehr gesehen hatte. Zwischen Großbildmonitor und Fankurve mit geschätzten 289 Schals aus aller Eishockey-Welt saß allein an einem Tisch Jockel, vertieft ins *Manager Magazin*, ein Glas Weizenbier und ein angefangenes Cevapcici vor sich.

»Servus, Jockel, was macht das Großkapital?«, begrüßte Simon seinen Studienfreund, der inzwischen in der Immobilienabteilung einer Großbank seine Kaviarschnittchen verdiente. Was er, nicht nur dem sehr bodenständigen Miteinander im Fanclub zuliebe, nicht an die große Glocke hängte.

»Mensch, Simon! Ich hatte schon gedacht, du wärst auf eurer Außenstelle Kamtschatka gelandet, so wenig habe ich dich in letzter Zeit gesehen. Wass'n los?« Jockel deutete fragend auf Teller und Glas, signalisierte nach Simons Nicken dann dem Wirt, er möge seinem Freund ein zweites Stammessen bringen. »Auf den Spielen warst du auch schon lange nicht mehr …«

Simon berichtete dem Freund haarklein die Ereignisse der jüngsten Zeit. Der hörte schweigend und mampfend zu. Als der Wirt Simons Portion brachte, meinte er: »Klingt richtig spannend. Vielleicht kannst du mich diesem Profit ja bei Gelegenheit mal vorstellen. Ich hätte da ein paar Kunden, die könnten eine ähnliche Hilfestellung brauchen. Aber erst mal 'n Guten!«

Sie prosteten sich zu. Bevor Simon sich an seinen überquellenden Teller machte, meinte er: »Und du? Was gibt's zu erzählen?«

Jockel stellte sein Glas ab, wischte sich die Lippen und meinte lakonisch: »Alles beim Alten. Nur die Reiserei wird mir allmählich zu viel. Das artet inzwischen zur Quälerei aus.«

»Ach komm«, entgegnete Simon zwischen zwei Bissen. »In der Welt der Reichen und Schönen, mit Business Class in alle Welt, jede Woche ein anderes Fünf-Sterne-Hotel. So schön möchte ich's auch mal haben.«

»Wenn du dich da mal nicht täuschst. Generell ist das zwar alles noch in Ordnung, aber die Zeichen der Erosion sind nicht zu übersehen. Ich war jüngst ein paarmal in den Staaten – und was mir da in Hotels passiert ist ... Da könnte ich Storys drüber schreiben.«

»Nun erzähl schon ...«

»Was da läuft, ist genau das Gegenteil von Mehrwert für den Kunden. Das geht eher in Richtung mehr Geld fürs Hotel. Zum Beispiel die Geschichte mit dem Mail-Service. Wenn du dort eine Kuriersendung oder ein Päckchen von FedEx angeliefert bekommst, kriegst du's am Ende unter *handling fees* auf die Rechnung geknallt. Davon steht kein Wort bei der Preisangabe fürs Zimmer, aber wenn du dich beschwerst, verweisen sie auf einen Paragraphen auf Seite 7 der Internet-AGB, der ihnen so etwas erlaubt. Ein paar hundert Dollar hat mich das dieses Jahr schon gekostet. Neulich haben sie mich sogar für einen Anruf bei ihrer eigenen kostenlosen Reservierungsnummer blechen lassen wollen. *Access charge* hieß das dann ...«

»Na, ihr als Banker braucht euch da nicht künstlich aufzuregen. Wenn ich an eure offenen und versteckten Gebühren denke ...« Simon konnte sich ein scheinheiliges Grinsen nicht verkneifen und hob das Glas.

»Schon klar, schon klar.« Jockel gab ihm Bescheid. »Was mich ärgert, das sind eigentlich nicht die Gebühren. Schließlich spart mir das viel Zeit und den Gang außer Haus – das ist das Gleiche wie bei der Minibar. Aber ich verbringe im Jahr gut 100 Nächte in den Häusern dieser Kette. Haben die denn keine Info in ihrer Datenbank, dass ich Top-Kunde bin und dass man mir den einen oder anderen Gefallen erweisen sollte?«

»Haben sie wahrscheinlich schon. Aber keiner schaut rein. Schließlich kriegt der liebe Kunde ja tausende von Bonusmeilen für seine Übernachtung, das muss genügen.« Simon dachte an seine eigene Nachlässigkeit in diesem Punkt bis vor einigen Wochen. CRM. Das war etwas für die Marketingabteilung. »Und außerdem spekulieren sie darauf, dass du erstens bei der Buchung keine Zeit und Lust hast, um nachzuprüfen, was inklusive ist und was nicht. Und dass du zweitens beim Auschecken entweder nicht genau hinsiehst – die Firma zahlt's ja – oder keine Lust hast, noch mehr Zeit zu verplempern. Habt ihr eigentlich keinen Rahmenvertrag mit denen, über den solche Extras als Inklusiv-Pauschale festgeschrieben werden?«

Jetzt war es an Jockel, zu grinsen. Er kramte in seiner Tasche: »Das hat ein Kollege mal zusammengestellt. Die *Todesliste für Geschäftsreisende*. 1. Finger weg vom Telefon. Schau's nicht mal an. 2. Finger weg vom Fernseher. Filme gehören auf den Laptop. 3. Keinen Schritt in den Fitnessraum. Besser einmal zu Fuß um den Block, die Treppe hoch in den 14. Stock und zehn Liegestütze neben dem Bett. 4. Room-Service aus dem Wortschatz streichen. 5. Getränke? Gibt's an der Tanke gegenüber.«

»Kann ich da eine Kopie von haben?«, fragte Simon. »Aber mal im Ernst. Irgendjemand bei euch müsste doch Interesse daran haben, dass die Kosten planbar bleiben.«

»Nö, nicht wirklich. Wenigstens in diesem Fall. Unser hochwohllöbliches Institut ist zu 75,8 Prozent an der Kette beteiligt. Jeder Groschen, den wir dort abliefern, kommt zu uns dreiviertel zurück. Deswegen steht auch auf jeder Rechnung der Tagespass für den Wellness- und Fitness-Club mit 25 Dollar, obwohl es uns laut Reiserichtlinie untersagt ist, diese Angebote wahrzunehmen.«

»Und da meckert keiner?«

»Bis jetzt nicht. Zumal sich unsere Controller zu ihrem vierteljährlichen Erfahrungsaustausch auch immer dort für zwei Tage treffen.«

»Ach nö! Wie kann man nur!« Simon fühlte sich solidarisch – und positionierte seinen eigenen Arbeitgeber innerlich ein Plätzchen höher auf der Ratingskala. »Diese Salamitaktik auf der Rechnung erinnert mich an die Billigflieger. Da kostet das Ticket an sich fast nichts. Das kriegst du aber nicht, sondern bloß eines, das so viel billiger ist als bei den großen Linien, damit du's merkst. Dass du unterwegs noch mal umsteigen musst, dass jede Flugstrecke ein eigenes Ticket braucht, dass jedes Mal Kartengebühr kassiert wird, dass jeder Koffer eine Gebühr kostet und dass dann schließlich für die Cola an Bord auch noch mal Cash fällig ist – ich frage mich, warum Leute noch immer darauf reinfallen?«

»Klare Sache«, meinte Jockel, »die schauen aufs Preisschildchen, hören billig – und glauben. Weil sich in ihren Hirnen festgefressen hat, dass Markenware teuer ist. Und teuer ist per se schlecht. Ich könnte dir Storys erzählen …«

»Mach schon, mein Teller ist noch nicht leer.« Simon hielt sich die Hand ans Ohr und signalisierte Neugier.

»Saß ich neulich in der S-Bahn zum Flughafen. Treffe ich Kaltstein-Stehlitz. Großer Mittelständler, Zulieferer in der Autoindustrie. Frage ihn, wo die Reise hingeht. Meint er: nach Köln. Dann fliegen wir wahrscheinlich zusammen in der 7-Uhr-Maschine. Nee, meint er, er fliegt um 7.15. ›Welche Gesellschaft?‹, frage ich. Und er: ›Na, die billige, die gerade immer im Radio die Spots laufen lässt.‹ Schon ein Dutzend Mal sei er im letzten Monat dort gewesen. Dann laufen die Geschäfte ja prima, wenn er so oft dort zu tun hat, meine ich. Na ja, sagt er, und zuckt die Schultern, es habe mehr damit zu tun, dass er immer schon nachmittags um eins wieder zurückfliegen müsse, denn nur dann gibt es die niedrigen Tarife. Da bleibe so wenig Zeit für die Meetings, da müsse er dann eben öfter … Kannst du's fassen?«

Simon kaute zu Ende, meinte dann: »Kann ich. Wenn du wüsstest, wie oft ich Telefonate führe, in denen Kunden genau so argumentieren: Sie würden jetzt zur Konkurrenz wechseln, weil's da billiger ist, wenn man 100 Stück abnimmt. Schaue ich dann in die Vertriebsdatenbank, sehe ich meistens, dass die bei uns in zehn Jahren keine 50 Stück bestellt haben. Und wenn ich dann frage, ob sie denn jetzt mehr Teile brauchen, und anbiete, dass wir ihnen

als Großabnehmer natürlich auch bessere Konditionen anbieten, dann höre ich Sprüche wie: ›Lassen Sie nur. Wir legen die sowieso erst mal nur ins Lager.‹«

Der Wirt trat an den Tisch, ein kleines Tablett mit Schnapsgläsern in der Hand: »Für die Verdauung«, sagte er.

»Wenigstens hier ist die Welt noch in Ordnung«, sagte Jockel.

»Mit 42 Prozent Bonus«, ergänzte Simon, der einen Blick auf die Sliwowitz-Flasche geworfen hatte. »Prost!«

Abends machte er sich noch ein paar Gedanken:

> **Billig ist nicht unbedingt günstig.**
> **Achte auf versteckte Kosten und weise**
> **deinen Kunden darauf hin.**

16. Eine überraschende Situation

Die junge Frau musste schon eine Zeit lang neben Simons Schreibtisch gestanden haben. Der war vertieft in eine Kalkulation, die Günzle ihm auf den Tisch geworfen hatte. »Schauen Sie zu, dass Sie hier noch zwei Prozent rausrechnen.«

Erst als er in der Schublade nach einem Textmarker suchte, bemerkte er das leuchtende Rot ihres Sommerkleids aus dem Augenwinkel. Das wäre ihm vor ein paar Tagen noch nicht passiert. Eine gut aussehende junge Frau in Reichweite und er merkte nichts davon. Wo hatte er nur seine Gedanken?

Ihr blitzte der Schalk aus den Augen. »Wenn Sie dann alles gesehen haben«, sagte sie und strich sich den dunklen Pony aus der Stirn, »darf ich Sie dann auf etwas hinweisen?«

Simon wurde nicht leicht rot. Das hätte ihm als Verkäufer schnell das Geschäft verhagelt. Aber in diesem Moment schoss ihm das Blut ins Gesicht. »Ja, bitte, worum geht's denn?«, bemühte er sich, so sachlich wie möglich zu wirken. »Was kann ich für Sie tun?«

»Och«, meinte sie mit jenem unschuldig-naiven Unterton in der Stimme, zu dem nur Frauen fähig sind, die wissen, dass ihr Gegenüber beim Ausgeben der Karten keinen Trumpf erwischt hat, »nichts Wichtiges. Nur ein kleiner Tipp für eine Sendung im Internet-TV, die gleich angeht.«

»Was meinen Sie?« Simon war ratlos. »Ich arbeite hier. Da habe ich keine Zeit für privates Vergnügen. Wer sind Sie überhaupt?«

Sie beugte sich zu ihm herunter. »Ach, Simon, tun Sie doch nicht so. Bei durchschnittlich 79 Minuten die Woche für Sportnews im Internet und 52 Minuten für andere Männerthemen, die Sie sich gönnen, brauchen Sie hier nicht den Unschuldigen zu markieren.«

»Sind Sie von der Revision? Spionieren Sie hinter mir her? Diese Zahlen stimmen nicht, das ist maßlos übertrieben, das sind jeden Tag nur ein paar Minuten …« Simon fühlte sich in die Enge getrieben.

»Jetzt mal keine Panik, Simon.« Sie richtete sich wieder auf. »Ich will nur, dass Sie keine Spielchen mit mir spielen. Ich bin Kathrin und arbeite hier im Controlling. Und ich soll Ihnen schöne Grüße von Tom ausrichten: Damit Sie sich hier nicht so allein fühlen, dürfen Sie auf meine Unterstützung bauen.«

»Tom? Ich kenne keinen …« Er war jetzt ganz auf Abwehr eingestellt.

»Bla, bla, bla. Und wer hat Ihnen empfohlen, im Business statt Spaghetti lieber Schnitzel zu essen?«

Das saß. Die Frau war wohl echt. Er hielt ihr die Hand hin. »Sorry, ich fühle mich etwas überfordert mit der Sache. Tut mir leid.«

»Schon gut«, sagte sie und schlug ein. »Dann können wir jetzt ja weitermachen. Gehen Sie mal ins Web und auf www.Tom-Profit. com. Da läuft gleich ein Interview mit einem unserer Experten. Das wird Sie interessieren.«

»Einer Ihrer Experten?« Simon wusste noch immer nicht recht, was er tun sollte.

»Mann, sind Sie schwer von Begriff.« Kathrin griff zur Maus auf seinem Schreibtisch, klickte sich ins Netz, klimperte die URL auf die Tastatur und zeigte dann auf den kleinen Bildrahmen auf der rechten Seite des Monitors. »Da, gleich geht's los. Hingucken und mitdenken. Ich melde mich später wieder.« Sprach's, drehte sich auf dem Absatz um und war nur noch einige Moleküle von »Diamonds«, die ihn in der Nase kitzelten.

Die Fanfare aus dem Lautsprecher seines PC riss Simon aus seinen Gedanken. »Willkommen zum Interview der Woche. Unser Gast heute: Thomas Burzler von Sales Motion. Unser Thema heute: Der Zauber des Mehrwerts.« Zwei Personen erschienen im Bild. Die Moderatorin rückte ihre Brille zurecht und wandte sich gleich ihrem Gast zu.

»Guten Tag, Herr Burzler. Herzlich willkommen in der Sendung. Sie sind erklärter Anhänger des ProfitSelling. Was haben wir darunter zu verstehen?«

»Beim ProfitSelling geht es darum, den Kunden aus der Ident-Falle zu retten. Das heißt, ihm zu zeigen, dass Produkt und Leistung bei uns mehr Wert für ihn bringen als beim Wettbewerber und damit eben nicht ›identisch‹ mit dem Wettbewerber sind!«

»Ist denn so etwas in der heutigen Zeit noch möglich, es gibt doch immer einen, der vermeintlich das Gleiche nur billiger macht?«

»Das ist genau der ›springende Punkt‹ dabei. Wenn es uns nicht gelingt, den Kunden davon zu überzeugen, dass es einen Unterschied gibt, wird der Preis als einziges Unterscheidungsmerkmal übrig bleiben.«

»Und das führt zwangsläufig zu einem Preiskampf, den nur der Billigste gewinnt?«

»Da haben Sie völlig recht. Entscheidend ist, dass der Kunde uns will, und zwar nicht wegen unseres Preises, sondern weil er sich bei uns einen Mehrwert verspricht. Dann nimmt er auch einen etwas höheren Preis in Kauf.«

»Das glaube ich nicht …«

»Ein Beispiel aus dem täglichen Leben: Schauen Sie mal nach München zum Oktoberfest. Da wird die Maß Bier im Durchschnitt um die acht Euro kosten, das ist im Vergleich zum Vorjahr eine Preiserhöhung um mehr als drei Prozent. Und die Wies'n-Besucher werden dafür bezahlen, weil das Umfeld stimmt: die Musik im Zelt, der Duft der Grillhähnchen, das Dekolletee der Kellnerin. Manche werden sogar ihren Konsum noch steigern, weil ihr Fußballverein sein Heimspiel gewonnen hat. Verhandlungen mit dem Verkäufer wird es da keine geben.«

»Ja gut, da mag das funktionieren, aber wie sieht es im Geschäfts-umfeld aus, da spielen doch andere Faktoren eine Rolle, oder?«

»Das ›Spielfeld‹, auf dem sich ein Verkäufer hier bewegen kann, heißt z. B. Innovation. Natürlich nur, wenn sein Unternehmen ›mitspielt‹. So hat ein Verkäufer einer meiner Kunden bei seinem Kunden eine Einsparung von ca. 2 Mio € pro Jahr erzielen können. Dabei hat er sogar eher teure, da neu entwickelte Produkte eingesetzt und einen sehr guten Deckungsbeitrag erzielt. Allerdings konnte der Kunde mit diesen Produkten seine Produktivität deutlich erhöhen! Der Preis für die Werkzeuge war dann nicht mehr so wichtig, da der Kunde diesen Verkäufer nun als ›Partner für Produktivität‹ sieht!«

»Mal grundsätzlich gefragt: Wenn's so einfach wäre, dann müssten wir doch in Mehrwertangeboten schwimmen? An was liegt es, dass dem nicht so ist?«

»Mal grundsätzlich geantwortet: Weil's nicht so einfach ist, wie es scheint. Nur an ein paar Knöpfen zu drehen und ein paar nette Päckchen zu schnüren, damit ist es nicht getan. ›Profit-Selling‹ ist eine Sache, die im Kopf stattfindet. Und der muss vorher frei sein von falschen Denkweisen. In viel zu vielen Unternehmen ist ProfitSelling, wenn es denn überhaupt angewendet wird, egozentriert. Man sichtet die eigenen Ressourcen, greift in die Vorratstruhe und präsentiert dem Kunden dann ein vermeintlich hochattraktives Bündel nach dem Motto: Guck mal, was wir alles Schönes für dich haben.«

»Aber so falsch kann das doch nicht sein. Die ganze Bankenbran-che verfährt im Allfinanzkonzept so ...«

»… und muss feststellen, dass die Kunden nach wie vor
Zweit- und Drittkonten haben und sich nach Lust und Laune
am Markt bedienen, statt treu und zuverlässig alles bei einem
Anbieter zu konzentrieren. In einer aufgeklärten Gesellschaft,
die immer transparenter mit Informationen versorgt wird –
oder mit dem, was als Information wahrgenommen wird –, ist
der Glaube an die selbsttragende Allmacht eines gebündelten
Produktpakets irrig. Wenn die emotionale Komponente fehlt,
wenn der Mehrwert für den Kunden nicht erlebbar, wenn er
nicht spürbar ist, dann ist nichts gewonnen.«

»*Wo ist der Lösungsweg zu finden?*«

»Beim Kunden. Es geht darum, bei der Gestaltung von Produkten, und von Dienstleistungen sowieso, sich in die Wunschper-
spektive zu versetzen. Und zwar nicht die eigene, in der alle
Welt uns abnimmt, was wir uns als optimal vorstellen. Sondern
in die des Käufers, der vielleicht ganz andere Vorstellungen
von ›optimal‹ hat als unsere Entwicklungs- und Verkaufsabtei-
lung. Nicht zu fragen: Wie kriegen wir unseren Krempel los?
Sondern: Welche Art von Krempel würden unsere Kunden bei
uns kaufen? Oder anders ausgedrückt: Der Köder muss dem
Fisch schmecken, nicht dem Angler! Deshalb erkennt man einen guten Außendienst-Mitarbeiter sofort an der Qualität seiner Bedarfsanalyse …«

»*Das erinnert mich an die guten, alten Kunden-Panels, bei denen
ein paar ausgewählte Firmenfreunde zum Austausch von Nettigkeiten gebeten werden.*«

»Unterschätzen Sie dieses Instrument nicht. Unternehmen,
die es professionell und durchdacht anwenden, erzielen riesige
Effekte damit und bewegen sich erkennbar an der Spitze des
Marktes. Wenn die Bereitschaft zum kritischen Dialog da ist,
bei dem das eigene Denken und Handeln auch in Frage gestellt

werden darf und wo man mit offenen Ohren und offenem Verstand auf Kunden hört, dann wird hier entscheidender Vorsprung gewonnen. Weil der Vertriebsmitarbeiter dann heraushören kann, was dem Kunden mehr wert ist. Es ist anschließend die Aufgabe des Managements, das betriebswirtschaftlich sinnvoll in die Tat umzusetzen. Wenn Sie allerdings nur nach Jasagern und Speichelleckern schielen, dann können Sie sich die Häppchen und den Prosecco für dieses Meeting auch sparen.«

»Und wenn ich dieses Instrument aus beliebigen Gründen nicht anwenden kann oder will?«

»Dann gibt es noch genügend andere Möglichkeiten – unter anderem das Engagement eines guten Trainers *(lacht)*. Aber Spaß beiseite: Haben Sie schon mal darüber nachgedacht, dass eine gute Quelle für Mehrwert-Inspiration im Unternehmen selbst sitzt? Jedes Unternehmen ist nicht nur Anbieter, sondern auch Kunde. Lassen Sie doch einmal die eigenen Verkäufer und Einkäufer ihre Erfahrungen und Ideen austauschen – Sie werden erstaunt sein, was dabei alles herauskommt. Denn ›Was du nicht willst, das man dir tu, das füg auch keinem andern zu!‹«

»Noch einmal zurück in den privaten Bereich: Mehrwert ist unter Umständen eine gefährliche Sache. Denken Sie nur an die drei Prozent höhere Mehrwertsteuer!«

»Ja, das ist natürlich auch eine interessante Denkweise: Wenn wir Mehrwert schaffen, schlägt die Steuer zu! Aber es ist ein gutes Beispiel: Die Bundesregierung gönnt sich hier ja – wenn wir sie mit einem Unternehmen vergleichen würden – eine Preiserhöhung für ihre Leistungen. Dabei gelingt es ihr jedoch nicht, den Kunden, d. h. Bürgern, den Nutzen dieser Preiserhöhung zu verkaufen. Der clevere Schachzug an dieser Steuer ist aber eigentlich der, dass andere den Mehrwert schaffen, für den man selbst kassiert.«

»Herr Burzler, vielen Dank für dieses Gespräch. Ich werde bei meiner nächsten Wies'n-Maß daran denken!«

Die Moderatorin wandte sich dem Publikum zu. »Und nächste Woche sehen Sie ...« Da verschwand das Bild aus dem Monitor. Ein Fenster poppte auf, aus dem Profit Simon anlächelte. »Na, mein Freund, da haben Sie jetzt was zum Nachdenken. Wir treffen uns um acht in *Giorgio's Trattoria*. Seien Sie pünktlich.«

Simon wunderte gar nichts mehr. Aber wieso kam ihm der Mann auf einmal so bekannt vor? Und wie konnte er an diese Kathrin noch einmal herankommen? Viele Fragen und so viel anderes zu tun.

Ein Navi ist ein Navi ist ... kein Navi wie jedes andere, wenn MERIAN draufsteht

Schlauer und unterhaltsamer verreisen: Im Herbst 2007 erschien mit dem elektronischen MERIAN scout NAVIGATOR ein Gerät auf dem Markt, das zwar aussah wie ein Navigationsgerät, im Prinzip auch die gleiche Funktion erfüllte, aber mit einem Preis von 779 Euro nicht nur weit aus dem Marktsegment herausragte, sondern sich auch noch gegen den Trend der fallenden Preise positionierte. Wie das?

Nun, der NAVIGATOR war nicht einfach ein Navi, sein Hersteller platzierte ihn als »ersten intelligenten Reisebegleiter im Taschenformat«. Das entsprechende Qualitätssiegel verlieh ihm *Merian*, seit Jahrzehnten die »edle« Marke im Reisejournalismus und in betuchteren Kreisen des Bildungsreisendentums geschätzt wie eine Bibel. Eine Zielgruppe, die man eher selten am Schnäppchen-Tisch sieht.

Das Gerät »innovativ« zu nennen, wie der Hersteller es tat, mag mancher Technikversierte für verwegen halten. Die Kombination aus Gerät und Inhalt, wie sie *Merian* da auf den Markt brachte, war jedoch tatsächlich neu. Und so genau auf die Gene-

ration *Merian* zugeschnitten, dass auch der Preis angemessen war.

Was steckt drin? Der NAVIGATOR verbindet interaktiv Multimedia-Reiseinformationen aus der *Merian*- und *Der Feinschmecker*-Redaktion mit einem Navigationssystem. Der MERIAN scout NAVIGATOR zeigt zu über 30 000 Sehenswürdigkeiten, Hotels, Restaurants, Theatern etc. detaillierte Beschreibungen mit Fotos und spielt über 800 spannende Audiobeiträge zu Sehenswürdigkeiten automatisch ab. Außerdem führt das integrierte Navigationssystem auf Knopfdruck dorthin. Am Reiseziel liefert der Personal Travel Assistant (PTA) je nach Interesse Vorschläge für die optimale Freizeitplanung. Der intelligente Reisebegleiter lässt sich sowohl im Auto als auch zu Fuß nutzen.

Besonderes Highlight des im MERIAN scout NAVIGATOR integrierten Reiseführers sind die unterhaltsamen DriveBy-AudioGuides. Der intelligente Reisebegleiter identifiziert mittels GPS-Technologie die touristischen Hinweisschilder entlang der Autobahn, die Autofahrer auf Sehenswürdigkeiten, Naturschutzgebiete oder Besonderheiten in der Nähe aufmerksam machen. Sobald sich der Autofahrer einem Schild nähert, spielt der MERIAN scout NAVIGATOR auf Wunsch oder automatisch interessante Audiobeiträge zu diesen Sehenswürdigkeiten ab. Anhand der Fahrtgeschwindigkeit berechnet der MERIAN scout NAVIGATOR den optimalen Zeitpunkt zum Abspielen des AudioGuides, so dass der Fahrer noch die entsprechende Ausfahrt nehmen kann. Neben den DriveBy-AudioGuides enthält der PTA auch WalkBy-AudioGuides in deutschen Großstädten, die automatisch beim Vorbeigehen an Sehenswürdigkeiten abgespielt werden.

Als Leckerbissen für Literaturliebhaber finden sich auf dem MERIAN scout NAVIGATOR für 100 Städte literarische »Zeitreisen« als GPS-AudioGuides. In diesen Hörstücken werden Texte bekannter Schriftsteller zu Städten oder Regionen unterhaltsam vorgelesen: Heine in Hamburg, Franz Kafka auf Helgoland oder Hoffmann von Fallersleben, der ein so exotisches Ziel wie die Eifel besucht.

Die Informationen zu über 30 000 Reisezielen sind wie in einem Print-Reiseführer übersichtlich in Rubriken abgebildet, z. B. Essen und Trinken, Übernachten, Sehenswertes, Einkaufen, Am Abend etc. Die einzelnen Rubriken sind gegenüber den üblichen Listen noch weiter untergliedert.

Ein Kunstinteressierter kann so nicht nur nach Museen und Galerien, sondern auch nach historischen Bauwerken suchen. Die Restaurants können nach Landesküchen oder Bewertungen vom Gourmet-Journal *Der Feinschmecker* ausgewählt werden. Darüber hinaus bieten die Detailinformationen mit über 3000 Bildern gute Orientierung in der Fülle der Empfehlungen und Tipps. Durch die Verknüpfung mit dem Navigationssystem können die einzelnen Kategorien je nach aktuellem Aufenthaltsort des Reisenden weiter eingeschränkt werden. Der MERIAN scout NAVIGATOR bietet den Komfort einer Umkreissuche, bei der alle Einträge in der Umgebung angezeigt werden. Je nach Lust und Laune kann der Reisende zwischen Museum, Landschaftsgarten, Restaurant oder Einkaufstipp usw. auswählen. Zur Reiseplanung können die Informationen aus dem Multimedia-Reiseführer auch für einen beliebigen Ort abgerufen werden.

Auch an den Wunsch der mit einem etwas höheren Durchschnittsalter gesegneten Zielgruppe nach viel Komfort und »seamless travel« hat man gedacht. Der MERIAN scout NAVIGATOR enthält vorinstalliertes Kartenmaterial auf dem neuesten Stand für ganz Europa, so dass ein Wechseln von Navigations-CDs während der Fahrt entfällt. In das Navigationssystem integriert ist die Stauwarnfunktion TMC, mit der laufend Verkehrsinformationen empfangen werden, so dass Staus und Gefahrenpunkte sicher umfahren werden können.

Quelle: *Ulrich Pfaffenberger, Wirtschaftsjournalist, auf Basis von Pressemitteilungen der Ganske Verlagsgruppe, München*

17. Racheschwüre

»Was du nicht willst, das man dir tu … Ja, verdammte Hacke, wo sind wir denn? Freie Wirtschaft oder Mädchenpensionat? Leute, damit darf der nicht durchkommen. Das ist das Hinterletzte, Abgefeimteste, Widerwärtigste, was mir je begegnet ist. Da wird eingegriffen. Diesem Profit zeigen wir, wo der Hammer hängt.« Die zornesrote Chefin der »Fiesen Einkäufer« tigerte in ihrem Lagezentrum auf und ab, umgeben von einer Schar ihrer Getreuen. Die Mühe hatten, den Ernst der Lage zu erkennen. »Lagebericht!«, schnauzte sie jetzt.

Eine monotone Stimme, den lauschenden Agenten als »der Buchhalter« bekannt, rapportierte. »Profit, Tom. Aufenthalt derzeit unbekannt. Unlängst gesichtet mit Richter, Simon. TOPOLOH AG, Jungverkäufer und erfolglos. Verdächtige Aktivitäten in Richtung ProfitSelling. Beginnende Vernetzung im Unternehmen. Destruktive Tendenzen in Sachen Rabatt. Eingreifen dringend empfohlen.«

»Böllinger, Schätzchen, was können wir tun, damit eine Kommunikation zwischen den Einkäufern und den Verkäufern der TOPOLOH nicht stattfindet – ich wiederhole: n-i-c-h-t?« Die Rabattskova klang sehr, sehr ungehalten.

»Da bin ich mal gespannt«, sagte Profit zu Kathrin, die in ihrem Abhörzentrum die Krisensitzung bei den FE wieder live mitverfolgten, »was diesem lichtscheuen Gesindel Wegweisendes einfällt …«

»Jawoll, Chefin.« Der Nachwuchs-Saboteur hatte seit dem letzten Mal deutlich an Stimmvolumen gewonnen. »Das werden wir zu verhindern wissen. Denn das ist das Hinterletzte, Abgefeimteste, Widerwärtigste …«

»Hatten wir schon, Baby. Zur Sache.« Zwei Messerstiche der scharfen Tanja, die deren Zorn nur zu deutlich machten.

»Okay, Tanja, äh, Chefin.« Canisius Böllinger gab klein bei. »Wir haben Informationen, dass dieser Simon schon zwei andere Leute aus dem Controlling und dem Engineering kennt. Da ist es nicht mehr weit, bis da auch ein Einkäufer dazukommt. Um das auf alle Fälle zu verhindern«, er machte eine theatralische Pause, »müssen wir einen eigenen Mann einschleusen.« Anerkennendes Murmeln setzte ein. »Er muss sich Simons Vertrauen erwerben und dann alle Versuche torpedieren, die einen Kontakt zu den Einkäufern herstellen könnten. Gleichzeitig hätten wir dann aus erster Hand Informationen darüber, was dort sonst noch so abgeht.« Aus dem Murmeln war ein Gebrabbel geworden, aus dem einige aufmunternde Rufe hervorbellten. »Genau«, »immer feste druff«, »ran an den Feind«.

»Und wer soll das machen?«

»Ich hatte da an mich selbst gedacht, Chefin. Ich bin noch unverbraucht, ich habe die richtigen Studienfächer und ich kenne den Fall.«

»Jo, Kleiner, mach das!« »Genau der richtige Job für dich« »Wenn einer das bringt, dann du!« Die Zurufe seiner Kumpane deuteten an, dass die ganz zufrieden mit Böllingers Vordrängen waren. Und auch Tanja Rabattskova ließ ein einvernehmliches Grunzen hören. »Wenn du dir das zutraust, meinen Segen hast du. Ich rufe mal dort in der Personalabteilung an. Da schuldet mir einer noch einen Gefallen. Die sollen dich als Praktikant in die Pressestelle eingliedern. Da hast du Zugang zu allen Bereichen und es fällt nicht auf, wenn du neugierig bist. Morgen fängst du dort an, alles klar?«

»Klar, Chefin. Die werden ausradiert. Die mache ich fertig. In 48 Stunden wird das Wort »ProfitSelling« aus dem Leben der TOPOLOH AG getilgt sein. Bei meiner Ehre als Fieser Einkäufer.« Canisius Böllingers Stimme überschlug sich fast.

»Immer mit der Ruhe. Gezielte Angriffe sind mir lieber als heroischer Aktivismus.« Tanja klang nun wieder betont sachlich. »Alle 24 Stunden erwarte ich einen Bericht. Wir treffen uns in der

Kantine. Ich tarne mich natürlich. Unser Kennwort lautet ›Heiliges Rhinozeros‹. Und jetzt an die Arbeit. Es ist mir hier schon zu viel schiefgegangen. Saludos, compagneros!«

»Und dir wird noch mehr schiefgehen, Teuerste, darauf kannst du dein Sparbuch verwetten«, versprach Tom. »Kathrin, du weißt Bescheid. Brems den Knaben aus.«

»Klar, Chef«, äffte die ihren baldigen Kontrahenten nach. »Das ist das Hinterletzte, Abgefeimteste, Widerwärtigste, was mir je begegnet ist.« Beide mussten herzhaft lachen.

18. Erhellendes und Emotionelles bei *Giorgio*

»Wie oft gehen Sie eigentlich ins Fitness-Studio?« Profit musterte Simon über den Rand der Karaffe Barbera, die der Kellner gerade auf den Tisch gestellt hat. *Giorgio's Trattoria* hatte etwas sehr Verschwiegenes an sich. Nur dunkle Ecken, halbhohe Trennwände zwischen den Tischen, spartanisch die Einrichtung, emotionslos das Personal. Keine Speisekarte, nur eine Handvoll Gerichte auf einem handgeschriebenen Zettel, der auf dem Holztisch lag. Was wohl diese Frage sollte?

»So zwei, drei Mal die Woche«, sagte Simon leichthin. Er fühlte sich sicher in diesem Moment, denn er hatte die Zeit zwischen Büroschluss und dem Treffen hier für eine halbe Stunde Workout in der Muckibude gleich ums Eck vom Büro genutzt. Mehr war nicht drin gewesen, dafür reichte in letzter Zeit die Kondition nicht. Aber 30 Minuten sind 30 Minuten. »Heute zum Beispiel …«

Profit winkte ab. »Machen Sie sich nicht lächerlich. Das war eine Nummer ohne Sinn und Zweck. Mehr Kilos drauflegen, als Sie im Kreuz haben, und dann beim Bewegungsablauf schummeln. Das hat so wenig mit Fitness zu tun wie ein Cheeseburger mit ausgeglichener Ernährung.«

Simon ärgerte sich. Hatte Profit ihn beobachtet? Der schien seine Gedanken lesen zu können. »Natürlich wissen wir Bescheid, was Sie so treiben, wenn Sie sich etwas gönnen«, merkte sein Gegenüber trocken an. »Ich habe Ihnen doch gesagt, dass Information das halbe Geschäft ist.«

Erwischt. Und schlimmer noch. Profit hatte »wir« gesagt. Sollte also auch die nette Kathrin Bescheid wissen?

»Sie haben's erfasst. Die Kamera, mit der wir das Fitness-Studio observieren, kann bis zum Eingang des *Burger King* gegenüber schwenken. Frau Andresen war sehr amüsiert.« Dieser Pfeil saß.

»Die Turnerin neben Ihnen, deren Argumente Sie so intensiv studiert haben – ist Ihnen an der sonst noch etwas aufgefallen?« Simon war nicht mehr überrascht. Klar, das hatten sie über den Bildschirm wohl eindeutig mitbekommen, dass er da sehr intensiv hingeschaut hatte. Er schüttelte den Kopf: »Was soll mir aufgefallen sein?«

»Sie ist der Kopf der ›Fiesen Einkäufer‹, einer ziemlich schlagkräftigen Organisation, die Ihnen – und uns – das Leben schwer machen will. Tanja Rabattskova, die Königin der billigen Preise. Sie hat Ihren Matchbeutel verwanzt und vom Laptop in Ihrem Spind die Vertriebsdaten kopiert, während Sie süßen Träumen nachhingen.«

»Ach du Sch…« Simon sprang auf. »Jetzt bin ich erledigt. Die Vertriebsdaten? Da kann ich gleich kündigen. Wenn das rauskommt«. Profit legte ihm die Hand auf den Unterarm. »Setzen Sie sich ruhig wieder hin. Auch die Dame musste mal unter die Dusche. In der Zeit hat Kathrin ihre Festplatte in die Weiten des Weltalls gebeamt. Alles, was die liebe Tanja jetzt noch auf dem Monitor sieht, ist das Rauschen des Urknalls.« Simon sank erleichtert auf seinen Stuhl zurück. Glück gehabt. Irgendwie ganz nett, wenn man ein paar Profis hatte, die auf einen aufpassten.

»Die Frage nach Ihren Fitness-Aktivitäten vorhin war übrigens ernst gemeint«, sagte Profit jetzt zu ihm. »Uns ging es weniger darum, Ihnen zu zeigen, dass wir Sie im Auge haben. Sondern es ist meine Überzeugung, dass als Verkäufer nur fit sein kann, wer geistig wach und körperlich gut in Schuss ist. Sie verstehen: Energie und Ausdauer?« Simon nickte. »Und da ist es der falsche Weg, ein paar Alibi-Übungen zur Befriedigung des schlechten Gewissens zu absolvieren. Klein anfangen, kontinuierlich aufbauen und diszipliniert dranbleiben – das sind die gleichen Tugenden, die Ihnen im Umgang mit Ihren Kunden auch helfen. Setzen Sie sich klare Ziele und verfolgen Sie diese beharrlich. Überlassen Sie die Showeffekte den anderen.« Simon dachte an seinen Großonkel. Mit seinen

85 Jahren, die ihm keiner ansah, machte der noch jeden Morgen zehn Minuten Gymnastik am offenen Fenster und verbrachte Stunden mit Werkeln in seinem geliebten Garten, wechselte die Reifen an seinem 356er noch immer selbst und pfiff den Mädchen hinterher. Und die musterten ihn bewundernd!

»Botschaft angekommen. Es ist nur oft so mühsam, mit all der Unregelmäßigkeit im Job und den Dienstreisen …«, versuchte er eine letzte Entschuldigung. Profit winkte ab. »Überlassen Sie das Jammern den Weicheiern. Freuen Sie sich lieber darauf, dass Sie bald die Treppen in den fünften Stock schneller zurücklegen als Günzle im Aufzug.«

Der Kellner brachte das Essen. Gnocchi Gorgonzola für Simon, Fussilli Spinachi für Profit. Pasta am Abend, erquickend und labend, dachte er. Er würde später zu Fuß nach Hause gehen.

»Sehen Sie«, meinte Profit zwischen zwei Gabeln, »es ist im Sport wie im Vertrieb. Die Möglichkeiten sind klar erkennbar, die Wege, die beschritten werden müssen, auch. Aber die Zahl derer, die zu bequem sind oder es sich leicht machen, ist riesig. Für mehr als die Hälfte aller Top-Manager ist mehr Power im Vertrieb die beste und größte Chance, um die Ertragssituation ihres Unternehmens zu verbessern – aber die andere Hälfte hofft noch immer, mit Kostensenkung weiterzukommen.«

Der Agent machte kein Geheimnis daraus, wie zuwider ihm eine solche Mentalität war. »Das ist Passivität pur, die kleben mit dem Hintern an ihren Konzepten von vorgestern. Die verlassen sich auf ihre ach so treffsichere Intuition und schenken sich das strukturierte Arbeiten im Vertrieb. Mir kommt das manchmal so vor, als wüssten die am liebsten gar nicht, welches Potenzial da draußen noch auf sie wartet, weil sie ins Schwitzen kommen könnten, wenn sie das auch nur ansatzweise erschließen wollten.«

Der Zorn stand Profit jetzt ins Gesicht geschrieben. »Was mich richtig ankotzt, das sind diese Typen, denen die Rabattskova eingeblasen hat, sie könnten bestehende Umsätze aufs Spiel setzen, wenn sie etwas ändern oder ein bisschen innovativ werden. Wir nennen sie intern die ›UUU-Schläfer‹ – umnächtigt, unbeweglich, umsatzlos.« Er hieb mit dem Griff seiner Gabel auf die Tischplatte. »Die Totengräber jedes Unternehmens.«

»Was Sie da sagen, erinnert mich an die Zeit nach dem Studium und ganz am Anfang meines Jobs hier«, sagte Simon. »Da hatte ich auch noch die Überzeugung, dass wir im Vertrieb innovativ sein müssen, jeden Tag eine neue Idee haben, immer wieder anders an die Kunden herangehen müssen. Dass wir schnell und konsequent handeln müssen, ohne viele Diskussionen, dafür aber mit knallharter Analyse gleich hinterher: Was läuft? Was läuft nicht? Und dass alle im Laden wissen müssen, was läuft.« Mit seinem Verbesserungsvorschlag »Transparenz schaffen, Wissen teilen, Macht ausbauen – Glasnost für TOPOLOH« war er gleich im ersten Teammeeting gegen die Wand gelaufen. »Wir sind hier nicht in Moskau, kleiner Gorbatschow«, hatte Günzle ihn nach zwei Minuten abgewürgt. »Heben Sie sich Ihr politisches Gelaber fürs nächste Jahrestreffen mit Ihrer Abschlussklasse auf.« Jetzt erinnerte er sich an seine Präsentation. Sie lag noch immer auf der Festplatte, im Ordner »bad ideas«. Profits Worte machten ihm Mut, die Ideen von damals wieder zu reaktivieren.

Und wieder verblüffte ihn der Agent. »Holen Sie Ihr Papier ruhig aus der Versenkung. Damit können Sie in der Tat etwas bewegen.« Natürlich. Die hatten seinen Arbeitsplatz schon gescannt.

Als die Teller leer waren, fasste Simon zum ersten Mal gegenüber Profit den Mut, konkret nach Hilfestellung zu fragen. »Sagen Sie mal, Tom, wie bringt man eigentlich einem Einkäufer, mit dem man hart verhandelt hat, die Botschaft rüber, dass mehr nicht mehr drin ist? Wie kann ich dem klarmachen, dass er jetzt so viel herausgeholt hat, dass jeder weitere Punkt bei uns unter die Gürtellinie geht? Manche hören einfach nie auf. Da habe ich oft das Gefühl, die kriegen den Hals nicht voll und machen das aus reiner Schikane. Wie die Folterknechte im Mittelalter.« Er erinnerte sich an das befreiende Gefühl der Schimpftirade in seinem Traum. »Ich kann die doch nicht anbrüllen und zum Teufel wünschen …«

Profit kannte dieses Thema nur zu gut. Fast jeder Verkäufer, den er in der Vergangenheit unterstützt hatte, war irgendwann einmal bei dieser Frage angekommen. Die Antwort darauf stellte die Persönlichkeit des Kandidaten auf den Prüfstand, sie stellte eine Hürde in den Raum, die nur die wirklich guten Typen überwinden konnten. Am schwersten taten sich jene, die schon als Kinder bei Monopoly nicht ohne Schummeln über die Runden kamen.

»Sind Sie ein guter Verlierer?«, fragte er Simon.

Der zeigte sich ratlos. »Kommt darauf an, gegen wen«, meinte er. »Wenn's fair zugeht schon. Aber wenn ich das Gefühl habe, dass ich über den Tisch gezogen worden bin, dann kracht's.«

»Außer bei Ihren Kunden. Da fressen Sie den Ärger in sich hinein und schieben Frust.« Profit wusste Bescheid.

»Sehen Sie«, fuhr er fort, »es gibt zwei Typen von Verkäufern. Weicheier und Wadlbeißer. Die Grauzone dazwischen können Sie getrost vergessen. Die einen geben nach und geben nach und geben nach, nur um den Umsatz nicht zu riskieren. Dafür setzen sie bereitwillig und ohne zu zögern den Gewinn aufs Spiel. Das sind die, die großmäulig sich wichtigtun und sich beim ersten Anzeichen von Widerstand mit eingezogenem Schwanz heimlich, still und leise verdrücken. Die anderen, die leisten Widerstand, graben sich in ihrer Position ein, behalten den Kopf oben, und wenn die Prügel, die sie einstecken, auch noch so wehtun. Nehmen wir mal an, Sie sind der Stärkere, Sie sind der, der austeilt: Gegen welchen von den beiden würden Sie lieber gewinnen?«

Simon brauchte nicht lange nachzudenken. »Gegen den Mutigeren natürlich. Bei dem anderen habe ich ja gar nichts zu gewinnen gehabt, der hat doch gekniffen, bevor's ans Eingemachte ging.«

»Genau das ist der Punkt.« Profit machte eine beifällige Geste. »Geben Sie Ihrem Verhandlungspartner das Gefühl, dass er mit einem ebenbürtigen Gegner kämpft. Dass er von Ihnen nichts geschenkt bekommt. Zeigen Sie ihm Ihre blutenden Wunden – und Ihre Zähne. Und machen Sie ihn zum Sieger. Der soll sich noch lange daran erinnern, was für eine zähe Angelegenheit die Auseinandersetzung mit Ihnen war. Und er soll stolz auf das sein, was er Ihnen abgetrotzt hat. Sonst ist es nichts wert und er wird weiter suchen und suchen. Er wird des Verhandelns überdrüssig werden angesichts der Versuche, diesen Pudding am anderen Ende der Leitung an die Wand zu nageln. Er wird so mit sich selbst beschäftigt sein, dass er gar kein Ohr mehr dafür hat, was man ihm anbietet. So einem Menschen können Sie Ihr Zeug schenken – und er wird noch immer unzufrieden sein und lieber einen anderen Partner fürs Geschäft suchen.«

Simon verstand jetzt auch die Analogie zu der Fitness-Geschichte. Er hatte immer dann den meisten Spaß im Studio, wenn Bruno da war. Das war eine echte Kampfsau, der die Herausforderung im Wettstreit mit der Maschine persönlich nahm. Da gab es keine Tricks, das ging Kraft gegen Kraft. Bruno stöhnte, Bruno schwitzte, Bruno fluchte. Bruno gab nicht auf. Aber Bruno trickste nicht. Die meisten anderen verließen fluchtartig die Folterkammer, wenn Bruno auftauchte, denn sie konnten nicht hinsehen, wie der sich ehrlich quälte. Sie konnten nicht ertragen, dass da einer mitbekam, wie windig und oberflächlich ihre Versuche waren. Die paar aber, die blieben, fühlten sich für ein paar Minuten als Sieger, auch wenn ihre Gewichte verglichen mit Brunos nur homöopathische Größenordnungen erreichten. Denn sie hatten es wenigstens versucht.

»Ich bleibe dran, Tom«, versprach er dem Agenten. »Ich werde meine Preise verteidigen wie, wie, wie …« Er suchte nach einem passenden Beispiel.

»… wie Simon, der weiß, dass es nichts zu verschenken gibt«, ergänzte Profit. »Da haben Sie sich ja einiges vorgenommen. Halten Sie sich morgen mal die Mittagspause frei. Wir holen Sie ab.«

Simon merkte sich:

> **Dem Kunden ein starker Verhandlungspartner sein.**
>
> **Regelmäßig Sport für die eigene Fitness.**

Sales Science, Report No. 5

Männer holen mehr aus Verhandlungen heraus. Frauen punkten bei langfristigen Geschäftsbeziehungen

Wissenschaftler der Universität Hohenheim haben herausgefunden, dass Männer die besseren Firmenvertreter sind. Im Rahmen eines wissenschaftlichen Experiments des Lehrstuhls für Marketing kamen die Hohenheimer zu dem Ergebnis, dass Frauen als Ein- und Verkäufer ihren männlichen Kollegen deutlich unterlegen sind. Allerdings erwiesen sich die weiblichen Probanden geschickter im Aufbau langfristiger Geschäftsbeziehungen. »Männer verhandeln härter«, erklärt Marketing-Experte Markus Voeth. »Finden nach dem ersten Verhandlungsgespräch noch weitere Treffen statt, kommt es auf Härte aber nicht unbedingt an. Wenn es um langfristige, auf gegenseitige Sympathie und Vertrauen beruhende Geschäftsbeziehungen geht, sind Frauen im Vorteil.«

An dem Experiment nahmen 120 Studentinnen und Studenten der Wirtschaftswissenschaften aus Hohenheim teil. Die Probanden übernahmen die Rolle von Herstellern und Zulieferern eines Bio-Pestizids und bekamen je nach Position spezifische Informationen. Innerhalb von einer Stunde versuchten die Teilnehmer dann, jeweils die besten Bedingungen für ihre Firma herauszuschlagen. Die Ergebnisse waren weit gestreut. Während einige Probanden einen Profit von 13 Mio. Euro erzielen konnten, verließen andere die Verhandlungen mit drei Mio. Euro Verlust.

Es gab vier verschiedene Verhandlungsvarianten, bei denen Frauen und Männer jeweils einzeln und in Teams gegeneinander antraten. Insgesamt schnitten die Verhandlungsteams besser ab als die Einzelkämpfer. »Im Duo kann man dem Partner auch mal den Ball abgeben und fühlt sich stärker«, erklärt Voeth. Allerdings unterlagen die weiblichen Teilnehmer selbst im Team den männlichen Konkurrenten. »Die Frauen zeigten sich generell entschieden kompromissbereiter als die Männer«, berichtet Voeth. Unter den

Top-Ten-Verkäufern fanden sich nur zwei Frauen, bei den Einkäufern schaffte es nur eine weibliche Teilnehmerin auf Platz sieben.

Neben dem Verhandlungserfolg untersuchten die Hohenheimer Wissenschaftler auch die Qualität des Gesprächs. Die Auswertung von Gestik, Mimik und Körpersprache und eine Befragung zur Einschätzung der Verhandlungssituation ergaben, dass Frauen durch Deutlichkeit und Höflichkeit ein kooperatives Klima erreichten und im Schaffen von Kohärenz in der Kommunikation den männlichen Partnern überlegen waren. »Unsere Ergebnisse bestätigen zwar ein Klischee, aber Klischees müssen ja nicht immer falsch sein«, meint Markus Voeth. Ob man Härte im Verhandlungsgespräch trainieren kann, wollen die Forscher bei ihrem nächsten Experiment herausfinden. »Wir werden die weiblichen Teilnehmer vor den Verhandlungen schulen«, erklärt Voeth.

Quelle: Ulrich Pfaffenberger, auf Basis einer Pressemitteilung der Uni Hohenheim, verbreitet über Pressetext Nachrichtenagentur GmbH

19. Zuhören zahlt sich aus

»Wir holen Sie ab.« Leicht gesagt. Wie und womit? Simon stand vor dem Firmeneingang und scannte die Fahrzeuge in Reichweite. Ein roter Mondeo. Keiner drin. Ein schwarzer A4. Auch keiner drin. Drei, vier Kleinwagen, kunterbunt. Kamen nicht in Frage. So ein Agent hatte sicher seine Ansprüche. Ein silberner SLK. Schon eher. Aber die beiden Ladys mit Silberhaar? Bisher hatte sich Profit ohne Tarnung gezeigt, das würde er sicher diesmal nicht ändern. Da, ein 5er, grünmetallic mit getönten Scheiben. Das musste er sein! Simon setzte sich in Bewegung.

»Das war aber auch höchste Zeit«, murmelte in dieser Sekunde eine Stimme neben ihm. »Rumstehen wie ein Ölgötze und Maulaffen feilhalten – das fällt ja überhaupt nicht auf! Sie müssen noch viel lernen, bis Sie Ihre Gegner in die Irre führen können.« Simon wandte den Kopf. Neben ihm stand ein papageienbunt gewandetes Männchen, hielt ihm eine Eistüte hin und plärrte jetzt lautstark in die Welt: »Bittesehr, Signore, einemal Melone, Zitrone, Cassis. Die frisseste Eise in der Stadt.« Und raunte gleich hinterher: »Tüte nehmen, um die Ecke gehen, gelber Transporter, einsteigen ...« Dann drehte er sich mit seinem Bauchladen weg von Simon, schlenderte weiter und ließ in verführerischem Singsang ein »Gelato con amore, handgemacht mit beste Zutate, wie bei Mama. Macht Gaume fris und Herze froh. Nur sssswei Euro!«

»Das glaubt dir doch keiner, dass du ein echter Italiener bist«, dachte Simon. Doch noch im Weggehen nahm er im Augenwinkel wahr, wie dem kleinen Mann wie mit magischen Kräften angezogen die Menschen folgten, noch im Gehen ihre Geldbeutel zückten und mit winkenden Händen ihren Eiswunsch signalisierten.

Der Transporter parkte gleich ums Eck. »Unauffälliger geht's wohl nicht«, spöttelte Simon leise vor sich hin. *Dessous de Paris* stand in leuchtend roten Lettern über das ganze Fahrzeug geschrieben, umrahmt von einigen Zeichnungen leicht bekleideter und schwer munitionierter Damen. Die Seitentür stand einen Spalt offen. »Na, dann wollen wir mal«, sprach Simon, stieg ein und zog die Tür hinter sich zu.

»Willkommen, Simon, schön, dass Sie da sind.« Der erkannte wohl Profits Stimme, konnte aber im schummrigen Dunkel des Wageninneren zunächst nur ein paar flimmernde Monitore und die bunt leuchtenden Anzeigen von Instrumenten zu erkennen. »Setzen Sie sich doch, der Stuhl ist gleich rechts von Ihnen.« Simon tastete mit den Händen nach der Sitzgelegenheit und ließ sich nieder.

»Sieht ja genauso aus wie in einem Agentenfilm. Ist wohl Ihre rollende Abhöranlage, was?« Nach den ersten mulmigen Sekunden war Simon schon wieder zu Scherzen aufgelegt.

»Das können Sie in der Tat so sehen, Simon.« Profits Stimme klang nüchtern. »Über diesen Van koordinieren wir unsere Einsätze, schalten uns in Verhandlungen ein, beobachten unsere Kandidaten – so wie Sie – und deren Umfeld und dokumentieren die Pläne und Angriffe unserer schärfsten Gegner.«

Simons Augen gewöhnten sich allmählich ans Dämmerlicht. Er erkannte Profits markantes Profil und sah, dass dieser ihm einen Kopfhörer hinhielt. »Da, setzen Sie sich das auf. Da können Sie ein paar aufschlussreiche Momente mitverfolgen.« Simon griff nach dem Headset und setzte es sich auf die Ohren.

Er hörte eine Männerstimme sagen: »Da mache ich Ihnen gern ein Angebot.« Er erkannte Strohmeier. Der hatte sich vorher schon so auffällig benommen, dass Simon zunächst dachte, er belauere ihn. Dabei hatte der liebe Kollege nur vorgehabt, in der Pause unbeobachtet einen Deal anzuleiern. Simon verzog die Lippen: Da war er selbst also nicht der Einzige, der dem Team misstraute.

Eine Frauenstimme antwortete. Anfang fünfzig, abgebrüht und sich der stärkeren Situation bewusst, analysierte Simon mit dem geschulten Ohr des Verkäufers: »Welchen Preis können Sie mir denn machen, lieber Strohmeier?«

Aus dem Lautsprecher kam ein tiefes Schnaufen. So nah, als bliese ihm der Kollege ins Ohr. »Ich gehe von 22 750 Euro pro Stück aus, Frau Surger«, sagte der dann mit leichtem Zögern. Simon konnte sein Erstaunen nicht zügeln: »So ein scharfer Hund«, entfuhr es ihm. »Das ist exakt der Listenpreis. Und das bei der Surger. Respekt, Respekt.« Die Kundin, so hatte Strohmeier schon mehrfach in vertrauter Runde verlauten lassen, galt als eine Königin der Knausrigkeit.

Simon drehte sich zu Profit um: »Warten wir's mal ab …«

Das, was nun aus Simons Kopfhörer klang, war mehr ein Zischen als ein Atmen. »Das können Sie sich abschminken. Das ist ja viel zu teuer. Kommt nicht in die Tüte.«

Strohmeiers Antwort überschnitt sich noch mit dem Nachklang ihres letzten Satzes: »Na ja, fünf Prozent Stammkundenrabatt sind da sicher noch drin«, säuselte er.

»Hören Sie, da haben wir's schon«, meinte Profit lapidar. »Ein Satz nur und dieser Bruder Leichtfuß verschenkt 1.137 Euro und 50 Cent. Die kriegt der nie wieder rein. Und wenn Weihnachten auf Ostern fällt.«

Auch Simon war erstaunt, wie schnell der Kollege beigedreht hatte. Zumal »Stammkundenrabatt« intern auf drei Prozent begrenzt war. »Das hätte ich jetzt nicht erwartet«, sagte er.

»Ich fürchte, so kommen wir nicht weiter«, hörten sie jetzt wieder die Stimme der Einkäuferin. »Wenn das Ihr letztes Wort ist, dann wird nichts aus dem Deal.«

Profit schob den Regler nach unten. »Den Rest können wir uns sparen, das geht jetzt noch eine Zeit lang so weiter. Ihr Kollege will auf Teufel komm raus den Auftrag. Er stellt sich vermeintlich schlau an, indem er das Prinzip des ›Verkaufs von oben nach unten‹ anwendet. Mit dem kleinen Schönheitsfehler, dass er schon die ersten Meter als Schussfahrt anlegt. Da kann er ziemlich schnell ins Rutschen kommen. So ganz scheint er auch nicht überzeugt zu sein, dass er damit durchkommt. Deshalb hat er prophylaktisch schon mal die Legende aufgebaut, dass diese Kundin ein schwerer Brocken ist. Damit will er seinen Verkauf später umso glänzender aussehen lassen. Was schätzen Sie, wo er landen wird?«

»Ich bin mal vorsichtig«, meinte Simon. »20 000, vielleicht sogar 20 500?«

»Das wäre nach dem verpatzten Anfang noch ein echter Erfolg«, antwortete Profit. »Aber daran glaube ich nicht. Er ist ja jetzt schon auf 21 600 runter. Da ist die 20 000er-Grenze schon sehr, sehr nah – und natürlich für die Kundin genau als das erstrebenswerte Ziel erkannt, das es für sie zu knacken gilt.« Der Agent schüttelte den Kopf und zog tief die Luft ein. »Sehen Sie: Weil er ohne zu zögern, ohne Wenn und Aber diese fünf Prozent nachgelassen hat, ist es jetzt so, als hätte es den Listenpreis gar nicht gegeben. Für die Kundin fängt die Verhandlung jetzt erst an, für den ersten Schritt hat sie ja noch gar nichts tun müssen. Also wird sie mindestens das Gleiche noch einmal fordern. Plus zwei Prozent Skonto bei einem Zahlungsziel von 120 Tagen. Plus Lieferung frei Haus. Plus ausgedehnte Garantie auf 36 Monate. Sie wird bei Strohmeier die Daumenschrauben ansetzen, weil er bei der ersten Folter nicht gezuckt hat – das war ja eigentlich nur ein Versuchsballon.« Er tippte ein paar Zahlen in seinen Taschenrechner. »Wenn er Glück hat, kommt er irgendwo bei 18 000 raus, also etwas über 20 Prozent Rabatt. Aber so blind, wie er ihr in die erste Falle gelaufen ist, schätze ich die Dame auf höchstens 15 000 – beziehungsweise 14 900. Wollen wir wetten?«

Simon hob abwehrend die Hände. »Um Gottes willen, bloß nicht. Sie machen mir Angst mit Ihrer negativen Haltung.«

»Moment, mein Freund«, sagte der Agent. »Die negative Haltung sitzt in Ihrem Großraumbüro. Ich liefere nur die Analyse. Aber bevor Sie zu frustriert sind, schalten wir doch einmal in einen Laden, wo die Sache ein bisschen zuversichtlicher abläuft.« Er drehte sich zu seinem Monitor und berührte in schneller Folge einige Felder auf dem Bildschirm. »Wir schalten uns mal in ein Ingenieurbüro rein. Die machen Projektaufträge bei kommunalen Entsorgern. Dort sitzt Karl, etwa in Ihrem Alter. Der kam vor ungefähr einem Jahr zu uns und hat die gleiche Schule durchlaufen wie Sie.«

Das machte Simon nun wirklich neugierig. Denn einen Beweis, was ihre Zusammenarbeit bringen sollte, war Profit ihm ja bisher eigentlich schuldig geblieben. Weitgehend wenigstens. Er beschloss, besonders kritisch hinzuhören.

»… welchem Preis müssen wir da rechnen?«, schnappte er gerade den Schluss eines Satzes auf. »Schon wieder der Todessatz«, dachte Simon bei sich.

»Nun, der liegt, nach allem, was wir bisher besprochen haben, bei circa 360 000 Euro«, hörte er eine selbstbewusste Männerstimme.

»Das ist Karl«, kommentierte Profit, »hören Sie gut zu!«

»Das ist aber teuer, das geht weit über mein Budget hinaus«, kam postwendend die Antwort über den Lautsprecher.

»Zu welchem Zeitpunkt wollen Sie das Projekt denn starten? Und über welche Laufzeit haben Sie Ihr Budget denn projektiert?« Karls Fragen schienen den Einwand seines Gesprächspartners geflissentlich zu ignorieren.

»Wir wollten eigentlich noch diesen Herbst anfangen. Dann können wir von den geplanten 300 000 Euro, die wir angesetzt haben, noch 50 000 in dieses Jahr hereinnehmen und den Rest dann schön gleichmäßig über die nächsten zwei Jahre verteilen. Denn dann ist wieder Kommunalwahl – und Sie wissen ja, wie sehr es in solchen Jahren darauf ankommt, dass Projekte abgeschlossen sind.«

»Das ist eine wertvolle Information für mich, Herr Dingel. Wenn wir heuer noch beginnen, dann kann ich ein paar Kapazitäten umschichten. Außerdem habe ich gerade noch einige der Dinge, die Sie vorher als wünschenswert, aber nicht zwingend notwendig charakterisiert haben, schnell mal herausgerechnet. Wenn wir die weglassen, kämen wir nur noch auf 325 000 Euro – das sieht doch gleich ganz anders aus, nicht wahr?«

»Mann, da haben Sie recht.« Simon hörte tiefe Erleichterung aus der Stimme. »Mit den guten Referenzen, die Sie durch Ihre bisherige Arbeit für uns haben, und mit der Dringlichkeit der Aufgabe sehe ich da eine gute Möglichkeit, auf einen Nenner zu kommen. Können Sie mir das noch einmal detailliert ausarbeiten und zukommen lassen?«

Profit schob den Lautstärkeregler nach unten. »Haben Sie gehört?«

Simon nickte. »Und gerechnet. Der ist ja auch gleich eingeknickt. Und zwar noch tiefer als Strohmeier. Das sind ja gleich zehn Prozent Rabatt! Und so etwas haben Sie ausgebildet?« Er klang entrüstet und enttäuscht zugleich.

»Sie müssen schon genau Acht geben, was da passiert ist«, entgegnete Profit. »Karl ist nicht auf Widerstand gegangen, als sein Kunde signalisiert hat, dass ihm sein Preis zu teuer ist. Er hat vielmehr aus einem ›Aber‹ ein ›Und‹ gemacht. Das ist die wahre Kunst. Können Sie mir folgen?«

»Okay«, sagte Simon. »Aber wo liegt der Vorteil?«

»Karl hat auf diesem Weg nicht nur in Erfahrung gebracht, wie hoch das Budget seines Kunden ist – er hat vielmehr ein Angebot vorgelegt, das acht Prozent darüber liegt und für seinen Gesprächspartner dennoch akzeptabel ist. Schon eine Leistung, was?«

Simon musste ihm recht geben, wollte seinen Widerspruch aber noch immer nicht ohne Weiteres zurücknehmen. »Ja, schon. Aber der Rabatt …«

Profit schnitt ihm das Wort ab. »Ist kein Rabatt, sondern eine Leistungskürzung. Denn Karl hat eine Gegenleistung eingefordert, indem er bereits besprochene Leistungsoptionen einfach wieder aus dem Programm strich. Und zwar ohne genau zu sagen, welche. Er kann jetzt in Ruhe sein Angebot auf Basis des Gesprächs aufbauen, seine Leistungen bepreisen und sogar noch ein paar Puffer einbauen, falls er noch etwas nachgeben müsste. Was aber eher unwahrscheinlich ist. Sie haben ja gehört: Politisches Prestige ist im Spiel …«

Simon schob die Unterlippe anerkennend vor und pochte mit der Faust auf die Armlehne seines Sessels. »Schlau eingefädelt. Leider läuft das nicht immer so!«

»Nein, genau so läuft das nicht immer. Aber es läuft immer ähnlich. Fixieren Sie sich nicht auf den Preis, sondern auf die Begleitumstände, bringen Sie möglichst alle Bedürfnisse und Wünsche Ihres Kunden in Erfahrung – und bauen Sie darauf eine Gesamtstrategie auf. Sonst stolpern Sie immer wieder in die gleiche Falle.« Er bearbeitete wieder seinen Touchscreen. »Da ist noch etwas, wo Sie kurz reinhören sollten, kleinen Moment.« Er bewegte die Regler. »Jetzt.«

»Eine Preiserhöhung können Sie sich abschminken, Frau Huttki, schon gleich gar eine von sechs Prozent! Wir machen jetzt im Jahr 400 000 Euro Umsatz bei Ihnen. Da reden wir über 24 000 Euro. Da kann ich mir ja acht Wochen Urlaub auf Hawaii davon leisten. Nein, nein, das kommt gar nicht in die Tüte. Wir bleiben beim alten Preis. Oder wir gehen woanders hin!« Simon kannte den herablassenden Ton des Einkäufers, zu dem sie sich da aufgeschaltet hatten, nur zu gut. Preiserhöhungen durchsetzen? Selbst im Promillebereich hatte er da auf Granit gebissen. Und genau das lief hier vor seinen Ohren ab. Er war gespannt, was Verkäuferin Huttki erwidern würde – und machte sich doch keine Hoffnung, etwas Neues zu hören.

»Wenn Sie gern mal nach Hawaii möchten, dann sollten Sie lieber auf meinen Vorschlag eingehen, Herr von den Borscht«, klang eine zuversichtliche, fast fröhliche Stimme aus dem Kopfhörer.

»Die hat einen Knall«, kommentierte Simon.

»Schschscht!«, machte Profit.

»… vollkommen durchgeknallt?«, hörten sie noch bruchstückhaft den erbosten Einkäufer.

»Im Gegenteil, Herr von den Borscht, ich möchte Sie nur darauf aufmerksam machen, dass die neue Maschinengeneration, über die wir hier reden, nachgewiesen um acht Prozent produktiver und um vier Prozent zuverlässiger arbeitet als die Vorgängermodelle. Wir gewähren Ihnen als gutem und wertvollem Kunden also einen Produktivitätsrabatt von 50 Prozent, wenn wir für Sie die Preise nur um sechs Prozent erhöhen, nicht um zwölf wie für alle anderen. Damit haben Sie doch ein so tolles Argument für Ihren internen Kostensenkungswettbewerb, dass Ihnen der erste Preis sicher ist.«

»Was rechnen Sie da?«

»Na ja, Herr von den Borscht, wenn Sie auf dem alten Preis bestehen, dann auch auf den alten Modellen. Und dann haben Sie gegenüber der Konkurrenz bald einen Produktivitäts- und Qualitätsrückstand. Mit der neuen Generation aber, die Sie deutlich billiger einkaufen, können Sie Ihren Profit ausbauen, ohne dass Sie Preise erhöhen müssen. Das sollte Ihren Chefs doch eine Anerkennung wert sein.« Simon verneigte sich innerlich dreimal vor dieser smarten Kollegin. Einem Einkäufer mit Betriebswirtschaft kommen, Chapeau!

»Egal, wie das ausgeht, Frau Huttki ist auf dem richtigen Weg«, sagte da auch Profit. »Immer mehr Einkäufer argumentieren betriebswirtschaftlich. Wer da blank ist und nicht mithalten kann, zieht garantiert den Kürzeren. Wer aber mithilft, dass die Gewinne steigen, wird zum Freund und Partner. Dessen sollten Sie sich immer bewusst sein.« Er drehte sich kurz zu Simon: »Wollen wir noch mal nachhören, wo Kollege Strohmeier inzwischen angekommen ist?«

»Aber sicher«, sagte Simon. »Glauben Sie, die sind immer noch am Verhandeln?«

»Es wird weniger ein Verhandeln als ein Verzweifeln sein«, merkte Profit an. Er tastete wieder über den Monitor, schob den Regler hoch.

Eine süßliche Wolke devoter Flötentöne erfüllte unmittelbar den Raum: »Selbstverständlich können wir Ihnen für die bestellten Analyzer auch einen kompletten Satz Ersatz- und Verschleißteile bereitstellen. Die würden dann erst berechnet, wenn sie zum Einsatz kommen«, vernahmen sie Strohmeiers Stimme.

»Das ist ja bodenlos«, schrie Simon wutentbrannt. »Diesen Service bekommen nur Kunden, die uns einen Preferred-Supplier-Status einräumen und 500 000 Jahresumsatz Minimum machen. Der spinnt ja komplett!«

»Ach, wissen Sie, Simon, er wird sich sicher eine gute Ausrede dafür einfallen lassen. Und so, wie ich Ihren Laden kenne, wird er sogar damit durchkommen, wenn nur ein Auftrag mehr hereinkommt«, entgegnete der Agent relativ gelassen.

»Können wir da gar nichts dagegen unternehmen?« Simons Frage klang fast wie ein Hilfeschrei. »Sie haben hier doch alle technischen Möglichkeiten. Können Sie nicht irgendwie dazwischen-funken?«

»Brauchen wir gar nicht.« Der Agent grinste von einem Ohr zum anderen. »Lady Surger wird sowieso nicht kaufen. Jetzt we-nigstens nicht. Wir wissen das aus guter Quelle. Aber sie plant für kommendes Jahr ein größeres Projekt und will dafür den niedrigst-möglichen Preis herausfinden, damit ihre Kalkulation durchkommt. Aber nächstes Jahr ist nächstes Jahr – und bis dahin werden Sie so gut sein, dass Strohmeier nichts mehr zu sagen hat. Oder sollte ich mich täuschen?«

»Und wenn's nur dafür wäre. Darauf können Sie wetten!« Si-mon strotzte nur so vor Entschlossenheit.

»Ich dachte, Sie wetten nicht?« Profit hielt Simon dennoch die Hand hin. Und der schlug ein.

Bevor er den Van verließ, notierte sich Simon noch:

Von oben nach unten verkaufen.

Preis immer mit Leistung verbinden.

---

20. Wertvolle Einblicke

»Schon mal drüber nachgedacht, mit welchen Erwartungen ein Einkäufer in so ein Gespräch geht?« Kathrins Frage erwischte Simon auf dem falschen Fuß. Er hatte sich mehr etwas Geplauder und Ablenkungen versprochen, als am späten Vormittag die Frau mit dem roten Sommerkleid, das diesmal orange war, wieder aufgetaucht war, zwei Becher in der Hand mit frischem Apfel-Orange-Grapefruit-Mix von der Vitaminbar gegenüber. »Störe ich?«, hatte sie gefragt und sich locker auf der Schreibtischkante niedergelassen. »Gar keiner hier sonst?« In der Tat hatte Simon so etwas wie sturmfreie Bude, weil der Rest des Teams auf Außendienst war. Das hatte sich etwas lockerer angelassen als neulich die Sache mit dem Interview im Internet; und bereitwillig, sehr bereitwillig, hatte er die junge Frau willkommen geheißen. Und jetzt diese Frage!

Aber sie gehörte zu Profits Team und da gab es wohl keine Phasen, in denen man sich nur mal so am Leben erfreute. Außerdem konnte sie Gedanken lesen.

»Jetzt schauen Sie mal nicht so widerwillig. Erstens interessiert mich das wirklich, was Sie denken, und zweitens suche ich mir sicher einen anderen Ort und eine bessere Zeit, wenn ich mich mit Ihnen zu einem privaten Plauderstündchen verabrede. Okay?«

Simons schlechte Stimmung war wie weggeblasen. Zwei gute Nachrichten in einem Satz! Sie interessierte sich für ihn! Und sie hielt private Plauderstündchen für möglich! Das waren Aussichten. Da wollte er mal nicht den Miesepeter spielen. Er gab sich kooperativ und aufmerksam.

»Natürlich habe ich mir da schon Gedanken gemacht. Früher war ich immer davon überzeugt, die wollen nur das eine: Feilschen, was das Zeug hält, auch noch um halbe Cents. Dafür ist ihnen kein Trick zu schade, kein blödsinniges Argument zu weit hergeholt. Mit jedem Wort, das sie sagen, setzen sie mich unter Druck, machen den Spielraum enger, der mir bleibt. Die haben garantiert Schulungen gehabt, wo sie das lernen: Wie bringe ich meinen Gesprächspartner an den Rand der Verzweiflung ... Und die können sich das auch leisten, schließlich sitzen die am längeren Hebel. Was glauben Sie, was mich das schon Nerven gekostet hat. Jedes Mal das Gleiche, immer dieselbe Masche.«

Simon starrte vor sich hin. Entgegen seiner ursprünglichen Absicht war er schon nach wenigen Worten in Frust und Verbitterung abgeglitten. Er fühlte sich elend und wollte sich das nicht allzu sehr anmerken lassen. Er hob den gesenkten Kopf. »Aber nach dem, was ich in letzter Zeit von Ihrem Chef gehört habe, vermute ich, dass es da noch etwas anderes gibt. Dass diese Gespräche nicht so ablaufen müssen. Und ich hatte ja auch schon ein paar Gespräche, die besser liefen. Aber der alte Stachel sitzt ziemlich tief.« Er lächelte ein hoffnungsfrohes Lächeln. »Und Sie wollten mir da sicher auch weiterhelfen mit Ihrer Frage.«

»Junge, Junge, Sie haben ja schon ganz schön etwas abbekommen.« Kathrin klopfte ihm auf die Schulter. »Aber das ist nun wirklich ein guter Grund, sich das nicht mehr anzutun, oder?«

Sie nahm einen Notizblock von seinem Schreibtisch und einen Kuli. »Ich zeichne Ihnen da mal was auf.« Und sie skizzierte mit schnellen Strichen eine Grafik: ein ziemlich kleines Männchen, über dem ein halbes Dutzend schwarze Wolken hingen, aus denen zackige Blitze auf das Männchen herabzielten. »Na, wer könnte das sein?«

»Ich?«, fragte Simon und blickte sie fragend an.

»Blödsinn. Sie sind das hier.« Und sie zeigte auf einen der Blitze. »Der Typ in dem Bild ist der Einkäufer.«

»Das verstehe ich nicht«, meinte Simon. »Das ist doch nicht so.«

»Doch, das ist so. Und darum habe ich vorhin gefragt, ob Sie schon mal darüber nachgedacht haben, was einen Einkäufer in einem Gespräch mit Ihnen bewegt.« Sie nahm den Stift und schrieb über die eine Wolke »Buying Center«. Sie sah ihn an: »Wissen Sie, was das ist?«

»Schon mal gehört, aber …«

Sie unterbrach ihn. »Also keine Ahnung. Sie sehen oder hören nur den Einkäufer, der direkt mit Ihnen zu tun hat. Und Sie meinen, das ist ein Kampf Mann gegen Mann. Letztlich läuft es zwar darauf hinaus, aber dass dieser Mann in einem ganzen Netz von Abhängigkeiten in seiner Firma festhängen könnte, daran verschwenden Sie keinen Gedanken. Dabei brächte Sie genau dieser Weg aus der Sackgasse der ewig gleich ablaufenden Gespräche heraus.«

Simon war baff. Denn er verstand: Seinen Verhandlungsgegnern ging es genauso wie ihm. »Tausend Vorgaben und kaum Entscheidungsfreiheit, was?«, sagte er zu Kathrin.

»Nicht ganz so schlimm, aber die Richtung stimmt. Schauen Sie, die haben auch ein Controlling, die haben auch Jahrespläne, die haben auch Forscher und Entwickler, die Bedarf anmelden. Die haben auch Preisstrategen und Marktanalysten. Und die haben auch einen Vertrieb. Die alle melden ihre Bedürfnisse an, die der Einkäufer in die Tat umsetzen soll.« Und sie schrieb die Begriffe über die Wolken.

Simon beschloss insgeheim, künftig von Verhandlungspartnern auszugehen, nicht mehr von Gegnern.

»Sie brauchen mit den Jungs aber genauso wenig Mitleid zu haben wie mit sich selbst«, sagte Kathrin in genauer Kenntnis seiner Gedankenspiele. »Aber Sie sollten die Ansätze erkennen, die sich für Sie daraus ergeben.«

Simon erinnerte sich an einige Sätze Profits und gab den Musterschüler. »Klar, habe schon verstanden. Der Vertrieb dort schaut zwar auch darauf, dass seine Margen stimmen, aber er braucht auch Zuverlässigkeit, damit er seine Versprechen erfüllen kann. Die Techniker geben ihre Erwartungen vor, was Leistung und Betriebssicherheit angeht. Und der strategische Einkauf will, dass die Geschäftsbeziehung langfristig läuft und dass die Abläufe stimmen, ohne dass immer wieder neuer und unkalkulierbarer Aufwand entsteht. Ich verstehe, ich verstehe.« Er schrieb nun seine Begriffe in Rot neben die von Kathrin. »Und deshalb soll ich mit dem Einkäufer über alle diese Dinge reden.« Er blickte beifallheischend zu ihr auf.

»Na, na, da wird Ihnen die Zeit wohl nicht reichen. Es genügt schon, wenn Sie sich darüber Gedanken machen – und sich dabei bewusst werden, mit welchen Stärken Ihrerseits Sie aufwarten können. Das sind die Dinge, die Sie dann im Gespräch aufgreifen können, damit es sich nicht nur am Preis entlangbewegt. Da hilft es natürlich, sich mal im Gespräch schlauzumachen, welcher Einfluss auf Ihren Gesprächspartner am größten ist. Oder auf welchen Faktor Ihr Kunde insgesamt den größten Wert legt. Aber das hat Ihnen Tom doch schon verklickert. Außerdem …«, sie punktierte das Wort »Center« mit ihrem Kuli, »… außerdem sollten Sie nie vergessen, dass Ihr Gegenüber kein Einzelkämpfer ist.«

»Das heißt?« Simon war neugierig.

»Da kommen Sie mal schön selbst drauf.« Kathrin grinste. »Kleine Hilfestellung: Wie ist das denn hier in diesem Büro?«

Der Groschen fiel schnell bei Simon, als er sich die Rituale und Dialoge mit seinen abwesenden »Freunden« aus der Abteilung vorstellte. »Jeder gegen jeden. Wir brauchen Erfolge. Eigentlich heißt es: für das Team. Aber letztlich geht es jedem um sein Ego.«

»So ist es. Der Einkäufer, mit dem Sie reden, muss anschließend etwas auf den Tisch legen, was ihm Ruhm, Ehre und den Neid der Kollegen einbringt. Er braucht einen Nachweis, der sein Gehalt rechtfertigt. Manche setzen da auf den Preis, weil das am einfachsten ist. Wirklich guten Einkäufern aber liegt viel mehr daran, ihr Unternehmen nach vorn zu bringen, dessen Erfolg langfristig abzusichern, dessen Wert zu steigern. Wenn Sie dazu beitragen können, verhandeln Sie über mehr als Euro und Cent.«

»Wenn ich aber so einen Zocker gegenüberhabe …« Simon ließ nicht locker.

»Dann zocken Sie mit. So jemand verbringt die Hälfte seines Türkei-Urlaubs auf dem Basar, weil ihm Feilschen das Schönste ist. Da kommt es oft darauf an, wer von beiden schneller und besser rechnen kann. Kleiner Tipp: Rechnen Sie einen noch vorhandenen Preisunterschied klein – zum Beispiel auf die Dauer des Einsatzes. Dann nehmen Sie den Wert für den unverhandelten Preis – den müssen Sie natürlich kennen – und nennen diesem Einkäufer den Vorteil in Prozent, den er schon herausgeholt hat und der, Sie erschrecken hörbar!, schon deutlich über Ihrem Limit liegt. Geben Sie ihm das Gefühl des sicheren Sieges, das mindert die Lust am Weiterzocken.«

»Aber …« Simon war etwas eingefallen. »Sie haben vorher selbst gesagt, dass auch das Controlling einen Einfluss auf den Einkäufer hat. Und denen geht's doch nicht nur um Cents, sondern um die fünfte Stelle hinter dem Komma. Wenn ich mir unsere Mitteilungen aus dem Controlling ansehe …«

Kathrin holte tief Luft. »Habe ich auch schon gemerkt. Sehr wenig Fantasie dort. Kaum strategisches Denken. Sie haben übrigens auch keine echten Controller dort sitzen, sondern nur ein paar Rechenkünstler. Eigentlich braucht eine Firma wie TOPOLOH ein aussagekräftiges Vertriebscontrolling mit Transparenz über Absatz- bzw. Umsatzleistung und die erwirtschafteten Deckungsbeiträge von Produkten, Kunden, Regionen und Vertriebsmitarbeitern. Da ist null vorhanden, die machen nur Gesamtschau auf Überschuss. Und wie man in den Wald hineinruft, so schallt es auch zurück: Euer Verkaufsteam hat keinen Durchblick, was die Kundenpotenziale angeht. Deshalb verhandelt ihr auch nur über Preise und stellt nicht die Betreuung des Kunden in den Vordergrund. Außerdem arbeitet ihr mit einer total undifferenzierten Preisgestaltung. Alles wird über einen Kamm geschoren.« Sie fuhr sich mit einer Geste, als wollte sie sich selbst beruhigen, durchs Haar. »Ich habe Tom schon gesagt, dass wir dort noch eine zweite Kraft einsetzen müssen. Wenn wir uns nur um Sie kümmern, Simon, reicht das nicht.«

Der Verkäufer war beeindruckt. Verglichen mit den Flötentönen seiner Chefs war diese schonungslose Analyse dieser jungen Frau eine wirkliche Erleuchtung. »Und wir müssen dafür büßen …«

»Müssen? Schminken Sie sich das gleich wieder ab, Simon Richter.« Kathrin warf ihm einen zornigen Blick zu. »Was Sie müssen, ist, den Hintern hochkriegen und Forderungen stellen. Die Erkenntnis dafür, was Sie brauchen, ist ja inzwischen ansatzweise vorhanden. Aber schieben Sie die Verantwortung nie den anderen zu. Wenn Sie Mängel oder Defizite erkennen, die Ihnen die Arbeit schwer machen, dann dürfen Sie nicht abwarten, bis eine höhere Macht oder der Zufall Abhilfe schafft. Das ist Ihr Job!«

Simon nagte auf der Unterlippe. Sie hatte ja so recht. Und sie war in ihrem Zorn ja so, so, so …

»Und wenn wir schon dabei sind.« Ihre Stimme klang jetzt wieder etwas sanfter. »Vergessen Sie mal bei der nächsten Verhandlung Ihren Pseudo-Macho.«

Simon drückte das Kreuz durch und wollte protestieren. Kathrin hob nur die Hand, forderte Schweigen.

»Genau das meine ich, dieses Aufplustern und Sich-wichtig-Machen. Denken Sie mal an den Ursprung des Wortes ›Service‹ im Lateinischen. Diener hieß das, Sklave. So weit wollen wir nicht gehen und uns einem Verhandlungspartner unterwerfen. Aber kleine Dienste erhalten die Freundschaft. Kümmern Sie sich um die Nachbereitung des Gesprächs, schreiben Sie das Protokoll. Auch wenn's schwerfällt und Zeit kostet. Darauf hat nämlich keiner Lust. Ihrem Kunden schenken Sie damit die Abnahme einer Last und die Zeit, die er dafür gebraucht hätte – und sich selbst gewähren Sie den Vorteil, dass es Ihre Formulierungen sind, die da auf dem Papier stehen. Ihre Interpretation, Ihr Zeitplan, Ihre Sicht von Geben und Nehmen.«

»Das ist ja super. Daran hatte ich noch gar nicht gedacht.« Simon war hellauf begeistert. Er hätte Kathrin am liebsten umarmt.

Die indes erwies sich wieder einmal als Meisterin im Gedankenlesen. »Später mal, Simon«, sagte sie und stand auf. »Sie haben noch viel Arbeit vor sich. Zum Beispiel, daran zu arbeiten, wie Sie sich so auf Ihr nächstes Gespräch vorbereiten, dass der Einkäufer Sie nicht auf dem falschen Fuß erwischt wie ich Sie vorher am Beginn unseres Gesprächs. Wie sagen die Pfadfinder: Be prepared! Tschüss!« Und schon war sie verschwunden.

Simon sah ihr noch ein paar Gedanken lang nach und machte sich dann an die Arbeit. Kathrin und Profit sollten sehen, dass er nicht auf der Brennsuppe dahergeschwommen war. Er erinnerte sich an Söhnke Wortmanns Film *Deutschland – ein Sommermärchen* und wie Teamchef Jürgen Klinsmann an die Spiele herangegangen war: »Wo liegen unsere Stärken, wo die des Gegners?«

Er drehte sich zu seiner Tastatur und tippte.

1. Welche Kräfte wirken auf meinen Einkäufer?
2. Wie stark wirken sie?
3. Was für ein Typ sitzt mir gegenüber: Zocker oder Sicherheits-Spieler? Zuverlässigkeitsfreak oder ein Freund bequemer Lösungen? Innovationsfreund oder Verantwortungspolitiker?
4. Mit welchen meiner Stärken kann ich punkten?
5. Auf welche meiner Schwächen muss ich achten?
6. Was braucht mein Kunde, was er nur von mir bekommen kann?
7. Was will ich im besten Fall erreichen und wie darf ich im schlechtesten Fall abschneiden?

»Liest sich wie eine Checkliste im Flugzeug«, dachte Simon. »Daran werde ich noch etwas arbeiten.«

In der Luft hing noch ein Hauch von »Diamonds«. Simon fühlte sich prächtig.

Und in sein Notizbuch trug er ein:

Das Buying-Center des Kunden berücksichtigen.

Gespräche vor- und nachbereiten.

Wie eine Mineralölfirma mit verringerten Reibungsverlusten im
Motor argumentiert, um verstärkte Reibungsverluste an der Zapfsäule
zu vermeiden

Wir zitieren Michael Dopheide, General Manager Sales & Operations und Leiter Shell Tankstellengeschäft Deutschland, anlässlich der Internationalen Automobilausstellung (IAA) 2007:

»(ES) basiert unser globales Versprechen auf dem Einsatz von neuen, speziell entwickelten Shell Kraftstoffen einerseits und dem richtigen Fahrverhalten andererseits. Einen ersten Schritt zur Erfüllung unseres globalen Versprechens haben wir bereits im vergangenen Jahr mit der Einführung von Shell Super 95 gemacht. Shell Super 95 wurde entwickelt, um Reibungsverluste im Motor zu verringern. Das mindert den Benzinverbrauch. Zudem enthält Shell Super 95 spezielle reinigende Komponenten, die den Motor von innen sauber halten.*

Die Wirkung haben zwei Australier eindrucksvoll bewiesen. Bei ihrer Weltreise in einem serienmäßigen Golf FSI 1,6 haben sie für 28970 Kilometer nur 24 Tankfüllungen gebraucht. Damit schaffte es Shell Super 95 in das Guinness-Buch der Rekorde.

Heute ergänzen wir unser Angebot mit einem entsprechenden Kraftstoff auf der Dieselseite. Das neue Additiv wurde für eine schnellere Verbrennung und die Verhinderung des Aufbaus von Ablagerungen entwickelt und kann dadurch den Kraftstoffverbrauch mindern. Und weniger Kraftstoffverbrauch bedeutet nicht zuletzt: weniger CO_2-Emissionen.

Dank dieser Formel kann der neue Shell Diesel den Autofahrer in Deutschland pro Jahr bis zu 552 Kilometer weiter bringen als unser bisheriges Produkt.

Dieses Ergebnis basiert auf umfangreichen Untersuchungen des unabhängigen englischen Testinstituts MIRA. Noch in diesem Jahr werden wir weitere Flottentests durchführen. So hat der ADAC zugesagt, den neuen Shell Diesel und unsere Tipps zum sparsamen Fahren mit seinen Gelben Engeln auf unser Versprechen hin zu prüfen. Auch Hewlett-Packard und die ADLGruppe wollen Flottentests durchführen. Die Ergebnisse werden Ende des Jahres vorliegen.

An unseren 450 Stationen in Österreich wird es den neuen Shell Diesel bereits von heute an geben. In Deutschland wird das neue Produkt dann Anfang Oktober verfügbar sein. In beiden Ländern wird der neue Shell Diesel unseren bisherigen Die-

sel ersetzen. Und in beiden Ländern werden wir den neuen Shell Diesel zum selben Preis unseres bisherigen Diesel-Produktes anbieten. Denn für den neuen Diesel gilt dasselbe wie für unseren neuen Superkraftstoff: Er wurde entwickelt, um die Autofahrer weiterzubringen ohne extra Kosten.«

Quelle: Pressemappe der Shell Deutschland zur Internationalen Automobil Ausstellung (IAA) 2007, http://www.shell.com/home/content/de-de/news_and_library/press_information/shell_diesel_press_kit.html

Sales Science, Report No. 6

Nur ein Fünftel der Marketing- und Vertriebsverantwortlichen kennen die Bedürfnisse ihrer Kunden

79 Prozent der 2006 in einer IBM-Studie befragten Entscheidungsträger führen Marketing- und Promotionmaßnahmen durch, ohne die Erwartungen ihrer Kunden wirklich zu kennen. Für die Studie befragt wurden Verantwortliche aus den Bereichen Marketing, Vertrieb und Kundendienst in Europa und den USA. Diese Kluft wird auch von den Verbrauchern immer häufiger wahrgenommen. Entsprechend fallen die Antworten der 600 in der Studie ebenfalls befragten Konsumenten aus: Sie haben den Eindruck, dass Unternehmen zunehmend agieren, ohne ihre Kunden überhaupt zu verstehen.

Kunden wollen beispielsweise mit Respekt behandelt werden – für viele ist die entgegengebrachte Wertschätzung genauso kaufentscheidend wie der Preis. Doch solche weichen, emotionalen Faktoren werden nur von rund 17 Prozent der Befragten überhaupt in ihren Entscheidungsfindungsprozessen berücksichtigt. Fazit der Studie: Unternehmen können sich in einem harten, preisgetriebenen Wettbewerbsumfeld einen echten Wettbewerbsvorteil und Marktanteile nur dann sichern, wenn sie sich intensiver mit den echten Bedürfnissen ihrer Kunden auseinandersetzen.

Beispiel Privatkunden bei Banken: Weniger als die Hälfte sind von dem Service ihrer Bank angenehm überrascht und fühlen sich besser bedient, als es ihren Erwartungen ohnehin entsprochen hätte. Und das, obwohl Banken mit gut informiertem, professionellem oder freundlichem Auftreten ihrer Berater besonders punkten wollen. Diese eher funktionalen Aspekte sind den privaten Bankkunden weniger wichtig und werden eher als Selbstverständlichkeit betrachtet. Für die privaten Bankkunden sind emotional höherrangige Faktoren wie eine wertschätzende Behandlung und ein »persönliches Auf-sie-Eingehen« von entscheidender Bedeutung. In keinem anderen der befragten Länder ist übrigens das Attribut »respektvolle Wertschätzung in der Behandlung« so wichtig wie für die Privatkunden von Banken in Deutschland.

Genau diese emotionalen Präferenzen aber finden bei den kundenbezogenen Maßnahmen der befragten Entscheidungsträger kaum Berücksichtigung: Nur 17 Prozent ziehen emotionale Faktoren dabei überhaupt in Betracht. 74 Prozent aller befragten Entscheider in Marketing und Vertrieb orientieren hingegen ihre Handlungen an funktionalen Parametern, also an Fragestellungen wie »Was lässt sich wie schneller oder effizienter gestalten?« statt an einem grundlegenden Verständnis dessen, was ihre Kunden am meisten schätzen und honorieren. Zwar gehen viele Unternehmen mit emotionalen Markenbotschaften an den Markt, halten dieses Markenversprechen dann jedoch häufig im direkten Kundenkontakt nicht ein.

»Wie ein Unternehmen einen Wettbewerbsvorteil erreicht und aufrechterhält, hängt sehr stark davon ab, wie es in seiner Gesamtleistung auf den Kunden wirkt – kognitiv, emotional und in seinem Verhalten«, sagt Joby John, Professor und Leiter des Marketing-Lehrstuhls am Bentley College, Boston, Massachusetts. »Dieser Report zeigt eindeutig, dass viele Unternehmen durch das Versäumnis, Kundeninformation in Bezug auf emotionale Faktoren zu analysieren und zu dechiffrieren, eine wichtige Chance vertun, Verbraucher zu verstehen und damit auch Marktanteile zu gewinnen.«

Die befragten Top-Entscheider priorisieren beispielsweise doppelt so häufig Maßnahmen für die Verbesserung ihres internen Callcenter-Betriebes als für zukunftsgerichtete Ziele wie langfristige Kundentreue oder Überlegungen, wie bestimmte Kundenereignisse (Gespräche, Geschäftsvorfälle etc.) gestaltet werden müssen, damit sie zu stärkerer Kundenbindung führen. Gleichzeitig fehlen auch wichtige Informationen über den Gesamteindruck, den ein Kunde von einem Unternehmen hat. Bislang haben die Entscheidungsträger oft nur eine vage oder überhaupt keine Vorstellung über die Akzeptanz und Bewertung von bestimmten Aktivitäten, wie beispielsweise die Bedienung von Ticketautomaten oder Kundendienst-Angebote direkt im Geschäft. Diese haben jedoch – zusammengenommen – einen enormen Einfluss auf die langfristige Kundentreue.

»Der Unternehmenserfolg hängt zu einem entscheidenden Teil also auch von den unmittelbar erfahrbaren und gefühlten Leistungsaspekten ab. Kein Unternehmen kann es sich leisten, diese Aspekte zu vernachlässigen«, sagt

Rainer Heck, Partner und Leiter Customer Relationship Management bei IBM Global Business Services. »Es muss den Unternehmen besser als bisher gelingen, mehr und intelligentere Informationen – auch über die konkreten Erfahrungen und Erwartungen – ihrer gegenwärtigen und potenziellen Kunden aus den unterschiedlichsten Quellen zu gewinnen und diese Aspekte anschließend konsistent und konsequent in allen kundenbezogenen Aktivitäten umzusetzen«, führt Rainer Heck weiter aus.

Zusammenfassung:

- Gelingt es einem Unternehmen, seine Kunden auch emotional an seine Marke(n) zu binden, lassen sich Customer Value, Retention Rates und Cross/Upselling Rates um das Drei- bis Siebenfache steigern.
- Wesentliche Voraussetzung dafür ist eine klare Markenstrategie und -botschaft. Sie müssen die Grundlage für alle weiteren Maßnahmen bilden.
- Für die erfolgreiche Durchführung einer CEM-Maßnahme muss ein Unternehmen seine Kunden hinsichtlich Erwartungen, Verhalten, bisherigen Kontakten und Lifetime Value genau kennen. Denn nur eine profunde Kundenkenntnis ermöglicht eine verlässliche Zielkundensegmentierung sowie die Definition einer Kontakt- und Markenbindungsstrategie.
- CEM-Maßnahmen erzielen die besten Ergebnisse, wenn sie unternehmensweit umgesetzt und nicht als isoliertes Projekt eines bestimmten Funktionsbereichs verstanden werden.
- In der Einführungsphase sollte ein Unternehmen CEM jedoch zunächst in den Bereichen realisieren, in denen es sich besonders gut von seinen Mitbewerbern differenzieren kann.

Download Kurzfassung

http://www.ibm.com/services/de/bcs/pdf/2006/20-20-customer-experience.pdfstomer_experience_2020.pdf

Quelle: Ulrich Pfaffenberger, auf Basis einer Pressemitteilung der IBM Deutschland GmbH, IBM/147/2006

21. Tango voll in Fahrt

»Kommen Sie mal her, Profit, und sehen Sie sich das an.« Professor Tango hatte einen seiner gönnerhaften Tage. Wahrscheinlich war wieder einmal eine abseitige Wissenschaftszeitschrift auf eines seiner dutzendseitigen Elaborate hereingefallen und hatte es abgedruckt. Wann immer das geschah, schien er vor Kraft und Goodwill zu bersten. Tom wusste schon, dass dies die besten Momente waren, um ihm Nützliches aus der Nase zu ziehen.

»Sie erinnern sich an unser Gespräch neulich – das über die alten und neuen Taktiken der Einkäufer? Wir haben da noch ein bisschen weiter geforscht und sind auf einige grundlegende Weisheiten gestoßen. Eigentlich alles sattsam bekannt, aber in dieser Ballung schon lange nicht mehr gesichtet. Wollen Sie's wissen?«

»Spannen Sie mich nicht auf die Folter, Tango! Nur heraus mit der Sprache!«

»Die führen neuerdings Strichlisten. So ähnlich wie das Galgenmännchen – kennen Sie das Spiel?« Tom erinnerte sich. Lange Adventsnachmittage bei Oma Therese waren auf wundersame Weise vergangen, indem sie mit ihm dieses Spiel wieder und wieder auf hunderten kleiner Zettel absolviert hatte. Nie war es ihm auch nur annähernd gelungen, den Galgen für die Oma zu errichten, während er fast jedes Mal baumeln musste … Er nickte.

»Genau darum geht es den Herren Einkäufern«, sagte der Professor, als könne er Gedanken lesen: »Die Verkäufer baumeln zu lassen. Sie verteidigen ihren Standpunkt eisern und ohne auch nur ein Jota abzuweichen. Jede Verteidigung ein Strick – bis der Delinquent zappelt. Umso wertvoller erscheint dem Verkäufer dann mal ein Zugeständnis. Und dann beginnt das gleiche Spiel von Neuem.

Da brauchen sie ganz hartgesottene Kämpfer, damit die den Kopf aus der Schlinge ziehen können.«

»Funktioniert umgekehrt auch«, meinte Profit. »Wenn man ein gutes Produkt hat.«

»Ich möchte da aber nicht unbedingt zuhören müssen, wenn die beiden wie die Papageien immer die gleichen Argumente wiederholen«, wandte Tango ein. »Könnte auf Dauer ziemlich ermüdend werden.«

»Was haben Sie noch?« Tom sah auf die Uhr. Noch eine Stunde bis zum nächsten Einsatz. Eine Bank, die gerade erst vor einem halben Jahr alle Privatkunden mit weniger als einer Million Anlagevermögen abserviert hatte, wollte nun, nach einem Wechsel im Vorstand, die gleichen Leutchen dazu bringen, ihr den Schlüssel zur Schatztruhe wiederzugeben. Man hoffte da auf seinen guten Rat.

»… Gleiches mit Gleichem zu vergelten.« Da hatte der Herr Professor gleich losgeplaudert und Tom waren nur die letzten Worte ins Ohr gegangen. Er entschied sich für den alten Trick: »Wie würden Sie das Ihrer Großmutter erklären?«

»Nun, etwa so: ›Liebe Oma‹, sagt der Enkel, ›ich habe mir die Haare schneiden lassen, trage in deiner Gegenwart keinen Nasenring mehr, gebe deinen Roadster immer frisch gesaugt zurück und habe aufgehört, deinen Hund einen Köter zu nennen – wäre es nicht allmählich an der Zeit, mir einen kleinen Vorschuss aufs Erbe zu geben?‹ Diese Einkäufer reiten permanent darauf herum, welche Zugeständnisse sie schon gemacht haben, und fordern vom Verkäufer nun aber ein entsprechendes Entgegenkommen, am besten im Faktor fünf. Und glauben Sie mir: Das zieht.«

»Ja, ja, die Appelle an Ethik und Moral. Das Letzte, was von der sozialen Marktwirtschaft geblieben ist.« Manchmal konnte Tom ein echter Zyniker sein. »Spielen die das Spielchen mit den Präzedenzfällen auch immer noch?«

»Aber selbstverständlich.« Tango stand auf und deklamierte mit großer Geste. »Mein Liebster, mein Bester, was Sie da von mir verlangen, das ist noch nie, nie, nie, niiiiiiiiiiiiieeeee da gewesen. Das sprengt alle unsere hausinternen Vorgaben. So leid es mir tut, das muss ich von Grund heraus ablehnen. Das ist ü-b-e-r-h-a-u-p-t nicht drin.« Er kreuzte die Finger, als wolle er einen bösen Geist von sich fernhalten.

Tom applaudierte. »Tolle Vorstellung, Prof.«

»Ja, ich kenne das ja auch schon seit 100 Jahren. Das Spiel zwischen Österreich und Deutschland bei der WM '82 in Spanien war ein Ausbund an Dynamik und Einfallsreichtum verglichen mit den immer gleichen Auseinandersetzungen zwischen Einkauf und Verkauf.« Tango setzte sich. »Nehmen Sie die Geschichte mit der Salamitaktik. Uralt – aber offensichtlich in der Sicht der Anwender so bewährt, dass keiner davon lassen will. Der eine gibt seine Forderungen nur scheibchenweise preis, der andere seine Zugeständnisse. Da muss der Spaß am Feilschen schon extrem ausgeprägt sein. Mein Analytiker meint, die Saat dafür würde schon im Sandkasten ausgebracht.«

Er scrollte über den Bildschirm. »Die Geschichte mit dem Taktieren und Türen-offen-Halten für später läuft auch noch ganz gut. Jedes Verhandlungsergebnis wird erst mal unter Vorbehalt vermerkt, dann kann man später ja noch ein bisschen daran drehen. Ein paar von den Jungs haben aber am Ende so viele Vorbehalte zusammen, dass sie sich gar nicht mehr an alle erinnern können.«

Tom notierte sich: Verkäufer müssen Vorbehalte der Käufer dokumentieren, Gegenargumente vorbereiten, Ablenkungsmanöver planen.

»Vor allem die großen Schauspieler unter den Einkäufern geraten mitunter aufs Glatteis, wenn sie versuchen, ihre eigenen Forderungen zu bagatellisieren«, fuhr Tango fort. »Ein Verkäufer, der hier aufmerksam zuhört, wird in der Regel schnell auf Widersprüche stoßen. Zum Beispiel, dass genuine strategische Ziele verleugnet werden oder dass Anforderungen, die wenige Minuten zuvor noch als kritisch geschildert wurden, plötzlich nebensächlich sein sollen. Dieses Spielchen ist relativ leicht zu knacken. Viel mehr Sorgen machen mir die Desperados.«

»Welche Desperados?« Tom war ganz Ohr.

»Na, die Jungs, die grundsätzlich bereit sind, eine Verhandlung scheitern zu lassen. Waren Sie schon mal auf einer Kartbahn?«

Tom schüttelte den Kopf: »Nicht mein Ding.«

»Egal«, meinte der Professor. »Das Prinzip ist ganz einfach. Solange dort echte Sportler fahren, geht es rau, aber in der Regel fair zur Sache. Wenn aber dort mal eine Horde Eventgäste einfällt, beginnt das Hauen und Stechen. Gehen Sie mal bei so etwas mit und schauen Sie sich am Ende das Ranking an. Es entspricht ziemlich genau der Hierarchie in der Firma. Ganz oben der Boss, dann die Unterbosse – und die kleinen Würmer auf den hinteren Plätzen. Denn hinterm Steuer von so einem kleinen Boliden lassen die plötzlich die Sau raus. ›Ober sticht Unter‹, heißt es da oder: ›Weg da, jetzt komm ich.‹ Wer nicht ausweicht, fliegt von der Bahn. Das ist, um mit der Sprache meines Enkels zu sprechen, voll krass. Am schlimmsten sind diejenigen, die in der Hierarchie weit oben stehen, aber aus Mangel an Talent oder wegen Fahrfehlern keine Chance haben, nach vorne zu kommen. Die spielen dann Killer-Highway und schießen ab, was sich ihnen in den Weg stellt. Was es da an einem Abend an Roten Karten hagelt, sieht eine Profi-Truppe während der ganzen Saison nicht. Aber als knallharte Kerle zelebrieren die Disqualifizierten sich selbst, wenn schon nicht auf dem Siegerpodest, dann wenigstens an der Bar. Achten Sie mal drauf, das ist wirklich höchst interessant.«

Tangos Augen strahlten. Vermutlich hatte er Abende auf Kartbahnen zugebracht, um sich selbst ein Bild zu machen. Tom kannte die gigantische Carrerabahn im Dachboden des Professors und konnte erahnen, welche Freude der gehabt hatte. Er stand auf.

»Machen Sie mir davon wieder einen kleinen Chart, lieber Tango? Sie wissen schon: Damit meine Klienten auf dem Laufenden sind.«

»Mit Vergnügen, Tom. Und Sie begleiten mich demnächst mal auf die Kartbahn, nicht wahr?«

Der hob im Hinausgehen nur grüßend die Hand. »Wir sehen uns.« Wichtige Aufgaben lagen vor ihm.

22. Simon fasst nach

Wie man einen guten Bestätigungsbrief schreibt – da hatte Simon
sein einschlägiges Erfolgserlebnis ja schon gehabt. Eine kleine Bemerkung Kathrins hatte ihn darauf gebracht, an diesem Punkt
weiterzuarbeiten: »Wenn du eine Frau gewinnen willst, solltest du
kein Kompliment zweimal verwenden. Und nie mit der Tür ins
Haus fallen.« Was dort funktioniere, könne sicherlich auch bei der
Kommunikation mit Kunden nicht schaden, hatte er erwidert. Bei
ihrer Antwort war er sich nicht sicher gewesen, ob sie nur leicht
dahingesagt war oder ob sie einen Testballon hatte steigen lassen.
»Tja, Simon, bevor etwas heiß ist, braucht es ein kleines Warm-up.
Sonst könnte es sein, dass ein halbgares Ergebnis zustande kommt,
das keinem so richtig schmeckt.«

Simon dachte wieder an seine Auftragsbestätigung. Was hatte
beim ersten Mal alles gepasst? Im Angebot hatte er die wesentlichen Anforderungen des Kunden zusammengefasst. Ein Mittel-
ding aus Dokumentation und Protokoll, einfach um zu zeigen: »Ich
habe verstanden.« Dann hatte er einen eigenen Lösungsvorschlag
gebracht, auf die Anforderungen des Kunden bezogen und erläutert. Und zuletzt noch kurz die drei bis vier wesentlichen Vorteile
für den Kunden zusammengefasst. Daran wollte er auch nicht rüt-
teln, das war schon sehr stimmig und überschaubar. Schließlich
hatte er auch ein Lob von Profit dafür bekommen.

Simon beschloss, die Probe aufs Exempel zu wagen. Er rief Kraus
an.

»Hallo, Herr Kraus, Richter hier von TOPOLOH. Sie haben mein
Angebot bekommen? Das freut mich!« Simon blickte auf das Post-

it, das er sich neben das Telefon geklebt hatte: »Fakten. Lösungen. Brücken bauen. Nicht schleimen.«

»Sie hatten ja besonders auf Top-Material, weltweit gültige Zertifikate und Lieferung just in sequence Wert gelegt. Ich habe verschiedene Komponenten dazu ins Angebot integriert, die genau diese Anforderungen abdecken. Sind Sie damit zufrieden oder kann ich Ihnen noch weitere Informationen anbieten?«

»Nein, nein, das war schon sehr gut. Die Kollegen aus der Fachabteilung waren sogar beeindruckt, wie weit Sie da mitgedacht haben«, antwortete Kraus. »Aber der Preis, der da druntersteht, der ist noch sehr hoch.«

Simon hatte gehofft, dass dieser Kelch an ihm vorüberginge. Aber wenn's denn sein musste. Er entschied sich dafür, Kraus zu überraschen. Zustimmung statt Verteidigung. Oft genug hatte er mitbekommen, wie andere in dieser Situation nichts Besseres wussten als: »Welchen Preis müssten wir denn machen?« oder »Womit vergleichen Sie uns denn?«.

Mit aller Ruhe und Gelassenheit, zu der Simon fähig war, sagte er: »Herr Kraus, Sie haben völlig recht. Als Einkäufer müssen Sie natürlich die Kosten im Auge behalten.«

Keine Reaktion.

Simon setzte noch einen drauf: »Und da ist es natürlich wichtig, dass wir noch einen genauen Blick darauf werfen, wie Sie mit diesen Produkten Ihre Prozesskosten nachhaltig reduzieren können. Ich hatte das in meinem Brief ja schon kurz angedeutet. Darf ich Ihnen das kurz erklären?« Und er holte sich noch einmal die Produktivitätsanalyse auf den Schirm, die er neulich mit Profit und Nikolitsch angefertigt hatte. Die wichtigsten Werte kannte er schon auswendig, so oft hatte er die zwei Charts studiert.

Simon war getrieben von seiner Absicht, Kraus zu zeigen, dass er Argumente für seinen Preis hatte und sein Angebot das Geld auch wert war. »Ich will jetzt nicht noch mehr Worte machen, ich schicke Ihnen die Charts schnell per Mail rüber. Da haben Sie dann die Argumente schwarz auf weiß, die Sie für Ihre Entscheidung brauchen.«

»Richter, Sie verstehen Ihr Handwerk. Ich hatte schon bei unserem ersten Gespräch ein gutes Gefühl. Damit helfen Sie mir wirklich weiter. Trotzdem, zur Sicherheit: Was geht denn jetzt da am Preis noch runter?«

»Okay«, dachte Simon. »Wenn es denn sein muss …« Er erinnerte sich an das Gespräch, das er am Morgen in der S-Bahn mit Profit geführt hatte. »Wenn der Kunde im Gespräch immer noch nicht nachgeben möchte und weiterforscht, wie weit sich die Preisschraube noch zu seinen Gunsten drehen lässt, dann ist die vierte, die gefährlichste Phase der Verhandlung erreicht«, hatte Profit mit ernstem Ton gesagt. »Hier werden die meisten Prozente aus dem Unternehmensgewinn im wahrsten Sinne des Wortes verschenkt.« »Und wie verhindere ich das?«, hatte Simon gefragt. »Setze ich zu niedrig an, ist der Kunde unzufrieden, setze ich zu hoch an …« Profit hatte den Kopf geschüttelt: »Es geht nicht um zu hoch oder zu niedrig. Es geht um Psychologie. Was passiert zum Beispiel, wenn Sie – wie der Standard-Verkäufer – sagen: ›Fünf Prozent könnte ich noch machen.‹ Wird Ihr Kunde damit zufrieden sein? Nein, sehr wahrscheinlich nicht. Er wird noch drei Prozent Skonto fordern, als Nächstes Lieferung frei Haus. Doch selbst wenn Sie ihm das alles zugestehen, wird der Kunde nicht glücklich sein. Er wird vielmehr verärgert darüber sein, dass Sie noch so viel Luft in Ihren Preisen haben. Kurzum: Er fühlt sich abgezockt. Also geben Sie ihm bloß nichts, was diese Lawine in Bewegung setzen könnte.«

Dieser Rat Profits brannte wie Feuer vor Simons Augen. Er war sich sicher, dass er eine echte Chance hatte, den Auftrag zu bekommen. Alle Indizien, vom ersten Gespräch über die grundsätzlich positive Aufnahme seines Angebots bis zum jetzigen Moment sprachen dafür, dass Kraus mit ihm abschließen wollte.

Simon fragte: »Darf ich Ihre Frage nach dem Preis so verstehen, dass Sie ansonsten mit dem, was ich Ihnen angeboten habe, einverstanden sind?«

Kraus' Antwort kam umgehend: »Ja, zu 100 Prozent!«

»Darf ich dann auch davon ausgehen, dass die begleitenden Details wie Fracht, Verpackung und Skonto so, wie ich sie angegeben habe, in Ihrem Sinne und akzeptiert sind?« Er wollte auf jeden Fall verhindern, dass sein Kunde auf diese Einzelheiten bei der Preisverhandlung noch einmal zurückkam und dann »scheibchenweise« nachbesserte.

Auch hier klang Kraus zustimmend: »Das passt rundum, Herr Richter. Sie hatten das sehr präzise und detailliert angegeben.«

Simon stellte noch eine Frage, um ganz sicherzugehen: »Wenn wir alles miteinander besprochen haben, dann machen wir heute einen Auftrag zusammen. Sehe ich das richtig? Sie wollen ja Ihre Planungen auch schnell umsetzen.«

Das war wichtig, hatte Profit ihm noch mal eingetrichtert: Während der gesamten Verhandlung kundenorientiert argumentieren. Dem Kunden Qualität, Sicherheit und Zuverlässigkeit vermitteln.

»Ich sehe keine Probleme, heute abzuschließen, wenn der Preis stimmt, Herr Richter. Nur darum geht's noch.«

»Prima«, dachte Simon, »dann ab dafür. Verfahren wir nach dem Prinzip Geben und Nehmen – und zwar auf die positive Tour.« Er sagte zu seinem Gesprächspartner: »Ich gebe Ihnen noch einskommafünf Prozent. Die nehme ich aus unserem Marketing-Etat. Dafür bekomme ich von Ihnen ein kleines Referenzschreiben und wir dürfen unsere Zusammenarbeit in einer Pressemitteilung als Case Study herausgeben, okay?« Simon hatte überschlägig gerechnet, dass dieser Effekt weit mehr wert war als die 1500 Euro, um die er seine Marge kürzte. Und vielleicht konnte er seinen Deal tatsächlich der PR-Abteilung verkaufen und ein bisschen an deren Budget lecken …

»Das ist ein Wort«, kam umgehend die Antwort von Kraus. »Da werden unsere Marketingleute sicher nichts dagegen haben, das ist ja auch positiv für uns. Also, einverstanden. Sie schreiben das noch in Ihr Angebot rein, faxen es mir rüber. Ich kümmere mich darum, dass Sie heute noch den unterschriebenen Auftrag vorliegen haben. Es macht echt Freude, mit jemandem wie Ihnen Geschäfte zu machen. Sie denken wenigstens mit …«

Dass dieses Kompliment von einem Kunden kam, war Simon viel wert. Mehr wert sogar, als er Anerkennung seiner eigenen Kol-

legen empfunden hätte. Das hatte sich in den letzten Tagen grund-
legend geändert. Er schrieb das eindeutig der Wirkung zu, die Profit
auf ihn hatte. Und er fühlte sich gut dabei.

Und in sein Notizbuch notierte er:

**Beim Nachfassen kundenorientierte Argumente
parat haben.
Keine Verhandlung ohne Abschluss-Chance
einleiten.**

Wie sich die Sparkassen mit einer »MehrWert Servicegesellschaft« gegenüber der 0-Euro-Konten-Konkurrenz profilieren

»Die Sparkassen sind in einem Markt mit einem knüppelharten Wettbewerb unterwegs – vermutlich dem härtesten weltweit. Wir sind der Marktführer und werden deshalb natürlich von allen angegriffen. Viele versuchen, über Kampfkonditionen in den Markt zu kommen. Die Sparkassen kontern hier – aber zu Lasten der Zinsüberschüsse. Retailmarkt wird im Moment zu Lasten der Ertragslage gekauft bzw. gehalten.« So Heinrich Haasis, Präsident des Deutschen Sparkassen- und Giroverbands (DSGV), bei der Bilanzpressekonferenz 2008 der Sparkassen-Finanzgruppe. Mit Kontomodellen und Zielgruppenangeboten, die nachweislich Kunden binden, gibt eine neu gegründete »MehrWert Servicegesellschaft« Antworten auf die Fragen von Bestandskunden, die angesichts der attraktiv erscheinenden Konkurrenzangebote das Preis-Leistungs-Verhältnis ihres »Normalkontos« in Frage stellen.

Hintergrund:

Mit dem Deutschen Sparkassenverlag (DSV) und der Rechtsschutzversicherungs-Tochter der öffentlichen Versicherer und Sparkassen Deutschlands ÖRAG mit ihrer Dienstleistungs-Division ÖRAG Service haben zwei erfahrene Partner ihre Kompetenzen im Bereich Kundenbindung in dieser MehrWert Servicegesellschaft gebündelt, um dem Sparkassen-Vertrieb Schützenhilfe zu leisten. Der Deutsche Sparkassenverlag bildet mit seinen Tochter- und Beteiligungsunternehmen die DSV-Gruppe, die zu den zehn umsatzstärksten deutschen Medienhäusern zählt. Die ÖRAG Service GmbH ist zentraler Mehrwert-, Assistance- sowie Call- und Service-Center-Partner der öffentlichen Versicherer und der Sparkassen-Finanzgruppe.

»Indem wir unsere Kompetenzen zusammenführen, bauen wir die Stärken beider Einheiten gezielt aus und werden mit der neuen MehrWert Servicegesellschaft zum Komplettanbieter. Das Joint Venture verspricht also mehr als die Summe beider Teile«, sagt Clemens Fuchs, Vorstandssprecher der ÖRAG Rechtsschutzversicherungs-AG. Und Dr. Bernd Kobarg, Vorsitzender der Geschäftsführung der DSV-Gruppe, freut sich über Alleinstellungsmerkmale,

165

welche die MehrWert Servicegesellschaft seiner Ansicht nach im Markt haben wird: »Durch die Zugehörigkeit zur Sparkassen-Finanzgruppe sind wir in alle strategischen Überlegungen und die daraus abgeleiteten Entwicklungen eingebunden und können dieses besondere Know-how in die Umsetzung der Lösungen zum Nutzen des Instituts einfließen lassen. Darüber hinaus können wir künftig alle Leistungen eines Kundenbindungsprogramms – von der Beratung bis zum Betrieb – aus einer Hand bieten. Diesen Full Service erbringt kein Mitbewerber.«

Geeignete Maßnahmen zu überprüfen und neue Girokonto-Angebote auf eine betriebswirtschaftlich solide Basis zu stellen – das ist die Aufgabe der MehrWert Servicegesellschaft. Ein von ihr im Auftrag der Dachorganisation DSGV entwickelter »Szenarienmanager« unterstützt die Sparkassen bei der Wirtschaftlichkeitsanalyse. Für bis zu zehn Kontomodelle lässt sich über diese Software die Kosten- und Einnahmensituation im Zahlungsverkehr übersichtlich darstellen.

Für langfristige Prognosen des Ertragsverlaufs bei einem veränderten Girokontoangebot setzt die MehrWert Servicegesellschaft im Consulting in erster Linie auf ihr umfassendes, Excel-basiertes Simulationsmodell, kurz »SimMod«. Die Basisdaten zum Zahlungsverkehr aus dem Szenarienmanager können hier direkt übernommen werden und dienen als Grundlage für weiterführende Berechnungen. Für einen Zeitraum von bis zu fünf Jahren errechnet ein Berater der MehrWert Servicegesellschaft den Ertragsverlauf und erfasst dafür alle Investitionskosten und den prognostizierten Verkaufserfolg. Auf Grundlage der Ergebnisse leitet er dann die strategischen Handlungsoptionen für die Sparkasse ab und berät bei der Überarbeitung der Konten oder auch der Einführung neuer Kontomodelle.

Dass ein Mehr an Leistung und Service das bepreiste Girokonto-Angebot für den Kunden günstiger und attraktiver macht als ein vermeintlich kostenloses Konto, beweist die Sparkasse Bremerhaven. Sie bietet seit mehreren Jahren Mehrwertkonten mit Leistungen aus den Bereichen Finanzen, Service und Freizeit. Der Erfolg macht sich nicht zuletzt an der niedrigen Kündigungsquote fest, die bei Giro X-tra-Kunden deutlich unter der von Standardkonto-Inhabern liegt. Außerdem stieg durch die Einbindung von Kreditkarten nicht nur der Kartenabsatz, sondern vor allem auch der -umsatz deutlich an. Die Wirtschaftlichkeit der neuen Mehrwertkonten steht für die Sparkasse Bremerhaven daher außer Frage. Maßgeblich für den Erfolg ist aus ihrer Erfahrung, dass der Berater dem Kunden vorrechnen kann, dass die bepreisten Konten (zwischen 3 und 12,95 Euro) der Sparkasse Bremerhaven besser als kostenlos sind, da der Kunde dank Mehrwertleistungen mit seinem Girokonto Geld verdienen kann.

Die beiden MehrWert-Partner sehen vor allem im Dialog mit Sparkassen und deren Verbundpartnern hohe Wachstumschancen für solche Angebote: »Vor dem Hintergrund der demografischen Entwicklung und der wachsenden Wettbewerbssituation im Kreditgewerbe werden Kunden- und auch Mitarbeiter-Loyalitätsprogramme für die Institute immer wichtiger. Wir bewegen uns auf einem nicht ausgeschöpften Markt, dem wir mit der neuen MehrWert Servicegesellschaft qualitativ hochwertige Leistungen möglichst preisgünstig anbieten werden«, schätzt Kobarg die Marktsituation ein.

Clemens Fuchs sieht ein weiteres Plus der MehrWert Servicegesellschaft darin, dass sie sämtliche Spielarten von Loyalitätsprogrammen anbieten kann: »Das beginnt bei klassischen Produkten wie Konto-Mehrwerten oder -Upgrading. Mit der Produktlinie Giro X-Tra erhält der Sparkassenkunde besondere Zusatzleistungen aus dem Bereich banknaher und bankfremder Services: Von Versicherungsleistungen über Notfallservices bis hin zu exklusiven und vergünstigten Angeboten aus den Bereichen Travel and Event. Auf diese Weise können auch Kreditkartenprogramme aufgewertet werden. Komplette Zielgruppenkonzepte, wie das vom DSV schon erfolgreich umgesetzte Erlebnisprogramm S-POOL für junge Erwachsene, adressieren spezielle Personenkreise. Unser Kooperationspartner-Management kümmert sich um die Akquise von Leistungspartnern, die für die Sparkassen-Finanzgruppe und deren Kunden interessant sind. Mit Call- und Service-Center-Leistungen – schon bisher eine Stärke der ÖRAG Service – helfen wir Sparkassenkunden unter anderem bei der Ticket- oder Reisebuchung und vor allem rund um die Uhr in Notfällen.«

Darüber hinaus steuert die MehrWert Servicegesellschaft das Loyalitätsprogramm »S-Klasse Vertriebsclub«: Hier werden engagierte und erfolgreiche Vertriebsmitarbeiter in den Instituten ausgezeichnet und über ein Clubjahr hinweg immer wieder mit attraktiven und überraschenden Leistungen belohnt.

Was macht die ÖRAG?

Rund eine Million Anrufe bewältigt der zentrale Mehrwert-, Assistance- sowie Call- und Service-Center-Partner der öffentlichen

Versicherer und der Sparkassen-Finanzgruppe im Jahr. Gegründet
1992 als Tochterunternehmen der
ÖRAG Rechtsschutzversicherungs-
AG, organisiert die ÖRAG Service
GmbH im 24-Stunden-Betrieb
Hilfs- und Serviceleistungen für
die Kunden ihrer Auftraggeber, in
deren Produktkonzepte die entsprechenden Leistungen integriert
sind. Die Geschäftsfelder des Unternehmens gliedern sich in die
Bereiche Mehrwert-Modelle, As-
sistance sowie Dienstleistungen
des Call- und Service-Centers.

Die Mehrwertmodelle konzentrieren sich auf Zusatzleistungen
rund um Girokonten, Kreditkarten
oder spezielle Zielgruppenkonzepte, wie zum Beispiel für die Generation 55plus. Im Bereich der As-
sistance werden Hilfs- und Service-
maßnahmen organisiert. Hier geht
es beispielsweise um die Pannen-
hilfe bei einem Fahrzeugschaden,
die Behebung eines Wasserscha-
dens am Wochenende oder den
Rücktransport aus dem Urlaubs-
land bei einer Erkrankung. Der
Bereich Call- und Service-Center
übernimmt auch einzelne Dienstleistungen, wie etwa Bestandspfle-
ge- oder Cross-Selling-Aktionen
für verschiedene Auftraggeber.

Die ÖRAG Service GmbH wurde
bereits mehrmals für die Qualität
ihrer Dienstleistung und die Kundenzufriedenheit ausgezeichnet.

Was liefert die DSV-Gruppe ?

Der Deutsche Sparkassenverlag sowie seine Tochter- und Beteiligungsunternehmen bieten als spe-
zialisierter Lösungsanbieter für die
Unternehmen und Verbände der
Sparkassen-Finanzgruppe klassische Verlagsmedien wie Bücher,
Ratgeberreihen, Fach- und Kun-
denzeitschriften sowie organisato-
rische Medien wie Vordrucke,
technische Geräte und Bankkar-
ten. Ergänzt wird das Leistungs-
portfolio durch informatikgestützte
Dienstleistungen, Internet-Ange-
bote, elektronische Beratungssys-
teme sowie Full-Service-Werbe-
agenturleistungen inklusive Kom-
munikationskonzepte und PR-
Events.

Quelle: *Ulrich Pfaffenberger auf Basis
einer Pressemitteilung des Deutschen
Sparkassen- und Giroverbands (DSGV)
zur Bilanzpressekonferenz 2008 im DSV-
report 2/2008*

23. Im Gespräch bleiben

Es war wie immer am Buffet: großer Ansturm auf Buletten und Kartoffelsalat, auf Räucherlachs und Schinken mit Mixed Pickles, auf Shrimps-Cocktail und Sushi, auf Pizzaecken und auf Mini-Quiches. Vom Vitello Tonnato dagegen war auch eine halbe Stunde nach der offiziellen Eröffnung reichlich vorhanden, ebenso von den zarten Hirschmedaillons und der leckeren Edelpilzpastete. Simon wunderte sich jedes Mal, warum sich Gäste bei solchen Anlässen auf das Alltägliche stürzten, während sie die Leckerbissen mit Missachtung straften. Da musste mehr dahinterstecken als die alte Redewendung, die er so oft von seiner Großmutter gehört hatte: »Was der Bauer nicht kennt, das frisst er nicht.« Er kannte sogar Leute, die hatten auf dem Rückweg von einer Veranstaltung mit zu exotischer Fütterung noch einen Stopp am Drive-in eingelegt.

Profit hatte ihm eine Gastkarte zum Monatstreffen des Marketing-Clubs verschafft. »Gehen Sie hin, sehen Sie sich das mal an, hören Sie sich um, kommen Sie mit ein paar Menschen ins Gespräch – und versuchen Sie, etwas daraus zu lernen.« Simon hatte das so verstanden, dass der Vortrag eigentlich egal war, sondern er dem Geschehen drum herum seine Aufmerksamkeit widmen sollte. Und so hatte er aufmerksam beobachtet. Die wichtigen Zuspätkommer, die geduckt zu ihrem reservierten Platz in der ersten Reihe getrippelt waren – aber nicht so geduckt, dass man nicht erkannt hätte, wer da kommt. Die abgebrühten Kommentatoren, die zu jedem zweiten Satz des Redners ihren Nachbarn augenbrauenrümpfend hinter vorgehaltener Hand eine erkennbar geistreiche Anmerkung lieferten. Die Unternehmersöhne und -töchter, die, aufgebrezelt wie zum Opernball, als Anhängsel zum Herrn Vater ihrer schweigenden Statistenrolle gerecht zu werden versuchten. Die Kartensammler, die im Lauf des Abends häufiger ihre Visitenkartenetuis zückten als Helmut Schmidt seine Schnupftabaksdose während einer normalen Talkshow. Und, auch das war Simon aufgefallen, ein paar Leute wie er selbst, die eher unscheinbar am Rand der Veranstaltung standen, ihre Blicke schweifen ließen und die Ohren auf Empfang gestellt hatten.

»Könnten alle meine Kunden sein«, dachte er. »Oder meine Konkurrenten. Oder völlig unwichtig.« Der Unterhaltungswert jedenfalls war enorm. Auch der Vortrag selbst, wie sich eine kleine Buchhandlung zu einem der führenden Online-Versender im Lande entwickelt hatte, war ihm ziemlich interessant erschienen. Die hatten frühzeitig gemerkt, wo der Hase hinlief, sich mit einem großen Portalanbieter kurzgeschlossen, der scharf auf Content war – und schon lief der Hase.

»Kommt immer darauf an, die richtigen Leute zu kennen«, resümierte Simon die Lektion. »Mal sehen, wer mir heute Abend noch zuläuft.«

»Entschuldigung, darf ich mal?« Ein drahtiges, braungebranntes Männchen mit schlohweißer Stoppelfrisur berührte ihn am linken Ellenbogen. »Sie blockieren mir den Zugang zum Vitello Tonnato.«

»Es ist es wert, dass man sich den Weg dorthin freikämpfen muss«, sagte Simon und war erstaunt über seine Schlagfertigkeit. Solche Sätze fielen ihm sonst erst Monate später ein.

Der Mann kam ihm bekannt vor. Richtig! Der »Große Stanley« Boll. Der Mann, der mit Energy-Drinks ein Vermögen gemacht hatte. Der hier? Hatte der nichts Wichtigeres zu tun? Simon war verblüfft. Aber das konnte er herausfinden. Ausgerechnet hier verfügte er über Insiderwissen, mit dem sich ein Gespräch anbahnen ließ.

»Hat Dirk immer noch Spaß an seinem Gleitschirm?«, fragte er. Boll blickte ihn aus geschätzten 155 Zentimetern Augenhöhe durchdringend an. »Sie kennen meinen Sohn?«

»Ja, ja«, antwortete Simon leichthin. »Wir haben ein paar Touren in Tirol miteinander absolviert.« Genau genommen waren es zwei gewesen und die Mannschaft hatte aus einem Dutzend Jungs aus der Clique seines Cousins Albert bestanden und er selbst war nur ein paar Mal im Tandem huckepack mitgeflogen – aber waren das nicht nebensächliche Details? »Er ist einfach diesen Tick besser als wir alle«, sagte er zum Brause-Milliardär.

»Und einen Tick tollkühner auch. Führungskräfte sollten nicht mit ihrem Leben spielen«, moserte der zurück. Aber immerhin, er hatte den Gesprächsfaden aufgegriffen.

»Ich meine, dass am Gleitschirm einige echte Managementtugenden zum Tragen kommen«, sagte Simon. »Ruhe und Überblick bewahren, das technische Equipment beherrschen, das Ziel im Auge behalten, den Aufwind nutzen und dem Abwind ausweichen – das kann man alles im Business brauchen.«

»Wenn Sie meinen, Herr …?«

»Richter, Simon Richter, guten Abend.« Boll stellte seinen Teller beiseite, Simon nahm sein Glas nach links und sie gaben sich die Hand.

»Arbeiten Sie im Management, Simon?« Die Frage war Simon nicht angenehm. Jetzt nicht lügen. Aber mit einem einfachen Verkäufer würde sich der Mogul wohl nicht lange unterhalten. In diesem Fall halt Trick 17.

»Ich beschäftige mich mit Verkaufspsychologie und ProfitSelling.«

Stanley Boll sah ihn interessiert an. »Ganz allgemein oder haben Sie da ein besonderes Gebiet?«

Simon ging aufs Ganze. Wenn er jetzt richtig zielte, konnte er dieses Verkaufsgenie anzapfen. »Ich bin da weniger in Ihrem Revier unterwegs, Stanley.« Die Retourkutsche mit dem Vornamen konnte er sich nicht verkneifen. »Mein Gebiet sind die Beziehungen zwischen Zulieferern und der Großindustrie. Vor allem, was die Preisgestaltung angeht.«

Boll zeigte sich unbeeindruckt. »Wo geht da der Trend hin?«

»Weg von Billig, hin zu Mehrwert«, startete Simon seinen Versuchsballon. »Die Zulieferer, die kapiert haben, dass ihnen Dumping auf Dauer alles ruiniert, setzen alles daran, mit Know-how,

Zuverlässigkeit und perfektem Service im Geschäft zu bleiben. Das geht natürlich nicht mehr mit den 08/15-Methoden von früher. Die investieren vor allem in individuelle Angebote mit Elementen, die sie besser beherrschen als andere, damit die Kunden nicht beliebig abwandern.«

»Da kann ich ein Lied von singen«, zeigte sich der »Große Stanley« auf einmal gesprächig. »Solange wir nur normale Limonaden und Säfte herstellten, war es jedes Mal das gleiche Gezerre mit den Großhändlern. Denen waren Marken und Erfahrung schnurzepiepegal. Wir hatten am Ende Renditen, bei denen wir schon froh waren, wenn die Ziffer vor dem Komma größer war als null.«

»Und dann kamen Sie auf die Idee mit den Energydrinks?« Simon war wirklich neugierig.

»Nicht unmittelbar. Mir war nur aufgefallen, dass sich Lebensmittel dann besser und für einen höheren Preis verkaufen ließen, wenn man ihnen eine besondere Eigenschaft zuschrieb. Und dann kam Dirk eines Morgens aus der Disco, schnappte sich am Frühstückstisch meinen selbstgemixten Eiweiß-Vitamin-Cocktail und meinte, wenn er so einen Energieschub heute Nacht bekommen hätte, wäre er noch beim Tanzen und nicht zu Hause. Da wir seit Jahren Großdiscos mit Getränken belieferten, sah ich eine Marktchance und schlug zu. Die Idee mit dem Zusatz von Taurin hatte mein Bruder, der kannte dessen Wirkung aus der Hundezucht. Das Ganze patentiert – und wir hatten wieder etwas, womit sich Geld verdienen ließ.«

Simon wusste, dass Boll die Geschichte stark verkürzt und einige Hürden weggelassen hatte, die er überwunden hatte. Dennoch, Hut ab vor diesem Könner. »Da haben Sie sozusagen den Mehrwert in die Dose gefüllt.«

»Das Beste daran: Es ist gleich dreifacher Mehrwert. Für den, der's trinkt, denn er fühlt neue Energie. Für den Wirt, denn die Leute kaufen höherwertige Getränke und bleiben länger, weil sie sich frisch fühlen. Und für uns, weil wir einen neuen Markt haben, den wir beherrschen.« Boll zog den rechten Mundwinkel nach oben. »Das soll mir erst mal einer nachmachen.«

172

Simon bohrte in eigenem Interesse nach. »Würden Sie vor diesem Hintergrund meiner These zustimmen, dass es nicht mehr auf die günstigste, sondern auf die beste Bezugsquelle beim Einkauf ankommt?«

»Das können Sie laut sagen. Wir haben ganz am Anfang mit mehreren Zulieferern gearbeitet, davon waren zwei deutlich billiger als unser heutiger Hauptlieferant. Aber mal kamen die Sendungen zu spät, mal stimmte die Zusammensetzung der Zutaten nicht, dann ging einer ganz aus dem Markt ... Nein, die Versorgung muss stimmen, der Produktionsprozess ununterbrochen laufen. Da investiere ich gern ein paar Euro mehr, wenn mir der Ärger vom Hals bleibt, den diese nervigen Störungen verursachen.« Boll schien ein gebranntes Kind, so abweisend blickte er bei diesem Satz in sein Glas.

»So gesehen sind ja Auszeichnungen wie ›Lieferant des Jahres‹ oder ›preferred supplier‹ wertvolle Anhaltspunkte«, versuchte Simon einen weiteren Gedanken zu überprüfen, der ihm unlängst gekommen war. TOPOLOH konnte keine einzige solche Auszeichnung vorweisen, hatte sich aber auch noch nie darum bemüht.

»Das sind mehr als Anhaltspunkte. Auch wir haben da unser Ranking und sehen genau hin, welche Awards unsere Partner eventuell anderswo kassieren. Das kann sich keiner leisten, hier eine Goodwill-Aktion durchzuziehen«, sagte Boll. »Und da geht's nicht nur um Warenqualität und Zuverlässigkeit, sondern auch um Service und Betreuung.«

»Gut, dass Sie das sagen. Ich habe auch noch nie von einem ›Billigster Zulieferer‹-Preis gehört«, warf Simon ein.

»Glauben Sie mir, den würde auch keiner haben wollen«, lachte Boll. »Das wäre ja rufschädigend. Dieses Image hängt sich niemand freiwillig dran.«

»Apropos Image.« Simon wollte nichts übertreiben und ging zurück auf Smalltalk-Kurs. »Sie sammeln doch historische Kameras, Stanley?« Brauchte der ja nicht zu wissen, dass Onkel Hubert neulich beim Sonntagskaffee die Geschichte aus dem Fotoamateur-Club zum Besten gegeben hatte.

Der guckte nun wirklich interessiert. »Ja?«

»Ich habe da neulich beim Trödler Wittensen eine Primarette Trioplan 3,5/75 gesehen. Seltenes Stück, nicht wahr?« Onkel Hubert hatte es selbst dort verscherbelt, weil Tante Minchen ihn vor die Wahl gestellt hatte, dass entweder der Krempel geht oder sie.

»Eine Primarette Trioplan, sagen Sie? Das ist ja ein Fund. Haben Sie die Adresse, Simon?«

Der grinste. »Hohenlindner Platz 8, Rückgebäude. Zweimal läuten, der Hund beißt nicht.«

»Herr Kollege, das ist aber mal ein wertvoller Hinweis. Hier mein Kärtchen mit der Privatnummer. Rufen Sie an, wenn Sie in der Gegend sind. Mit Leuten wie Ihnen unterhalte ich mich immer gern. Vielleicht können wir ja auch bei dem Mehrwert-Thema noch zusammenarbeiten, was?«

»Das sollten wir ins Auge fassen.« Simon schwebte. So sieht das also aus, wenn man beim Smalltalk nicht kneift. Und wenn man Leute kennt. Und wenn man ein bisschen über sie weiß. »Und jetzt vielleicht noch einen Happen Vitello? Wir sollten das wirklich nicht verkommen lassen, Stanley.«

Noch im Schweben dachte er daran, was er sich notieren würde:

> **Du musst deine Kontakte pflegen und erweitern.**
>
> **Sei über die interessanten Kunden gut informiert.**

24. Verbindungen knüpfen

Sie begegneten sich im Treppenhaus, zwischen dem dritten und dem vierten Stock. »Wir sind wohl die Einzigen, die hier noch Karriere machen wollen«, witzelte Nikolitsch angesichts der Tatsache, dass sie jetzt, am Ende der Mittagspause, hier ganz allein unterwegs waren. Vor 14 Tagen schon hatte die Personalabteilung »Gesundheitswochen« ausgerufen und trommelte mit munteren Postern für mehr Bewegung im Betrieb. »Aufsteiger brauchen keinen Lift« hing in jedem Stockwerk an der Fahrstuhltür. Den Effekt konnten der Ingenieur, Kathrin und Simon gerade live beobachten.

»Die hätten besser den Strom abgestellt oder die Wartungsarbeiten vorverlegt«, kommentierte die junge Controllerin.

»Und wer will sich in diesem Laden schon als karrieregeil outen«, ergänzte Simon. »Da kriegt er doch von allen Seiten Querschläger verpasst.«

»Wir sollten das ändern«, sagte Nikolitsch. »Ich kenne in meiner Abteilung sicher fünf Leute, die haben die Nase voll davon, wie hier alles in Erstarrung verharrt. Wenn man die motiviert, dann kann man richtig etwas bewegen.«

»Das ist bei uns im Controlling nicht anders. Die Gesichtsältesten machen Dienst nach Vorschrift und bremsen den Nachwuchs aus. Mit zweien aus meiner Kategorie habe ich schon gesprochen, zwei andere von den Jungen sehe ich als mögliche Kandidaten an«, berichtete Kathrin. »Und bei dir, Simon?«

»Sieht mau aus. Ich bin mit Abstand der Jüngste, die andern klüngeln seit Jahren miteinander. Da habe ich wenig Hoffnung«, sagte der. »Aber vorhin beim Essen habe ich zwei sehr nette Kolleginnen aus dem Einkauf kennengelernt.« Er versuchte, Kathrins misstrauischen Blick zu ignorieren. »Mit denen wollte ich schon lange mal ins Gespräch kommen. Ich meine, ich dachte …« Er suchte nach Worten.

Nikolitsch half aus. »Damit du von denen mal ein paar Tipps für den Umgang mit ihrer Zunft bekommst, vermutlich. Gar nicht so blöd. Warum ist das eigentlich nicht selbstverständlich, dass Verkäufer und Einkäufer in einer Firma miteinander sprechen? Bei uns Ingenieuren gehört Wissenstransfer zum täglichen Brot, egal in welcher Abteilung wir angesiedelt sind. Ich gehe auch ab und zu auf die Alumni-Treffen meiner Fachhochschule und unterhalte mich mit den alten Kumpels. Da sind sogar welche bei der Konkurrenz, aber das ist uns in dem Moment völlig wurscht.« Es fehlte nur noch, dass er die Faust ballte und »venceremos« rief, so steigerte er sich in die Sache hinein.

»Schon verstanden, Erasmus«, lachte Kathrin. »Wir gründen ein Netzwerk für den informellen internen Wissenstransfer. Moment, das wäre abgekürzt das NIIWT. Komisch. Also nehmen wir die Abteilungen. Verkauf, Einkauf, Controlling, Engineering. VECE. Klingt auch saublöd. Jemand einen besseren Vorschlag?«

Simon hatte die Idee. »Wir nehmen unsere Anfangsbuchstaben: Simon, Erasmus, Kathrin – SEK. Wir sind das Sondereinsatzkommando für die Rettung der TOPOLOH AG. Na?« Er strahlte und hob die rechte Hand.

Die beiden anderen klatschten ab. »Bisschen viel Eigenmarketing, aber wer weiß, zu was es gut ist«, murmelte Kathrin.

»Du bist doch nur neidisch, weil dein Buchstabe am Ende steht. Aber KES oder EKS können wir das Ding schlecht nennen«, gab ihr Nikolitsch in kleiner Münze heraus.

»Leute, das führt doch zu nichts«, meinte Simon. »Aber es ist typisch für das Scheitern interner Kommunikation. Bevor die Sache überhaupt ins Laufen kommt, zermürben sich die Beteiligten mit Formalien. Das können wir doch besser. Zumal wir alle an Bord haben, auf die es ankommt. Die Ingenieure, die sich einfallen lassen, was wir alles verkaufen können. Die Einkäufer, die alles besorgen, was wir dazu brauchen. Die Verkäufer, die an den Mann bringen, was sich die Ingenieure haben einfallen lassen. Und die Controller«, mit einem schelmischen Seitenblick fügte er ein »-innen« hinzu, »die jederzeit den Überblick haben, wie's läuft. Was wollen wir mehr?«

»Gut gebrüllt, Löwe«, zollte ihm Kathrin Beifall und deutete mit ihren Händen ein Klatschen an. »Also los, an die Arbeit. Wann ist das erste Treffen? Können wir morgen in der Mittagspause, drüben im *Lindström*?«

Beide Männer nickten sofort. »Okay, sehen wir zu, dass wir so viele wie möglich von den anderen dazubekommen. Dann kommt hier endlich etwas ins Laufen.«

Simon zögerte noch kurz. »Wundert ihr euch eigentlich nicht, warum es uns drei braucht, damit so ein interner Austausch von Wissen und Gedanken überhaupt ins Laufen kommt? Das liegt doch auf der Hand, dass man sich zuerst bei denen schlaumacht, die im gleichen Unternehmen und unter den gleichen Vorzeichen arbeiten, oder? Da sind die Wege am kürzesten und die Effekte am größten. Die ganze Zeit redet man in der Chefetage von Synergien, aber darauf, die eigenen Leute miteinander ins Gespräch zu bringen, kommt keiner. Man könnte fast meinen, da steckt Systematik dahinter – oder Böswilligkeit.«

»Ich werde mal mit Tom darüber reden. Vielleicht weiß der etwas darüber«, sagte Kathrin.

»Tom? Wer ist Tom?«, wollte Nikolitsch wissen.

»Typisch Ingenieur. Kann sich jedes Mikrometer merken, vergisst Menschen aber sofort«, maulte Simon. »Tom ist der Schlaukopf, mit dem gemeinsam du mich damals am Kaffeeautomaten intellektuell zerlegt hast.«

»Ach, der«, sagte Nikolitsch. »Und der weiß auch über interne Kommunikation Bescheid?«

»Der weiß so ziemlich über alles Bescheid«, sagte Kathrin, machte auf dem Absatz kehrt und klapperte fröhlich winkend die Treppe hinunter.

Sales Science, Report No. 7

Mit welchen Strategien erfolgreiche Verkaufsorganisationen vorgehen

In einer Studie mit 13 000 Beteiligten hat die Vertriebsberatung Miller Heiman über vier Jahre zusammengetragen, welche Strategien Verkaufsorganisationen erfolgreich machen. Hier einige Beispiele von Best-Practice-Unternehmen:

1. »Wenn wir Preiszugeständnisse geben, erhalten wir immer einen vergleichbaren Gegenwert dafür vom Kunden zurück.«

40 Prozent der erfolgreichen Verkaufsorganisationen – im Vergleich dazu nur 20 Prozent anderer befragter Unternehmen – berichten, dass sie bei Preiszugeständnissen immer einen vergleichbaren Gegenwert vom Kunden erhalten. Oft senken Vertriebsleute in der Praxis Preise nur, um einen Abschluss zu erzielen, so die Experten von Miller Heiman. Weniger erfolgreiche Unternehmen tendierten dazu, Preiszugeständnisse zu früh zu gewähren aus Angst, das Projekt zu verlieren.

2. »Wir wissen immer, was Schlüsselpersonen bei potenziellen Kunden über unsere Lösungsvorschläge denken.«

Erfolgreiche Verkaufsorganisationen zeigen eine doppelt so hohe Wahrscheinlichkeit als andere Unternehmen auf (35 Prozent gegenüber 18 Prozent), zu wissen, was Schlüsselpersonen potenzieller Kunden von ihren Lösungsvorschlägen halten.

3. »Wir setzen ständig Strategien zur Identifizierung von Verkaufschancen ein.«

40 Prozent der erfolgreichen Verkaufsorgsanisationen sagen, sie verwenden fortlaufend umfangreiche Strategien zur Identifizierung von Verkaufschancen, während nur 21 Prozent aller anderen Unternehmen dies angeben. »Es besteht die Tendenz, an Bestandskunden zu arbeiten, nicht an Neukunden«, sagt Miller-Heiman-Chef Sam Reese. Vor allem die jährlich wiederkehrenden Diskussionen über Accounts und Gebietsplanungen führten zu einer Aversion der Vertriebsleute gegen Planungen – zum Beispiel für die strategische Neukundengewinnung.

4. »Wir verfügen über eine definierte Vorgehensweise, um zu entscheiden, wann wir Investitionen bei Großprojekten stoppen.«

Erfolgreiche Verkaufsorganisationen verfügen meistens über eine klar definierte Vorgehensweise, um rechtzeitig die Entscheidung zu treffen, Investitionen bei wichtigen Projekten zu stoppen. Gemäß der Umfrage haben nur 15 Prozent der meisten Unternehmen einen solchen Prozess definiert im Vergleich zu 29 Prozent der erfolgreichen Verkaufsorganisationen.

5. »Wir bewerten unsere Leistung und Produktivität regelmäßig im Vergleich mit externen Peer-Gruppen.«

Während 23 Prozent der erfolgreichen Verkaufsorganisationen berichten, dass sie sich regelmäßig mit anderen Unternehmen messen und bewerten, praktizieren dies nur zwölf Prozent aller anderen Unternehmen.

Quelle: SalexNetworx Newsletter Sommer 2007, http://www.salesnetworx.info/204.html

25. Abgeblitzt

Sie kamen einzeln. Sie kamen in kleinen Gruppen. Manche sahen sich vorsichtig um wie Verschwörer, andere stürmten heran, als gelte es, das letzte Schnitzel in der Kantine zu erwischen, wieder andere schlenderten lässig herbei, gemütlich mit ihren Begleitern plaudernd. Um die 40 Mitarbeiter aus den verschiedensten Abteilungen der TOPOLOH AG fanden den Weg zum ersten Meeting des SEK-Netzes. Manche handverlesen durch Kathrin, Erasmus und Simon. Die meisten aber durch Empfehlung oder weil sie etwas aufgeschnappt hatten.

»Da sage mal noch einer, dass in unserem Laden die interne Kommunikation brachliegt«, meinte Simon zufrieden. »Ich habe höchstens mit der Hälfte der Leute gerechnet.«

Erasmus schüttelte leise den Kopf. »Das hätten sogar noch mehr sein können, wenn heute Abend nicht Champions League im Fernsehen käme. Von den Ingenieuren ist nur die Hälfte da – und Verkäufer sehe ich außer dir auch noch keinen.«

»Jungs, das bleibt sich ja erst mal gleich. Hauptsache, wir fangen überhaupt mal an, das zu organisieren«, warf Kathrin ein. »Aber mir ist trotzdem nicht ganz wohl bei der Sache.«

»Wieso?«, kam es unisono von Simon und Erasmus.

»Hier hängen ein paar Typen rum, die keiner von uns kennt. Woher wollen wir wissen, ob da nicht einer dabei ist, der die Aktion nur stören will? Ich habe da so ein merkwürdiges Gefühl …«

»Ach, Kathrin, Bangemachen gilt nicht. Und was haben wir schon zu verlieren? Wir planen ja nicht, den Vorstand zu entmachten«, sagte Simon. »Also, fangen wir an!« Und machte sich mit energischen Schritten auf zum Podium.

Alle Augen im Raum richteten sich auf das Trio, als Simon mit seinem Zugangsausweis an ein Glas klopfte. »Guten Abend, liebe Kolleginnen und Kollegen, schön, dass Sie alle gekommen sind. Worum es heute Abend geht, dürfte sich ja herumgesprochen haben: Wir wollen dafür sorgen, dass wir mit besserer Kommunikation untereinander unser Unternehmen erfolgreicher machen – und jeden Einzelnen von uns auch. Ich bin, ehrlich gesagt, begeistert, dass so viele von Ihnen dieses Ziel mit uns teilen.« Simon sprach mit einer Ruhe und Gelassenheit, als habe er sein Leben lang nichts anderes getan, als solche Versammlungen zu leiten. Er blickte in die Runde. »Ich bin, nein, wir sind gespannt, was jeder von Ihnen dazu beitragen will.«

In der zweiten Reihe erhob sich ein schmächtiger Typ, schwarzer Rollkragenpulli, Designerbrille. »Ich finde, wir hätten mit gutem Beispiel vorangehen sollen und dieses Meeting online abhalten sollen. Das spart Ressourcen und hält die Kosten unten. Nur wenn wir sparen, bringen wir dieses Unternehmen nach vorne!« Er setzte sich wieder.

Simon blieb die Spucke weg. Was war denn das für einer? Was sollte denn diese Bemerkung? »Interessante Bemerkung, Herr Kollege …«, stammelte er unsicher. »Darf ich fragen, wer Sie sind?«

Der erhob sich noch einmal kurz. »Böllinger, Marketing.« Dem eingeschleusten Agenten der Fiesen Einkäufer war es nicht nur gelungen, die Einladung zu dem Meeting zu ergattern. Er hatte mit einer arrangierten großzügigen Einladung der *Wir Elf*-Fußballbar zum »Champions League Abend« auch den Rest der Abteilung von der Teilnahme ferngehalten. So kam es, dass in diesem Moment keiner der Anwesenden mitbekam, dass es sich bei ihm nicht um einen der ungeliebten Marketing-Fuzzis handelte, sondern nur um den als Praktikant eingeschleusten Agenten.

Keiner – außer Kathrin, Simon und Erasmus, die natürlich längst von Profit über die Pläne der FE gebrieft waren.

Kathrin ergriff das Wort. »Lieber Herr Böllinger, das haben wir selbstverständlich auf der Agenda, wenn das Netzwerk erst einmal seine Arbeit aufgenommen hat. Aber zunächst …«

»Papperlapapp«, fiel Böllinger ihr ins Wort. »Unsere Zeit ist kostbar. Glauben Sie denn, wir werfen im Marketing das Geld zum Fenster raus? Sparsam ist sexy, wie wir sagen.« Er stemmte die Arme in die Hüften und drehte sich zum Publikum. »Eigentlich können wir uns die ganze Aktion hier sparen. Erstens ist sie nicht von der Geschäftsleitung genehmigt. Und zweitens sehe ich keinen einzigen Vorteil, den das bringen kann.«

»Hut ab«, dachte Simon, »der geht ja ran wie Blücher. Und mit dem aggressiven Ton wird er sicher den einen oder anderen Wankelmütigen ins Zweifeln bringen.« Er ging sofort zur Gegenattacke über.

»Schade, Herr Böllinger, dass Sie das nicht sehen. Ich dachte immer, Kommunikation sei die Wurzel allen Marketings? Und ist es nicht Ihre Abteilung, die ihre größten Reisekosten pro Kopf im Unternehmen immer damit rechtfertigt, dass Sie zu den Kunden vor Ort müssen, um denen regelmäßig, wie Ihr Chef so wortgewaltig tönt, ›in ihre schönen blauen Augen zu schauen‹, Herr Böllinger?«

Der war für einen kurzen Moment verdattert. Dann zog er ein Papier aus der Tasche, griff bedeutungsschwer an den Rand seiner Brille und las vor: »Den neuesten Erhebungen aus dem Controlling zufolge haben unsere Einkäufer in 87 von 114 Fällen nicht das billigste Angebot angenommen, sondern sich mit angeblichen Qualitätsargumenten für eine teurere Offerte entschieden. Der daraus für die Firma entstandene Schaden beläuft sich auf 1,5 Millionen Euro.« Er hob bedeutungsschwer den Kopf und schob anklagend sein Kinn vor. »Worüber brauchen wir heute noch hier zu reden, wenn die Zahlen so offensichtlich sind? Offenbar fehlt einer wichtigen Abteilung im Hause ganz einfach der Sinn für Sparsamkeit. Das müssen wir bekämpfen!«

Die aufgebrachte Kathrin – schließlich hatte der Kerl Zahlen ihrer Abteilung aus dem Zusammenhang gerissen – wollte reagieren, doch Simon hielt sie zurück. Denn aus dem Publikum selbst regte sich Widerstand. Immerhin war die Einkaufsabteilung fast geschlossen erschienen. (Was Simon anerkennend registriert hatte,

schließlich gehörte von denen noch keiner zum harten Kern des Netzwerks.)

Andresen, der Chef der Abteilung und in zigtausenden von Verhandlungen gestählt, hatte sich erhoben und knurrte grimmig zurück. »Wir erwarten von der Marketingabteilung nicht, dass sie jedes Fakt auf die Goldwaage legt. Aber in diesem Fall ist darauf hinzuweisen, dass durch unsere Entscheidungen ein Produktivitätsfortschritt erzielt wurde, der unterm Strich 2,89 Millionen Euro ausmacht. Das steht, junger Mann, in dem gleichen Controlling-Papier, das Sie gerade auszugsweise zitiert haben. Im Gegensatz dazu stehen die windigen Prospekte, die auf besondere Anforderung Ihres Teams bei einem von uns abgelehnten Dienstleister produziert wurden – und von denen bei einer Aussendung von 5000 weltweit etwa 3800 unzustellbar zurückkamen, weil sich die Adressaufkleber gelöst hatten.« Jetzt stemmte er die Fäuste in die Hüften. »Ich halte es daher für angebracht, wenn Sie erst mal die Klappe halten.«

»Zumal«, ergriff jetzt Nikolitsch das Wort, »Sie als Praktikant, der gerade erst mal zwei Tage im Betrieb ist, sicher noch nicht den erforderlichen Durchblick haben ...«

Ein Raunen ging durch den Raum. Misstrauische und feindselige Blicke tasteten Böllinger ab, der mit knallroter Birne dasaß. Aus dem Raunen wurde Gemurmel und mehrere Stimmen waren nun deutlich vernehmbar. »Noch nie hier gesehen.« »Die anderen sind alle beim Fußball.« »Woher hat der die Controlling-Zahlen?« »Sehr verdächtig.«

In diesem Moment klingelte ein Handy. Die Melodie war unverkennbar. »We are the champions.« Offenbar gehörte es keinem der Anwesenden. Denn keine Hand zuckte. Jeder sah den anderen an. Schulterzucken. Woher kam das Geräusch? Jene, die neben Böllinger saßen, wandten sich ihm zu. Ihre Ohren lokalisierten die Quelle jetzt deutlich.

»Gehen Sie ruhig ran«, meinte Simon in aufmunterndem Ton. Ein Blick auf den Monitor vor ihm hatte gezeigt, was Profits Tracing-Software blitzschnell analysiert hatte. »Es ist bloß Frau Rabattskova. Vermutlich will Sie Ihnen noch ein paar aufmunternde Worte zukommen lassen.«

Jetzt gab es für den Spion kein Halten mehr. Unter dem brüllenden Lachen und den schrillen Pfiffen der Anwesenden stürmte er aus dem Raum. Mission gescheitert.

»Meine Damen und Herren, vergessen wir den kleinen Zwischenfall«, ergriff Kathrin das Wort, als wieder Ruhe eingekehrt war. »Wir haben noch einiges vor heute Abend.«

Sie hatte die ungeteilte Aufmerksamkeit aller. Und auf dem Bildschirm blinkte die Botschaft: »Gut gemacht, Engelchen. Da ist euer Charlie aber mächtig stolz auf euch.« Simon und Kathrin grinsten sich an.

26. Hoch hinaus? Oder tiefer Fall?

HORIDO. Horst Ringelmair, Dortmund. Sechs goldglänzende Buchstaben, hoch wie ein Einfamilienhaus, auf schwarzem Marmor. Darüber 18 Stockwerke spiegelndes Glas. Dahinter der Weltmarktführer in Sachen Flugzeugenteisungsmaschinenhochdruckpumpen. Irgendwo da oben Horst Ringelmair selbst. Ex-Kampfflieger der Luftwaffe, Ex-Europameister im Kickboxen, Ex-Ehemann von fünf Playmates, derzeit in Vorbereitung auf Hochzeit Nummer sechs. Präsident des Bundesverbands der Industrie, Berater der Bundesregierung, Honorarkonsul des kleinen, aber feinen und stinkreichen Königreichs Bukiristan. Und, und, und.

Simon hatte den Kopf in den Nacken gelegt und sah zu ihm auf. In einer Viertelstunde würde er ihm gegenübersitzen. Dank einer Empfehlung seines neuen Kumpels Stanley Boll. »Ich war mit dem lieben Horst Ringelmair beim Golfen, habe von Ihnen erzählt. Sie bekommen 15 Minuten. Nutzen Sie sie.« Mehr hatte nicht in der E-Mail gestanden.

Eine Stunde später hatte Ringelmairs Sekretärin angerufen und ihm den Termin für heute, 11 Uhr genannt. Was heißt genannt? Sie hatte ihn einbestellt wie der Spieß einen Rekruten. Vermutlich war sie auch so etwas wie Hauptfeldwebel der Reserve.

Simon beendete das Starren nach oben. Er lockerte den Hals, schüttelte seine Schultern, fuhr sich durchs Haar und ging die letzten 100 Schritte bis zum Portal. »Zzzsch, zzzsch«, hauchte die automatische Tür – und weg war er.

Drinnen umfing ihn wohltemperierte Stille. So kalt und nüchtern der Bau von außen wirkte: Schon die Lobby begrüßte ihn im

Stil einer Sieben-Sterne-Lounge. Dezentes Licht, teure Skulpturen, edles Mobiliar. Die Rezeption? Ein kleines Kunstwerk von Philippe Stark. Dahinter ein großes Kunstwerk vom lieben Gott. Mann, sah die Frau klasse aus! Und sie kam Simon auf Anhieb sehr, sehr vertraut vor. Wo hatte er die schon mal gesehen? Im letzten Moment verkniff er sich das »Hallo, kennen wir uns nicht irgendwoher?«, das ihm auf der Zunge lag, und quetschte etwas hilflos ein »Guten Tag, Simon Richter von TOPOLOH« hervor. Weil er gleichzeitig tief Luft holen musste, pfiff er wie Hans Moser und war drauf und dran, auf der Stelle kehrtzumachen.

»Guten Tag, Herr Richter. Ich bin Alicia. Herzlich willkommen bei HO-RI-DO.« Sie sprach den Firmennamen mit kleinen Fermaten zwischen den Silben. Diese Stimme, diese Stimme ... Simons Gedanken rasten. Es konnte doch nicht sein, dass er so eine Frau vergessen konnte! Nie und nimmer hieß sie Alicia! Da war er hundertprozentig sicher.

»... Platz nehmen.« Vor lauter Hirnmarter hatte er gar nicht richtig zugehört. Aus ihrer Handbewegung schloss er allerdings auf das Richtige. Er verneigte sich leicht, murmelte ein schüchternes »Vielen Dank!«, klemmte seine Tasche unter den Arm und begab sich zu der kleinen Gruppe von edlen Ledersesseln gleich neben dem Empfang, wohin ihre rechte Hand einladend wies. Sah er da ein verständnisvolles Lächeln auf ihren Lippen? Er konnte es nicht mehr nachprüfen, denn sie wandte sich schon wieder ihrem Arbeitsplatz zu.

Simon nahm Platz und sammelte seine Gedanken. Nachher, wenn er sich verabschiedete, würde er sich noch einmal ausgiebig schlaumachen. Jetzt hieß es: Alle Konzentration auf die nächsten Minuten. Er warf noch einmal einen kurzen Blick auf seine Unterlagen. Notebook und PowerPoint hatte er gleich zu Hause gelassen. Drei Blatt Papier mussten genügen. Statt Produktprospekten, Preislisten und einem Angebot hatte er einen Geschäftsplan verfasst. Schließlich würde er nicht irgendeinen Einkäufer vor sich haben, sondern den Mann persönlich, der am Schluss seinen Namen unter die Überweisung schrieb.

Kathrin hatte ihn auf die Idee mit dem Businessplan gebracht: »Versetz dich doch einfach mal in die Rolle eines Einkäufers, der seine Entscheidung begründen muss. Formuliere deine Präsentation nicht wie ein Externer, sondern wie ein interner Mitarbeiter.« Er hatte sich an die lange zurückliegenden Lektionen eines Lateinlehrers über den »Advocatus Diaboli« erinnert. Denn seine Recherchen hatten ihm gezeigt: Die Situation bei HORIDO war nicht so, dass sie den Analyzer unbedingt brauchten, aber … Alles andere würde sich ergeben.

Sanftes Hüsteln unterbrach seine Gedanken. Ein schwarzer Schatten im linken Augenwinkel. »Herr Richter?«

Simon blickte auf. Ein ebenso wohlgeformter und gutfrisierter wie ausdrucksloser Anzugträger stand da und sah ihn an. »Persönlicher Assistent. Privatschule in England oder der Schweiz, Abschluss in Jura und Politikwissenschaften, 100 000 netto«, klassifizierte ihn Simon in Gedanken.

»Guten Tag! Von Heissling. Darf ich Sie in die 18. Etage begleiten?«

»Aber gerne. Ich komme gern ganz nach oben.« Simon war jetzt erfüllt von einem dermaßen starken Leck-mich-am-Arsch-Gefühl, dass er fast keinen Aufzug gebraucht hätte.

Die »18« leuchtete auf. Ein sanftes »Bing« tönte durch die Liftkabine. »Wem die Stunde schlägt«, dachte sich Simon und schritt durch die Tür, kaum dass sie sich »zzzsch, zzzsch« vor ihm auftat.

Er erstarrte mitten in der Bewegung.

Profit! Was in drei Teufels Namen wollte der hier? Simon starrte seinen Lehrmeister derart entgeistert an, dass es eines ziemlich lauten »Wird's bald!« bedurfte, um seine Bremsen wieder zu lösen. Erst jetzt bemerkte er den Mann neben Profit, bullig, maskulin, braungebrannt mit den unverkennbar fülligen, silbergrauen, zum Zopf gebundenen Haaren: Ringelmair. Er riss sich zusammen. Fast hätte er die Hacken zusammengeschlagen. »Guten Tag, Herr Ringelmair. Ich freue mich, Sie zu sehen. Danke, dass Sie Zeit für mich haben.« Vielleicht nicht formvollendet, diese Begrüßung, aber immerhin militärisch knapp.

»Guten Tag. Kommen Sie!« Er stapfte voran, Simon, Assistent und Profit folgten in Formation.

Der Besprechungsraum stand in direktem Gegensatz zum Luxus der Lobby. Drei weiße Wände mit ein paar Marmorbruchstücken, eine Fensterfront, Holzboden, Holztisch, sechs Bürostühle. Sie nahmen Platz, wobei sich Simon das eine Kopfende sicherte, Ringelmair das andere. »Gleich auf gleich. Kleiner Sieg«, dachte Simon, dem die rätselhafte Anwesenheit Profits noch immer Sorgen machte.

»Meinen Assistenten haben Sie ja schon kennengelernt. Der andere Herr hier ist Thomas Profit, mein persönlicher Berater für strategischen Einkauf. Sie können anfangen!« Ringelmair machte eine Bewegung, als lehne er sich zurück – und saß dennoch da wie aus Bronze gegossen.

»Strategischer Einkauf.« Die zwei Worte bohrten sich wie glühende Nadeln durch Simons Herz. Das war doch die Gegenseite. Wie konnte das sein? Er zögerte noch einige kurze Sekunden, wog das Für und Wider ab – und entschied sich, Profit zu ignorieren. Seinem Gesprächspartner wollte er in die Augen sehen, auf ihn hatte er sich eingestellt. Alles andere: unwichtig!

Er legte los. Zwei Minuten Analyse HORIDO: Markt, Produkte, Anforderungen. 30 Sekunden Wachstumsperspektiven in der Luftfahrt. Eine Minute: neue Wettbewerber, vor allem in den Emerging Markets, Preiskampf der Flughäfen. Zwei Minuten Zukunft: bessere Qualität und höhere Produktivität der HORIDO-Produkte dank des bisher in der Branche unüblichen Analyzer-Einsatzes. Kurze Erläuterung der Funktionen. Damit Wettbewerbsvorteil. Absicherung der Marktführerschaft. 90 Sekunden Businessplan: Vorschlag einer gemeinsamen Projektgruppe zur optimalen Adaption des Geräts auf HORIDO-Bedürfnisse. Zeitlicher Ablauf, Liefertermine. Investition auf Basis der Stückzahlen aus dem Vorjahr, Amortisation innerhalb von 19 Monaten. Abschließend die Summe.

Simon hatte sich lange überlegt, wie er vermeiden konnte, dass ihm jemand ins Wort fiel. Profits Tipp war ihm im Kopf herumgegangen: »Finden Sie je fünf Fragen, mit denen Sie das aktuelle und künftige Potenzial, Ihre Chancen beim Budget und mit Blick auf Alternativen sowie die Entscheidungssituation klären können. Damit qualifizieren Sie das Angebot, machen es dingfest.« Aber bei 15 Fragen und entsprechend vielen Antworten käme er mit seiner Viertelstunde hinten und vorne nicht hin. Also griff er in die rhetorische Trickkiste und stellte sich selbst Fragen, um sie sogleich zu beantworten. »Wo sind Ihre Stärken? Wohin geht der Markt? Was wird von Ihnen heute gefordert – und morgen? Was ist zu tun? Wie kann ich Sie weiterbringen?« Zack, Frage. Zack, Antwort. Worüber er mit einem normalen Einkäufer ein langes Gespräch führen konnte, das durfte er dem Obermotz sicher in Essenz zumuten. Der war ja nicht umsonst der Chef von allem.

Simon schob die drei Seiten Zusammenfassung Richtung Ringelmair über den Tisch und sah auf die Uhr. Sieben Minuten und vier Sekunden. Genau, wie er es geplant hatte. Dann schaute er in die Gesichter seiner Gesprächspartner. Der Assi: blasierte Maske. Profit: Blick ins Leere. Ringelmair: Augen geschlossen. Es war so leise im Raum, dass Simon nicht wagte zu atmen. Und nun?

»Im Frühtau zu Berge …« Ein Handy. Der Assi, knallrot, griff in die Tasche, stammelte »Entschuldigung« und stürzte zur Tür hinaus.

»Was sagen Sie, Profit?« Aus Ringelmairs Stimme war wenig herauszuhören. Simon beschloss, Optimist zu sein. Wenn *big boss* kein Interesse hätte, dann wäre die Sitzung jetzt sowieso zu Ende. Die Frage an den Berater, so sah er das, war ein gutes Zeichen.

»Was Herr Richter da vorgelegt hat, ist zweifellos brauchbar.« Profit griff nach den Unterlagen. »Das liest sich auch sehr vernünftig. Dennoch bleibt die Frage: Brauchen wir das überhaupt?«

Simon begriff. Dieser Einkäufer war auf seiner Seite. Profit war hier, weil in diesem Unternehmen die »Mission Mehrwert« schon erfolgreich arbeitete. Er hätte auch sagen können: »Das ist zu teuer.« Das wäre zwar einfacher zu verhandeln gewesen, weil damit ein generelles Einverständnis für das Produkt im Raum gestanden hätte. Aber das hier, das war mehr wert. Denn auf diese Frage war Simon vorbereitet.

»Nein, Sie brauchen das natürlich nicht.« Er lehnte sich zurück. »Sie können gut und gerne darauf verzichten.« Er schwieg. Ringelmair schüttelte leicht den Kopf. »Der denkt jetzt, ich spinne«, war sich Simon sicher. Ein kurzer Seitenblick zu Profit. Dessen Mundwinkel hatten sich zu einem feinen Lächeln gehoben. Oder wünschte sich Simon das nur? Egal.

Und er setzte nach. »Sie haben sicher von dem neuen Verfahren gelesen, das Kontström unlängst auf der Dubai Air Show vorgestellt hat. Nicht ganz so effizient wie Ihres, aber 30 Prozent niedriger im Preis. Wenn die nächstes Frühjahr die Zertifizierung durchhaben, werden sie bei den Messen in Le Bourget und Farnborough groß rauskommen. Spätestens zur InterAirport in München haben Sie da einen schweren Klotz am Bein, vor allem in Asien.« Die hochgezogenen Mundwinkel Profits waren jetzt unübersehbar. Und Ringelmair? Biss der sich tatsächlich auf die Unterlippe?

Simon schickte in Gedanken eine Kiste Champagner an seinen Freund Bert. Der war Luftfahrtjournalist und hatte ihm gestern Nachmittag noch ein kleines Dossier zum Thema »Enteisung« gesandt, das zwei Hinweise auf neue Wettbewerber enthielt. »Entweder die Schweden oder die Koreaner werden HORIDO Sorgen machen. Ich tippe auf die Ersteren, denn die sind schon weiter bei der Zulassung. Außerdem hat Ringelmair mit der SangTung Corporation ein Joint Venture, die werden sich kaum in die Quere kommen.« Simon hatte Bert vertraut. Der hatte ihn schon in der zehnten Klasse in Deutsch über die Runden gebracht, indem er bei Schulaufgaben Zweitversionen seiner Einser-Arbeiten anfertigte und unterm Tisch zuschob. Ein Freund fürs Leben.

»Guter Punkt, Herr Richter.« Das war Profit. »Wir werden Ihr Angebot prüfen. Sie hören von uns.«

»Können Sie das« – Simon war kurz vor dem Platzen vor Selbstbewusstsein – »bis Freitag geklärt haben? Sonst kann ich die genannten Lieferfristen leider nicht mehr garantieren.«

»Sie hören sicher rechtzeitig genug von uns, Herr Richter.« Wieder Profit. Ringelmair blieb stumm, man sah ihm an, dass es in seinem Inneren arbeitete.

Die drei erhoben sich. Simon schüttelte beiden die Hände und ging. Nein, er schwebte. Ungefähr so musste sich Angelina Jolie gefühlt haben, als sie Brad Pitt an Bord gezogen hatte. Als der Assistent an der Aufzugtür beflissen auf ihn zustürzte, sagte er nur lässig: »Bleiben Sie ruhig hier, ich finde den Weg schon.« Denn Simon hatte noch etwas vor.

In der Lobby wartete eine Enttäuschung auf ihn. Zwar hing noch ein Hauch des Parfüms in der Luft, das die zauberhafte Alicia getragen hatte. Doch an der Rezeption saß nun ein in Ehren ergrauter Zerberus Mitte fünfzig. Sein Lächeln gefror auf den Lippen, aber nicht nachhaltig genug, um nicht das Herz der Empfangsdame zu erfreuen. »Schön, dass es Ihnen bei uns gefallen hat, Herr Richter. Ich freue mich darauf, Sie bald wieder bei uns zu begrüßen!«

»Ihre Kollegin von vorhin?«, hakte er leise und vorsichtig nach.

»Alicia? Die ist schon weg. Darf ich etwas ausrichten?«

»Ach, lassen Sie nur. Das hat Zeit. Wiedersehen!«

»Auf Wiedersehen!«

Simon wusste nicht, was ihn jetzt mehr beschäftigte. Die guten Aussichten, mit HORIDO ins Geschäft zu kommen. Oder die unbekannte Schönheit, die ihm so vertraut erschienen war. Als er auf den Platz vor dem Gebäude hinaustrat, war es ihm, als wittere er noch einmal diesen bekannten Duft. Und schon war er wieder verflogen.

Er schüttelte den Kopf. Hielt inne. Horchte nach innen. Ballte die Faust. Diamonds! Lächelte. Und fuhr nach Hause.

Noch im Hochgefühl seines Erfolges notierte er sich:

> **Vorbereitung ist der halbe Sieg.**
>
> **Denk immer daran, was für den Kunden**
>
> **wichtig ist.**

Wie die Augsburger WashTec mit schnelleren Maschinen und mehr Servicequalität an der Station dafür sorgt, dass Autofahrer öfter und lieber durch die Waschstraße fahren, und den Betreibern damit mehr Umsatz und Ertrag beschert

Wie der Waschanlagenbetreiber sein Geschäft auch in Zukunft erfolgreich betreiben kann, ist eine der vorrangigsten Fragen bei der Entwicklung neuer Autowaschtechnologien. Im Mittelpunkt steht nicht mehr nur die Maschine, sondern vielmehr das Unternehmen Waschanlage. Die Car-Wash-Experten der WashTec Cleaning Technology GmbH sehen zwei bedeutende Wachstumspotenziale: Qualität und Menge. Zum Vergleich: Während ein amerikanischer Autobesitzer fast jede Woche einmal mit seinem fahrbaren Untersatz durch die Dusche rollt, tauchen deutsche Automobilisten noch nicht einmal monatlich an der Waschstraße auf. Das bedeutet, dass an stark frequentierten Standorten die Durchsatzzahl erhöht und an schwächeren Standorten der Service verbessert werden muss. Beiden Faktoren will der weltgrößte Anbieter von Cleaning Technology für Fahrzeuge und Transportsysteme verstärkt Rechnung tragen.

Die Technik ist nach Angaben von WashTec bei seinen Produkten auf hohem Niveau. Das Ende der Fahnenstange ist technisch zwar noch nicht erreicht, bahnbrechende Neuerungen im Verhältnis zum wirtschaftlichen Nutzen sind jedoch kaum durchsetzbar. Zwar denkt man in Augsburg über zahlreiche technische Finessen nach, wie die Bedienung der Waschanlage über das Handy, bedienerlose Waschstraßen oder eine chipgesteuerte Fahrzeugtyp-Erkennung, die Neuwagen durch einen im Auto eingebauten Signalgeber erkennt. Auch sind bessere Trockenergebnisse in Problemzonen wie den Innenflächen der Außenspiegel denkbar, doch ein zusätzlicher Spülgang mit destilliertem Wasser ist teurer und zwingt den Kunden zu längerer Wartezeit. Der Kostendruck im Waschgeschäft lässt derzeit kaum Neues zu.

Verbesserungen des Waschergebnisses wurden durch die Mischung der Waschsysteme bereits auf dem Markt erfolgreich eingeführt. Die Hochdruckvorwäsche im Mix mit Bürste oder dem besonders lackschonenden Waschmaterial SofTecs wird vom

Kunden gerne angenommen. Verbesserungen sind noch bei der berührungslosen Wäsche erzielbar. Derzeit jedoch nur durch den Einsatz stärkerer Waschchemie. Was wiederum nur bedingt mit dem modernen Umweltgedanken in Einklang zu bringen ist.

Aus diesen Gründen konzentrieren sich technische Entwicklungen verstärkt auf die Standfestigkeit der Maschinenteile. Ziel ist, die 99,99-prozentige Verfügbarkeit zu erreichen. Mit dazu beitragen soll auch ein automatisches Meldesystem bei Teil- oder Totalausfällen. Über GSM sollen sich defekte Anlagen selbst via Handy melden. Bereits aus der Ferne erfolgt dann die Fehlerdiagnose. So kann das Montage- und Servicepersonal besser disponiert werden.

Zudem strebt die WashTec an, bei Wäsche und Trocknung Zeit einzusparen und somit die Wartezeit an den Waschanlagen zu verkürzen. Denn kürzere Intervalle erhöhen den Durchsatz. Die WashTec Juno ist mit nur 2 ½ Minuten die derzeit schnellste Portalanlage am Markt. Dennoch könnten weitere 30 bis 40 Prozent Zeit eingespart werden, würde man bei ihr Wasch- und Trockenvorgang voneinander trennen. Versuche haben gezeigt, dass sich so ein Auto in nur mehr 1,17 Minuten waschen lässt. Nachteil: die mit 18 Metern sehr lange Waschhalle.

Ein anderer Ansatzpunkt, den die Augsburger verfolgen, ist die Vermarktung des Waschgeschäfts vor Ort und somit die direkte Unterstützung der Betreiber. Es sind nicht immer nur die Top-Standorte, die Top-Renditen erwirtschaften. Mit einem vernünftigen Qualitätskonzept können sich auch kleinere Standorte am Markt profilieren. Wer sein Geschäft nicht über höhere Waschzahlen ankurbeln kann, muss das Preispotenzial durch Top-Service besser nutzen. Nach WashTecs Vorstellung erfordert besserer Service zwar zusätzliches Personal. Unter dem Strich würde sich jedoch der Einsatz der Mitarbeiter im Service rechnen.

Der Kunde möchte heute nicht nur sein Auto waschen. Er will eine hervorragende Komplettleistung und ist bereit, dafür auch mehr zu bezahlen. Wer auf Kleinigkeiten achtet, wie zum Beispiel den Einstieg nach der Wäsche noch von Hand zu reinigen, hat im Wettbewerb um den Kunden schnell die Nase vorn.

WashTec appelliert an den Unternehmergeist der Betreiber: Möglichkeiten, den Service zu optimieren, gibt es genügend. Man muss nur seine eigenen Bedürfnisse und Bequemlichkeiten beobachten. Und durch mehr Kundennähe lassen sich Zusatzgeschäfte realisieren. Wer für den Kunden das Fahrzeug in die Waschanlage fährt, kann die Wischerblätter prüfen und dem Kunden nach dem Waschen neue montieren. Wer bei wartenden Fahrzeugen den Luftdruck prüft, kann in einem Handgriff die Profiltiefe messen. Ein unverbindliches Angebot für Neureifen ist auch schnell erstellt. Ist der Kunde zufrieden, stimmt auch das Trinkgeld, was wiederum die Mitarbeiter motiviert.

Zur Unterstützung der Wasch-anlagen-Betreiber kümmert sich WashTec nicht nur um technischen Fortschritt. Unter anderem schenkt das Unternehmen seinen Kunden praktische Marketingtipps. Nachzulesen unter www.washtec. de/145-Marketingtipps. 43.0.html

Quelle: *Ulrich Pfaffenberger, auf Basis von Pressemitteilungen – u. a. »Entwicklungen im Autowaschmarkt« und »Die Autowäsche von morgen« – der WashTec AG, Augsburg*

27. Kathrin erzählt Simon ein Märchen

Simon war fix und fertig. Die Verhandlung mit Ringelmair war verdammt hart gewesen. Wer konnte denn ahnen, dass der Mann Profit als Berater engagiert hatte. Das war wie beim Kreisliga-Spiel, wenn man merkt, dass der gegnerische Verein zwischen letztem Samstag und heute die brasilianische Nationalmannschaft eingebürgert hat. So eine Schinderei! Simon hatte sich dann im Fitness-Studio noch den Rest gegeben und einen Halbmarathon hingelegt. Na, so etwa wenigstens. »Den Stress auf dem Laufband lassen, nicht mit nach Hause nehmen.« Die Worte, die ihm Profit beim Shakehands zugeraunt hatte, empfand er jetzt nicht mehr als ganz so ironisch.

Vor seinem Haus sah er Kathrins Mountainbike lehnen. Unverkennbar mit den neongrünen Blitzen am Rahmen. Aber wo war sie selbst? Simon sah sich um. Ah, da drüben im Park am Brunnen. Sie saß auf der Bank und las in einem Buch. Simon ging hinüber.

»Hallo, Kathrin, schön, dich heute noch zu sehen. Was gibt's?« Trotz seiner Erschöpfung brachte er genau das Lächeln zustande, nach dem ihm in diesem Augenblick war.

»Ich hatte dich den ganzen Tag nicht gesehen und wollte wissen, wie es heute Vormittag bei Ringelmair gelaufen ist.«

»Pffff.« Er atmete tief aus. »Können wir das auf morgen verschieben? Das hat mich so geschlaucht, da brauche ich noch etwas Abstand. Heute Abend möchte ich mir das nicht noch einmal antun. Der hatte Profit als Berater. Ich sag's dir …«

»Ich weiß.«

»Du weißt?«

»Vergiss nicht, wir kommen aus einer Organisation. Information ist alles.«

»Wie konnte ich nur …« Simon verdrehte theatralisch die Augen. »Umso mehr können wir das Thema jetzt ausklammern. Wie wär's denn mit etwas Ruhigem, Entspannendem?«

»Gute Idee«, meinte Kathrin. »Setz dich her.«

Simon spürte sein Herz klopfen. Er setzte sich neben Kathrin auf die Bank. »Und nun?«

»Ich lese dir ein Märchen vor.«

Als Simon protestieren wollte, hielt sie ihm nur die Hand vor den Mund. »Pssst. Ganz relaxed. Hör einfach zu.«

Simon lehnte sich zurück. Er schloss die Augen. Und beschloss, wenigstens ihre Stimme zu genießen.

Kathrin fing an. »Es war einmal eine Bank. Die war im ganzen Land präsent. In dieser Bank arbeiteten viele freundliche Kundenberater, viele kluge Menschen, die sehr viel Geld in die Werbung dieser Bank und deren Image investierten. Und dann gab es dort auch sehr viele nette und freundliche Kundenberater. Allein, es war nicht leicht, mit diesen sehr hoch qualifizierten Fachleuten in den Dialog zu treten. Das musste Herr K. erleben.«

»Wer ist Herr K.?«, fragte Simon. »Der von Brecht?«

»Beeindrucke mich jetzt nicht mit deinen Literaturkenntnissen«, meinte Kathrin kurz und knapp. »Hör einfach ein bisschen zu.«

Simon nickte, lehnte sich wieder zurück. Wenn sie meinte …

»Herrn K. gehörte eine mittlere mittelständische Firma. Nicht zu groß, nicht zu klein, mit vielen Kunden im Inland, ein paar im Ausland und einer Firmengeschichte, die zurückreichte in die Zeit, bevor Helmut Kohl Kanzler wurde. Er hatte seinen Firmenstandort verlegt und wollte nun auch ein Geschäftskonto bei der regionalen Niederlassung seiner Bank eröffnen. Nichts leichter als das, dachte er. Schnell war im örtlichen Telefonbuch die Rufnummer gefunden. Er rief an und sogleich sprach er auch mit einer freundlichen Dame. ›Ich hätte gerne einen Termin bei einem Firmenkundenberater hier in unserer Stadt‹, formulierte er sein Anliegen. ›Selbstverständlich‹, sagte die freundliche Dame. ›Ich verbinde Sie gleich.‹ ›Donnerwetter‹, dachte Herr K., ›das ist ein schöner Service.‹ Dies dachte er allerdings fünf Minuten später nicht mehr, denn dann kannte er zwar die Firmenmelodie auswendig, aber einen Termin hatte er immer noch nicht. Auch keinen Firmenkundenberater.«

»Das kenne ich«, dachte Simon. »Das ist kein Märchen, das ist eine wahre Geschichte.«

Kathrin erzählte in sorglos-munterem Ton weiter. »›Nun ja‹, dachte Herr K., ›es kann ja auch einmal etwas bei der Vermittlung schiefgehen‹, legte auf und wählte die gleiche Nummer noch einmal. Und wieder meldete sich eine freundliche Dame. Jetzt fiel ihm auf, dass beide Damen fränkischen Dialekt sprachen, seine Firma aber im Bayrischen saß. ›Aha‹, dachte Herr K., ›jetzt bin ich in einem Callcenter gelandet.‹ Was ihm diese Dame dann auch gleich bestätigte. Er erzählte ihr noch einmal seine Geschichte: Er hätte gerne einen Termin bei einem Firmenkundenberater und er habe jetzt fünf Minuten in der Leitung gewartet, um verbunden zu werden. ›Oh‹, entschuldigte sich die Dame. ›Ich bitte Sie um Verzeihung. Wir haben im Moment eine kleine Störung in unserer Telefonanlage.‹ ›Ja‹, sagte K. ›Ist ja nicht so schlimm. Ich hätte nur gerne einen Termin bei einem Firmenkundenberater.‹ ›Ja, worum geht es denn? Kann ich mal Ihre Daten haben?‹, fragte die Dame. ›Nun gut‹, dachte K., ›kann sie vorher etwas aufnehmen, wird der Rückruf des Firmenkundenberaters umso schneller kommen.‹ Also gab er ihr seine ganzen Geschäftsdaten, auch seine sämtlichen privaten Daten, bis hin zum Geburtsdatum.«

»Ganz schön dusslig, der K.«, brach Simon jetzt doch sein Schweigegelübde. »Das ist für die doch bares Geld wert. Aber vermutlich war er da schon so genervt wegen seines Termins beim Firmenkundenberater, dass er da einfach durch wollte. Gar kein dummer Trick …« Er grinste zu Kathrin hinüber.

Die grinste zurück. »Und wie genervt unser Herr K. war. Zehn Minuten machte er das Frage- und Antwortspiel mit, voller Hoffnung, aber zunehmend unglücklich. ›Wann kann ich denn jetzt mit einem Rückruf zur Terminvereinbarung meines Firmenkundenberaters rechnen?‹, fragte er, als von der Verhörerin keine Frage mehr kam. Er hatte wirklich darauf gehofft, auch mal etwas fragen zu dürfen. Und darum ging's ihm ja eigentlich. ›Jaaaaaa‹, sagte die Dame und das ›a‹ zog sich hin wie das Warten aufs Christkind, ›jaaaaaa. Heute ist Dienstag. Ich weiß nicht, ob wir das im Lauf dieser Woche noch schaffen werden.‹ ›Oh‹, deuchte Herrn K., ›das scheint mir eine sehr große und wichtige Bank zu sein, dass sie für ein international tätiges und renommiertes Unternehmen nicht gleich einen Termin haben.‹ Er hoffte, er könnte das Ganze etwas beschleunigen. ›Ich bräuchte nur einen Termin bei einem Firmenkundenberater‹, sagte er. ›Nichts Großes …‹ Die Dame fragte, immer noch sehr freundlich, wo er denn morgen sei. Herr K. zuckte zusammen. ›Da geht es leider nicht, denn da bin ich außerhalb auf einem Kundentermin. Aber wäre es vielleicht möglich, dass mich heute im Laufe des Tages noch jemand zurückruft?‹, fragte er. Denn so würde er es selbst halten mit einem neuen Kunden. ›Wir werden unser Bestes versuchen‹, sprach die Dame und beendete mit einer gekonnten Floskel das Gespräch.«

Simon bot Kathrin eine Flasche Wasser an, die er noch in seinem Rucksack hatte. »Da – für die trockene Kehle …«

»Hey, du denkst ja mit. Sehr lieb von dir.«

Simon beschloss, noch aufmerksamer zuzuhören.

»Und siehe da, am Nachmittag klingelte das Telefon bei Herrn K. ›Oh‹, dachte er, ›es funktioniert.‹ Leider war es nur sein Privatkundenbetreuer aus einer fast 150 Kilometer entfernten Bank, der ihn anrief und fragte, worum es denn ginge. Er hätte gerne einen Termin bei einem Firmenkundenberater hier an seinem neuen Standort, meinte Herr K. ›Oh‹, sagte der Privatkundenbetreuer, ›selbstverständlich nehme ich Ihre Daten auf und leite sie an den Firmenkundenberater in Ihrem Ort weiter.‹ ›Vielen Dank‹, erwiderte K., ›aber hat das nicht schon die freundliche Dame aus dem Callcenter gemacht?‹ ›Nun ja, diese Daten liegen mir nicht vor, aber ich habe die Information bekommen, dass ich Sie zurückrufen soll. Ich stelle natürlich gerne einen Termin mit dem Firmenkundenberater in Ihrem Ort her. Bitte erzählen Sie mir doch, worum es geht.‹ Zähneknirschend und etwas zermürbt erzählte K. also seine Geschichte nun zum dritten Mal. Und der Privatkundenberater versprach, er werde sich darum kümmern. K. hakte vorsichtig nach: ›Wann kann ich denn mit einem Rückruf rechnen? Ich bin morgen bei einem Kundentermin unterwegs und Donnerstag, Freitag wieder im Unternehmen erreichbar‹, sagte er. Das werde sich einrichten lassen, meinte der freundliche Privatkundenberater.

Es vergingen der Donnerstag, der Freitag und das Wochenende. Als ihn in der darauf folgenden Woche immer noch kein Firmenkundenberater aus seinem Ort angerufen hatte, kam K. eine Idee. Schließlich hatte er als Unternehmer Kämpfen und Durchhalten gelernt. ›Ich kenne doch über die Wirtschaftsjunioren eine Mitarbeiterin dieser Bank‹, dachte er und suchte ihre Telefonnummer. Und siehe da, er fand die Rufnummer im Ort mit der dazugehörigen Durchwahl. Und sofort landete er bei einem freundlichen Kollegen seiner Kollegin, der ihn sofort fragte, worum es denn ginge. ›Oh, ich hätte gerne einen Termin bei einem Firmenkundenberater‹, erwiderte er. ›Es tut mir leid‹, entgegnete der freundliche Herr, ›Fräulein Saldoschön ist nicht im Hause.‹ ›Ja, wann kommt sie denn wieder?‹, erlaubte sich K. zu fragen. ›Das kann ich Ihnen nicht sagen. Sie ist in Mutterschutz‹, entgegnete der freundliche Herr. ›Oh, vielen Dank‹, sagte K. Er war ratlos, aber noch nicht ganz ohne Hoffnung.

Eine weitere Woche später, er wollte schon nicht mehr daran glauben, bekam er tatsächlich einen Anruf von dem vermutlich zuständigen Firmenkundenberater. Der hatte auf den Anrufbeantworter gesprochen, weil K. zu diesem Termin wieder außer Haus unterwegs war. Er würde sich wieder melden, versprach die Stimme auf dem Band.

Seither ist fast ein halbes Jahr vergangen. Herr K. wartet nicht mehr. Er glaubt auch nicht mehr daran, dass diese Bank überhaupt Firmenkunden hat oder haben möchte. Ja, und sein Konto hat er jetzt bei einer Bank eröffnet, die an seinem Standort ihren Hauptsitz hat, die den Weg frei macht und schon am Telefon hält, was sie verspricht.«

»Das war's schon?«, fragte Simon.

»Ja, das war's«, erwiderte Kathrin. »Ein Märchen, das jeden Tag einmal wahr wird. Mindestens.«

»Und darum habt ihr die Organisation ›ProfitSeller‹ gegründet«, kombinierte Simon, der richtig stolz darauf war, die Moral von der Geschicht' gleich durchschaut zu haben.

»Lieber Simon, wenn du schon so schlau bist, dann sieh zu, dass du morgen früh im Büro bist. Ich habe etwas für dich.« Sie hauchte ihm einen Kuss auf die Wange, stand auf, ging zu ihrem Bike hinüber und radelte, noch einmal zu ihm hin winkend, davon.

Und Simon saß da und überlegte, ob das Märchen nicht vielleicht gerade erst angefangen hatte.

Dann wurde ihm schwarz vor Augen.

28. Fragen kostet nichts

Simon hatte sich mit Kathrin für halb sieben verabredet. Genau genommen hatte er eine Einladung von ihr angenommen. »Ich bin heute Abend im Filmstudio, meine Freunde drehen da einen Kurzfilm. Willst du mitkommen?«, hatte sie ihn nachmittags am Kaffeeautomaten gefragt. Simon wollte die Gelegenheit nicht ungenutzt verstreichen lassen und hatte sofort zugesagt. Außerdem: Studio, das klang interessant. Action, interessante Typen, Hightech. Ein Blick hinter die Kulissen konnte nie schaden – und wenn's nur Gesprächsstoff für den nächsten Small Talk war. Simon hatte grinsen müssen. Das Motto von Profit »Augen auf, Gehirn an« war ihm inzwischen wohl in Fleisch und Blut übergegangen.

Inzwischen saßen sie schon eine viertel Stunde auf den bequemen Beobachterplätzen im Hintergrund des Studios. Sie warteten auf den Beginn der »Laufprobe« für das kurze Stück, das heute aufgezeichnet werden sollte. »Wir drehen hier alle unsere Servicefilme für ›ProfitSeller‹ und eben auch den für unsere aktuelle ›Mission: Profit‹«, erklärte Kathrin gerade. »Die meisten Leute erkennen Dinge nur, wenn sie sie sehen. Wir nutzen das Format Film und Fernsehen, um spielerisch Inhalte bei den Zuschauern zu verankern. Du musst dir das so vorstellen wie eine Soap Opera im Fernsehen.«

Simon zweifelte: »Und das soll wirken?«

Kathrin warf ihre Haare in den Nacken und lachte. »Und wie. Überleg mal, wie wenige Menschen in diesem Land dir kurz und bündig den Unterschied zwischen Umsatz und Ertrag erklären können. Und wie viele dagegen Bescheid wissen über die Verwicklungen in der *Lindenstraße* oder im *Marienhof*!«

Das stimmte. Simon war in der Freitagabend-Clique immer wieder gescheitert, wenn er neue Erkenntnisse aus dem Studium hatte zum Besten geben wollen. »Langweil' uns nicht mit deinen Zahlen«, hatten die Freunde gemault und anschließend die jüngsten Episoden von *Friends* und *Ally McBeal* diskutiert.

»Und was macht ihr jetzt?«, fragte er Kathrin.

»Wir drehen heute ein Stück im Docutainment-Stil. Also wahrer Hintergrund, überspitzt dargestellt. Es geht um klassische Fehler in der Kundenbetreuung durch Callcenter, wenn das Datenmanagement nicht stimmt. Das kennst du ja in ungefähr von der TOPO-LOH. Nur geht's hier ums Verbrauchergeschäft bei Telefongesellschaften. Das ist zwar B-to-C, aber die meisten Erkenntnisse kannst du eins zu eins auf B-to-B übertragen.«

Im ganzen Studio ging jetzt das Licht aus, nur die Bühne war von gleißenden Scheinwerfern erhellt. Ein Designer-Sofa, eine Hausbar, im Hintergrund simulierten Kulissen eine Dachterrasse. Jetzt trat Dirk Wolfermann in die Szene. Simon hatte seine Talkshows immer mit Vergnügen verfolgt, egal bei welchem Sender. Er machte es sich auf dem Sofa bequem, blinzelte kurz ins Licht, ergriff das bereitliegende Handy und rief ins Dunkel: »Ich bin so weit, wir können.«

»Durchlaufprobe. Absolute Ruhe!«, tönte es aus dem Lautsprecher. Auch die Bühnenspots wurden jetzt gedimmt.

Ein Telefon läutet. Ein Lichtspot erhellt die Hand des Schauspielers mit dem Handy. Er führt sie zum Ohr. Die ganze Szene erhellt sich.

WOLFERMANN: »Wolfermann, guten Morgen!«

EINE WEIBLICHE STIMME AUS DEM OFF, *hörbar Callcenter-geschult, dennoch leicht sächselnd*: »Guten Tag, hier ist die Com-Com. Wir haben da ein tolles Angebot für Sie, Herr Wolfermann. Sie könnten Ihren bisherigen Internetanschluss mit DLS 2000 auf DSL 6000 hochrüsten lassen. Na, wie klingt das?«

WOLFERMANN: »Interessant.«

ANRUFERIN: »Dies ist für Sie ohne Weiteres und ohne technische

Änderungen möglich. Außerdem wollen wir für unsere langjährigen Stammkunden etwas unternehmen, und deshalb ist
für Sie diese Änderung sogar kostenfrei.«

WOLFERMANN *(den alten Innovationsfreund gebend, begeistert)*: »Ja,
klasse! Das nehme ich.«

ANRUFERIN: »Herr Wolfermann, dürfte ich noch Ihr Geburtsdatum
wissen, um Ihre Identität zu verifizieren?«

WOLFERMANN: »Selbstverständlich. Das ist der ...« *(er murmelt unver-
ständliche Daten ins Handy)*

ANRUFERIN: »Danke schön. Das dauert jetzt ein paar Tage, dann
bekommen Sie ein Schreiben mit der Änderung und können
dann sofort mit der dreifachen Geschwindigkeit lossurfen.
Einen schönen Tag noch!«

WOLFERMANN: »Ja, vielen Dank auch. Wiederhören!« *Macht einen
freudigen Luftsprung. Die Szene verdunkelt sich.*

EINE STIMME AUS DEM OFF: »Drei Wochen später.«
*Ein Telefon läutet. Ein Lichtspot erhellt die Hand des Schau-
spielers mit dem Handy. Er führt sie zum Ohr. Die ganze Szene
erhellt sich.*

WOLFERMANN: »Wolfermann, guten Morgen!«

WIEDER EINE WEIBLICHE STIMME AUS DEM OFF, *hörbar Callcenter-geschult,
mit leicht saarländischem Einschlag*: »Guten Tag, hier ist die
Com-Com. Wir haben da ein tolles Angebot für Sie, Herr Wolfermann. Sie könnten Ihren bisherigen Internetanschluss mit
DLS 2000 auf DSL 6000 hochrüsten lassen. Außerdem wollen
wir für unsere langjährigen Stammkunden etwas unternehmen, und deshalb ist für Sie diese Änderung sogar kostenfrei.
Na, wie klingt das?«

WOLFERMANN: *(staunend):* »Ja, wissen Sie, eigentlich klingt das gut.
Aber da hat doch vor drei Wochen schon eine Kollegin von
Ihnen angerufen und mir das Gleiche angeboten. Und ich
habe das auch schon bestellt.«

ZWEITE ANRUFERIN: »Das kann nicht sein.«

WOLFERMANN: »Glauben Sie's mir: Das ist so.«

ZWEITE ANRUFERIN: »Nein, das ist ganz unmöglich. Da habe ich nichts vermerkt.«

WOLFERMANN: »Trotzdem ist es so.«

ZWEITE ANRUFERIN: »Das kann wirklich nicht sein.«

WOLFERMANN: »Wenn ich es Ihnen doch sage. Das ist gerade drei Wochen her.«

ZWEITE ANRUFERIN: »Also, ich glaube Ihnen das jetzt einfach mal. Wenn's so war, dann entschuldigen Sie bitte das Versehen. Herr Wolfermann, dürfte ich noch Ihr Geburtsdatum wissen, um Ihre Identität zu verifizieren?«

WOLFERMANN: »Selbstverständlich. Das ist der ...« *(er murmelt wieder etwas ins Handy)*

ZWEITE ANRUFERIN: »Also, Herr Wolfermann, Sie werden jetzt das DSL 6000 so schnell wie möglich bekommen. Vielen Dank für Ihr Vertrauen in die Com-Com. Einen schönen Tag noch!«

WOLFERMANN: »Ja, vielen Dank auch. Wiederhören!« *Schüttelt nachdenklich das Haupt und lehnt sich sinnierend zurück. Die Szene verdunkelt sich.*

EINE STIMME AUS DEM OFF: »Drei Wochen später.«
Die Türglocke läutet. Der Spot erfasst Wolfermann, der die Tür öffnet. Ein Postbote überreicht ihm ein Schreiben der Com-Com. Erwartungsvolle Freude huscht über Wolfermanns Gesicht. Er setzt sich aufs Sofa, öffnet hastig den Umschlag. Die ganze Szene erhellt sich.

WOLFERMANN: *(singend)* »DSL 6000, DSL 6000, DSL 6000.«
Er überfliegt den Brief. Stutzt. Greift nach dem Sessel, sinkt darin nieder. Beginnt laut vorzulesen.

WOLFERMANN: »Sehr geehrter Herr Wolfermann, vielen Dank für Ihre Bestellung. Wir freuen uns über das Vertrauen, das Sie uns entgegenbringen. Aus technischen Gründen ist in Ihrem Anschlussbereich derzeit DSL 6000 nicht verfügbar. Wir bitten um Ihr Verständnis, dass wir das von Ihnen bereits bestellte DSL-Komplettpaket und eventuell gebuchte Services nicht zur Verfügung stellen können. Wenn Sie Com-Com-Online ohne einen DSL-Anschluss nutzen möchten, bieten wir andere sehr interessante Tarife an. Bitte rufen Sie unsere Hotline an unter 123 123 123 123. Wenn Sie bereits Hardware von uns erhalten haben, bitten wir Sie, diese zusammen mit diesem Schreiben und dem Kassenbon beim Fachhändler wieder abzugeben. Wir möchten uns für die entstandenen Umstände entschuldigen. Mit freundlichen Grüßen Ihr Kundenservice.«

Wolfermann wird blass, klammert sich an die Sofalehne.

WOLFERMANN: *(mit zitternder Stimme zu sich selbst)* »Hoffentlich klemmen die mir jetzt nicht DSL ganz ab und ich muss wieder über ein Modem analog ins Netz gehen!«

Er greift zum Telefon, tippt mit zitternden Fingern die Nummer der Hotline.

WOLFERMANN: *(nervös)* »Wolfermann, guten Tag. Ich habe heute von Ihnen ein Schreiben bekommen, dass in meiner Gegend kein DSL 6000 verfügbar ist. Das hatte ich vor drei Wochen bei Ihrer Kollegin bestellt und die hatte mir alles zugesagt.«

EINE MÄNNLICHE STIMME, *leicht hessischer Einschlag, hörbar Callcentergeschult:* »Das kann nicht sein.«

WOLFERMANN: *(beschwörend)* »Doch, doch. Genauso war's.«

Er zitiert aus dem Schreiben.

AGENT IM CALLCENTER: »Also, wenn das so ist, da ist eine andere Abteilung zuständig. Ich kann Sie aber leider nicht verbinden. Rufen Sie doch einfach die Hotline 123 123 123 123 an. Da wird Ihnen weitergeholfen.«

WOLFERMANN: *(fassungslos)* »Aber da habe ich doch angerufen. Da bin ich doch bei Ihnen gelandet.«

AGENT IM CALLCENTER: »Ach so. Da müssen Sie bei der Ziffernabfrage eine andere Wahl treffen. Nicht 4 für DSL, sondern 5 für Netzverfügbarkeit.«

WOLFERMANN: »Danke.« *(legt auf)*

Zuversichtlich wählt Wolfermann die Nummer.

EINE ANDERE MÄNNLICHE STIMME *mit fränkischen Untertönen, aber hörbar Callcenter-geschult:* »Guten Tag, was kann ich für Sie tun?«

WOLFERMANN: *(nervös)* »Wolfermann, guten Tag. Ich habe heute von Ihnen ein Schreiben bekommen, dass in meiner Gegend kein

DSL 6000 verfügbar ist. Das hatte ich vor drei Wochen bei Ihrer Kollegin bestellt und die hatte mir alles zugesagt.«

ZWEITER AGENT: »Dafür bräuchte ich mal Ihre Kundennummer.« *Wolfermann sucht auf dem Schreibtisch, auf dem Brief der Com-Com. Vergeblich.*

WOLFERMANN: »Die habe ich jetzt gerade nicht zur Hand.«

ZWEITER AGENT: »Dann darf ich Ihnen leider auch keine Auskunft geben.«

WOLFERMANN: »Auch nicht, wenn ich meine komplette Adresse auswendig weiß und mein Geburtsdatum dazu und meine Schuhgröße?«

ZWEITER AGENT: *(souverän)* »Auch dann nicht.«

WOLFERMANN: »Auch nicht, wenn ich ein Schreiben von Ihnen habe, das sich darauf bezieht und eine Hotlinenummer angibt?«

ZWEITER AGENT: *(sehr souverän)* »Auch dann nicht.«

WOLFERMANN: »Dann such ich sie halt. Bis später.«

ZWEITER AGENT: *(superfreundlich)* »Vielen Dank, dass Sie …« *Wolfermanns Druck auf die »Ende«-Taste unterbricht seine Worte. Alles Licht in der Szenerie erlöscht.*

EINE STIMME AUS DEM OFF: »17 Minuten später.«
Grelles Schlaglicht fällt auf Wolfermann, der vornübergebeugt, aber gleichwohl zuversichtlich eine Nummer ins Handy tippt. Hinter das Telefon hält er ein Blatt Papier geklemmt.

ERNEUT EINE MÄNNLICHE STIMME *von sympathischer osteuropäischer Färbung, zweifelsfrei Callcenter-geschult*: »Guten Tag, was kann ich für Sie tun?«

WOLFERMANN: *(noch immer zuversichtlich)* »Wolfermann, guten Tag. Ich habe heute von Ihnen ein Schreiben bekommen, dass in meiner Gegend kein DSL 6000 verfügbar ist. Das hatte ich vor drei Wochen bei Ihrer Kollegin bestellt und die hatte mir alles zugesagt.«

DRITTER AGENT: »Dafür bräuchte ich mal Ihre Kundennummer.«

WOLFERMANN: »Das ist die …« *(murmelt ins Handy)*

DRITTER AGENT: »Das kann nicht sein.«

WOLFERMANN: »Doch, das ist so.«

DRITTER AGENT: »Nach meinen Unterlagen kann das aber nicht sein.«

WOLFERMANN: »Aber wenn ich es Ihnen doch sage.«

DRITTER AGENT: »Also, nach meinen Daten hier ist DSL 6000 für Ihr Wohngebiet nicht verfügbar.«

WOLFERMANN: »Ganz sicher?«

DRITTER AGENT: »Absolut sicher.«

WOLFERMANN: »Da kann man nichts machen?«

DRITTER AGENT: »Gar nichts.«

WOLFERMANN: »Na, dann kann man wirklich nichts machen. Tschüss!«

Wolfermann legt auf. Tritt an den Bühnenrand und wendet sich ans imaginäre Publikum.

WOLFERMANN: »Stellen Sie sich einmal vor, wie viele Tausend Euro dieses Unternehmen in die Luft blasen wird, wenn alle Com-Com-Online-Kunden angerufen und gefragt werden, ob sie eine höhere Leistung haben möchten, die es gar nicht gibt. In meinem Fall wurde ich von zwei verschiedenen Callcentern angerufen, ohne dass diese voneinander wussten. Und ohne dass sie sich über die Verfügbarkeit schlaugemacht hätten. Unvorstellbar. Was können wir daraus lernen?«

Simon sah, wie auf dem Kontrollmonitor der Regie gleich nebenan Texte über den Bildschirm zu laufen anfingen. In Flammenschrift stand da:

WIE BEREITEN SIE IHRE DATENBESTÄNDE VOR, WENN SIE DIESE AN EIN CALLCENTER ZUR AKQUISE WEITERGEBEN?

WIE TEILEN SIE DIESE DATENBESTÄNDE GGF. UNTER VERSCHIEDENEN CALLCENTERN AUF?

**WELCHE QUALITÄTSTOOLS BZW. WELCHE SICHERUNGS-
MASSNAHMEN GIBT ES IN DEN EINZELNEN CALLCENTERN,
DAMIT EIN KUNDE NICHT ZWEIMAL ANGERUFEN WIRD
BZW. UM EINE AUFTRAGSANNAHME SCHNELLSTMÖGLICH
UND SICHER WEITERZULEITEN?**

**SAGEN IHRE MITARBEITER BEI EINER REKLAMATIONSANNAHME
AUCH IMMER: »DAS KANN NICHT SEIN«?**

Noch einmal taucht jetzt der Scheinwerfer Wolfermann ins Licht:
WOLFERMANN: »Spaß beiseite: Testen Sie Ihre Reklamations-
abteilung immer wieder selbst, denn das ist Chefsache.«
Das Licht verlischt.

»Duchlaufprobe beendet. Passt. In 20 Minuten zur Aufnahme!«,
rief der Studiolautsprecher.

Kathrin wandte sich Simon zu: »Na?« Der kratzte sich am Kinn.
»Ich glaube, das hat jeder schon mal erlebt. Ziemlich realistisch.
Aber glaubst du, dass so ein Film wirklich etwas ändert?«

»Oh ja. Ein paar helle Köpfe erreichen wir immer. Menschen,
die sich damit nicht zufriedengeben. Oder die ihre Chance darin sehen, sich von der Konkurrenz abzuheben, indem sie solchen
Murks abstellen.« Kathrin sprach mit voller Überzeugung. »Und
für jene, die überhaupt nichts anderes kapieren als Geld, haben
wir am Schluss das Thema ›Verschwendung‹ eingebaut. Da kann
keiner dran vorbei.«

Simon nickte: »Und dann setzen wir mit dem Mehrwert-Nutzen
an und zeigen ihnen, wie sie nicht nur Kosten senken, sondern
Wettbewerbsvorteile erzielen, wenn sie unser Produkt kaufen.
Sehr clever. Wo zeigt ihr den Clip?«

»Das kannst du auf jeden Fall im Internet sehen. Wir nutzen
da inzwischen *You Tube* und ähnliche Kanäle, um die Botschaft
zu verbreiten. Deshalb auch die zugespitzte Form, das wird einfach öfter geguckt. Außerdem stellen wir den Film interessierten
Verkaufstrainern oder Schulungsleitern zur Verfügung, damit die

ihren Leuten etwas Anregendes präsentieren können.« Kathrin stand auf. »Wollen wir noch bleiben und die Aufnahme ansehen oder gehen wir noch ins *Espresso 33* rüber?«

Simon sah sich überrumpelt. Eigentlich hatte er seine liebe Kollegin noch auf eine kleine Ausfahrt mit dem Cabrio einladen wollen. Aber diese Perspektive hatte sie durch ihre Frage gerade gelöscht. »Ach, lieber ins *Espresso*. Da sind wir unter uns.« Wenigstens diesen Punkt wollte er machen.

Während sie über die Straße gingen, holte ihn die Szene von eben ein. Wie hatte Kathrin das gemacht, dass sie seine Idee geblockt und ihm dennoch das Gefühl gegeben hatte, dass alles zu seiner Zufriedenheit lief? Fast wäre Simon gegen den Ampelmast gelaufen, so vertieft war er in seinen Gedanken. Im letzten Moment bemerkte er das Hindernis, konnte ausweichen und rempelte nur mit der Schulter gegen das Metall. Autsch. Aber schmerzhafte Erfahrungen wirken tiefer – und auch in Simon lösten sie einen Moment der Erkenntnis aus. Klar, sie hatte ihm eine Frage mit zwei Alternativen gestellt: Studio oder *Espresso*? Nicht: Wollen wir noch etwas unternehmen? Oder willst du mit mir noch irgendwo hingehen? Oder: Hast du noch etwas vor? Nein, sie hatte die Antwort gleich in die Frage gepackt. Vermutlich wären ihr sogar beide Möglichkeiten recht gewesen. Clever, clever.

Zwei Stunden später war aus einer lockeren Unterhaltung über Gott und die Welt ein gemeinsames Spinnen von Reiseplänen geworden. Simon schwärmte von den spektakulären Geysirlandschaften im Yellowstone-Nationalpark, Kathrin berichtete von ihren Träumen, einmal am Great Barrier Reef zu tauchen. Wann, wenn nicht jetzt, war der Moment gekommen, die Wirksamkeit der Alternativ-Frage-Technik zu testen. »Wo würdest du lieber mit mir hinfahren: nach Amerika oder nach Australien?«, sagte er – und bemerkte plötzlich, auf welch sensibles Terrain er sich da vorgewagt hatte.

»Warum nicht beides?«, erwiderte Kathrin mit einem schelmischen Lächeln.

In diesem Moment schnurrte der SMS-Alarm an Simons Handy, das vor ihm auf dem Tisch lag. Die Botschaft war kurz. »Versuchen Sie das doch mal im Verkaufsgespräch. Gute Nacht, Profit.«

Simon notierte sich:

Mit einer Alternativ-Frage kommt man weiter.

Beim nächsten Abschluss testen!

29. Es geht weiter

»Ihre Art gefällt mir.« Horst Ringelmair klopfte mit seinem sie-
gelberingten Finger gegen das Cocktailglas. »Von meinen eigenen
Leuten erwarte ich eine derartige Vorbereitung. Bei Lieferanten ist
das sehr, sehr selten.«

Simon griff nach seinem Glas und hob es zum Toast. »Danke für
das Kompliment. Aber wenn ich Ihnen etwas verkaufen will, dann
darf ich nicht zum Verkaufen kommen.« Binsenweisheit, dachte er
sich, aber klingt gut.

Sein zweiter Besuch in der Chefetage der HORIDO fiel deutlich
anders aus als der erste. Nicht mehr im kargen Besprechungszimmer
saß er mit dem mächtigen Firmenboss zusammen, sondern in dessen Privatlounge, in der es noch luxuriöser zuging als in der Lobby.
»Wir haben hier Konzernchefs aus aller Welt zu Gast, die zum Teil
auf politischer Ebene verankert sind. Da wird nicht am Komfort
gespart«, hatte Ringelmair ihm beim Eintreten verkündet.

»Sehen Sie«, sagte dieser jetzt, »für mich ist es nur nebensächlich, wie das Unternehmen heißt, bei dem ich kaufe. Mir kommt
es darauf an, dass das Produkt stimmt – und dass ich meinem Ansprechpartner vertrauen kann. Sie haben sich mächtig ins Zeug gelegt, Sie haben sich Gedanken gemacht. Das gefällt mir.« Er lehnte
sich zurück und nahm einen Zug an seiner Montechristo. »Die Recherchen meiner Spezialisten haben inzwischen ergeben, dass Ihr
Analyzer tatsächlich hält, was Sie versprochen haben. Es gibt aber
noch Zweifel an der von Ihnen behaupteten Produktivität ...«

Alles so, wie Profit ihm das verklickert hatte, dachte Simon. »Sie
müssen den Kunden dazu bringen, dass er bei IHNEN kaufen will.
Dazu müssen SIE sich von Ihren Wettbewerbern unterscheiden.

Schauen Sie genau hin, wo die Fehler machen, achten Sie auf die Routinen und Stereotypen – und Sie werden Ihre Chancen bekommen, um mit Ihrer Persönlichkeit zu überzeugen«, hatte der ihm eingetrichtert.

Simon hatte gezögert. Nicht, weil er an sich gezweifelt hätte. Sondern weil ihm diese persönliche Nähe zu einem Kunden zunächst unheimlich erschienen war. Er hatte seine Zweifel beim Namen genannt. Profits Rat: »Zeigen Sie sich kompetent und zeigen Sie Leidenschaft für das Business Ihres Kunden. *Passionate* nennen das die Amerikaner.« Simon hatte nach einem Weg gesucht, auf dem er sich sicher war, und hatte ihn gefunden. Er legte Ringelmair gegenüber seine Karten auf den Tisch.

»Ich habe mich in Ihrem Fall in die Lage eines Ihrer Einkäufer versetzt, Herr Ringelmair«, sagte er. »Zugegeben, das war nicht ganz einfach, weil mir dazu doch einige Einblicke in Ihre Unternehmenskultur fehlten. Aber ich habe mich dann so weit in Ihre Branche eingearbeitet, dass ich mir über die Ansatzpunkte sicher war, mit denen ich Ihnen diesen Businessplan vorlegen konnte.« Simon zog noch einmal sein Papier hervor, schlug die zweite Seite auf. Mit einem Seitenblick registrierte er, dass sein Gesprächspartner ihm aufmerksam zuhörte.

»Die Sache mit der höheren Produktivität erschließt sich erst auf den zweiten Blick. Ich habe dazu einen Ingenieur unserer Forschungsabteilung zu Rate gezogen, der mir die Daten geliefert hat. Ich kann Sie Ihnen leider nicht offenlegen, denn das widerspricht meiner Geheimhaltungspflicht. Nur so viel: Sie können damit beim Material auf völlig neue metallurgische Kombinationen umsteigen. Die bringen Ihnen bei geringeren Ressourcenkosten höhere Festigkeit und Säureresistenz. Außerdem ist dann eine Art selbstreinigende Oberflächenbeschichtung möglich, die gerade beim Einsatz in Spitzenzeiten das aufwändige Durchpusten überflüssig macht.« Die Spezialisten von »ProfitSeller« hatten ganze Arbeit geleistet, als sie innerhalb von 24 Stunden die entsprechenden Informationen zusammengetragen hatten, auf deren Basis Nikolitsch dies alles errechnet hatte. Es zahlte sich richtig aus, diese Jungs mit den karierten Hemden nicht zu unterschätzen, dachte Simon. Wenn man Ingenieure beim Ehrgeiz packt, erfinden die auch papierlose Klos für einen ...

»Warum haben Sie sich eigentlich diese Mühe gemacht, Richter?«, fragte Ringelmair. »Was bringt Ihnen das?«

»Einen neuen Kunden ...«, sagte Simon lächelnd. »Der an mich glaubt.«

»Sie haben hier einen stolzen Preis stehen.« Auf einmal war Spannung im Raum. »Wenn mir nun ein Return on Invest von 19 Monaten zu lang ist, was machen Sie dann? Was bieten Sie?«

Simon hatte nicht damit gerechnet, dass dieses Thema noch einmal zur Sprache käme. Aber gut, sein künftiger Kunde wollte es ja nicht anders.

»Sie haben unter den gegebenen Umständen den bestmöglichen Preis. Das garantiere ich Ihnen.«

»Glaube ich nicht.«

»Da beißt die Maus keinen Faden ab. Ich könnte mir nur eines vorstellen – da bräuchte ich aber Ihre Mitarbeit ...«

Ringelmair sah ihn erwartungsvoll an, breitete die Hände aus: »Bitte sehr.«

»Haben Sie einfach etwas Geduld. Dann reihe ich Sie in die Warteschlange für den Analyzer ein, liefere Ihnen die ersten Exemplare von heute an gerechnet in dreieinhalb Jahren, streiche die vorgeschaltete Evaluierungsgruppe und gehe sechs Prozent runter. Dann haben Sie den ROI in rund 17 Monaten. Alles kein Problem. Das können Sie gleich hier unterschreiben.« Er notierte die Stichpunkte auf dem Papier. »Aber für die Air-Shows und Fachmessen in nächster Zeit stehen Sie dann blank da.«

Ringelmair brach in schallendes Gelächter aus und schlug sich mit der flachen Hand auf den Schenkel. »Sie haben's wohl wirklich nicht nötig, was? So einen frechen Hund habe ich schon lange nicht mehr am Tisch gehabt. Sagen Sie Ringo zu mir, so nennen mich meine Freunde!« Er hielt Simon die Pranke hin. »Mein Freund Stanley hat wirklich nicht zu viel versprochen.« Simon schlug ein.

»Ich war mir ziemlich sicher, dass Sie für ein paar Hundert Euro pro Maschine diese Chance nicht aufs Spiel setzen«, sagte Simon. »Das hätte ich auch jedem Ihrer Einkäufer so vorgerechnet. Anhand von deren Urlaubsgeld ...«

»Gibt's bei mir nicht. Wir fahren alle miteinander zum Zelten.« Ringelmair grinste, weil Simon kurz zusammenzuckte. »Das war ein Witz, Mann. Bei uns läuft das so: Wenn ein Einkäufer den wirtschaftlichen Nutzen einer Entscheidung nachweisen kann, bezahlen wir ihm drei Wochen Urlaub nach Wunsch. Bis zehn Prozent in höchstens 100 Kilometer Entfernung, bis 20 Prozent in 500 Kilometer und so weiter. Bei 50 Prozent Verbesserung zum bisherigen Standard gibt's eine Weltreise. Na, wie klingt das?«

»Mich würde mehr interessieren, was ein Verkäufer bei Ihnen verdient.« Simon markierte den Lässigen. Man konnte ja nie wissen.

»Lunte gerochen, was?« Ringelmair nahm noch einen Schluck Gin Tonic. »Da reden wir mal darüber, wenn wir diesen Deal in trockenen Tüchern haben. Wann kann ich den Vertrag unterschreiben?«

»Jetzt.« Simon zog das Dokument aus der Tasche. »Wenn Sie wollen.«

Sekunden später tanzte der Montblanc übers Papier.

Glücklich notierte sich Simon an diesem Abend:

> Klar und für den Kunden nachvollziehbar die Vorteile herausstellen.
> Nachlass-Forderungen immer mit einer Gegenforderung begegnen.

30. Gas geben

Der Nachmittag war wie im Flug vergangen. Wie im Flug der Wolken, denen Simons und Kathrins Blicke folgten, während sie entspannt auf ihrer Picknickdecke im Gras lagen. Simon fühlte sich als Glückspilz dort angekommen, wo er immer hingewollt hatte, ohne dass er ein klares Ziel vor Augen gehabt hätte. »Toll, wenn es sich einfach so ergibt, weil alles passt«, dachte er und gab sich dem einlullenden Konzert der Grillen hin, die in Orchesterstärke den Soundtrack zu seinen Gefühlen gaben. »Wie im Film.«

Erst als die Sonne hinter dem Horizont untergegangen war, machten sie sich auf den Heimweg. Das Glühen des Abendrots, das sich über der Landschaft wölbte, und der frische Fahrtwind, der Kathrins Haar wild wehen ließ, brachten Simon dazu, laut zu juchzen. Wie wunderbar, wie wunderbar, wie wunderwunderwunderbar. Seine Hand wanderte vom Schaltknüppel hinüber zu Kathrins Knie.

»Ach du Schei…« Sein Schrei unterbrach die Idylle, und das trommelfellzerfetzende Quietschen der Reifen auf dem Asphalt signalisierte Gefahr, Gefahr, Gefahr! Ein Rudel Rehe war aus dem Unterholz gebrochen und keine 30 Meter vor ihnen über die Straße gehetzt. Simon atmete durch, beide Hände ins Lenkrad gekrallt. »Vielleicht lässt du sie dort auch für den Rest der Fahrt«, meinte Kathrin. »Ich laufe ja nicht weg.« Simon nickte nur und startete den abgewürgten Motor neu. »Okay, okay, ich seh's ja ein.«

Das markerschütternde Heulen einer Lkw-Hupe ließ ihm das Blut in den Adern gefrieren – und ein Blick in den Rückspiegel den Fuß so schnell von der Kupplung nehmen, dass das Cabrio einen Satz nach vorne machte. Vollgas, Vollgas, Vollgas, signalisierte ihm sein Instinkt, während die Aufblend-Blitze des Trucks das Adrenalin in seinen Adern zum Kochen brachten. Verdammt noch mal, warum ging der Typ denn nicht vom Gas oder bremste ein bisschen? Der war auch viel zu schnell.

Simon jagte den Motor nach oben, der Drehzahlmesser zuckte scharf nach rechts, 4000, 5000, roter Bereich. Da vorne. Bedrohlich im roten Abendlicht glühend kamen die Warnbaken auf ihn zu. Rechtskurve, Rechtskurve! »Wer zuerst bremst, hat verloren«, schoss die alte Rennfahrerregel durch Simons Gedanken. Ach was, bremsen!?! Kurz vom Gas, den Schalthebel in den dritten Gang, ein Rudel Wölfe jaulte unter der Motorhaube und wieder aufs Gas, sobald er den Scheitel der Kurve hinter sich gelassen hatte …

Simon fühlte sich wie damals bei seinem ersten DTM-Rennen. Bloß, dass er diesmal nicht auf der Tribüne, sondern selbst im Cockpit saß. What a feeling. Und als könnte das Autoradio Gedanken lesen, ertönte die Melodie aus dem Lautsprecher. Ein kurzer Seitenblick auf Kathrin. Bitte? Sie schlief! Konnte das denn wahr sein? Wieder der Blick nach vorne auf die bolzgerade Strecke.

Simon kannte sich aus. Gleich würde eine Kreuzung kommen. Links ging es zur Frittenbude mit dem Mikrowellenmampf. Und rechts zum Gasthaus, in dem die freundlichen Bedienungen immer fünf Minuten nach dem Servieren auftauchten, um zu fragen, ob man vielleicht noch etwas Soße …? Man wollte immer, fand den Service ganz prima und war begeistert.

Irgendwann einmal hatte ihm der Wirt verraten, dass ihm die Frage »Schmeckt's Ihnen?« zu plump erschienen war und er deshalb diesen After-Sales-Service eingeführt hatte. »100 Soßenkännchen hat's mich gekostet, mehr nicht. Und die Leute sind begeistert.« Simon, der Soßenfan, war's auch und kam seither regelmäßig mit Freunden hierher zum Essen. Er entschied sich, rechts abzubiegen. Mit quietschenden Reifen schlingerte er ums Eck. Und da tauchte der *Mohren* auch schon im Licht seiner Scheinwerfer auf. Ein Blick in den Rückspiegel. Der Abstand zu dem Monster-Truck lag konstant bei gut 100 Metern. Das konnte doch nicht mit rechten Dingen zugehen?

Als das Cabrio an der Einfahrt vorbeischoss, hörte Simon ein leises »Ping«. Was war das? Ein kurzer, suchender Blick. Da, ein orangefarbenes Signal auf dem Navi-Display. »+10 PS, +20 km/h«. Schon spürte er, wie der Wagen noch einen Zahn zulegte, wie der Motor noch einen Ton höher drehte. Merkwürdig.

Er raste auf eine Weggabelung zu, in der hell erleuchtet zwei Tankstellen-Raumschiffe gelandet waren. »Rechts blinken, links abbiegen«, war sein Kalkül, um den Verfolger auf die falsche Fährte zu locken. Oder doch besser »links blinken, links abbiegen«? Den Trick kann inzwischen doch jeder Dreiradfahrer. Simon entschied sich, gar nicht zu blinken. Die beiden Tankstellen füllten inzwischen die ganze Breite der Windschutzscheibe. Simon musste sich entscheiden. Die bunten, blinkenden Lichter und die grelle Neonschrift »Super billig!« gaben den Ausschlag, er kurbelte das Lenkrad nach links, der verlockenden Alternative entgegen.

Die andere Station nahm er nur aus dem Augenwinkel wahr. Er sah dort einen Tankwart sich aufrichten, vom röhrenden Sound seines Motors aufgeschreckt. Stimmt, die hatten ja wieder den Servicemann an der Zapfsäule eingeführt, kostenfrei, aber mit freiwilligem Trinkgeld. Sehr erfolgreich sogar. Simon hatte schon überlegt, ob sie so etwas nicht auch in der eigenen Firma für ihre Kunden … Schon wieder ein »Ping«. Und da, erneut ein orangefarbenes Signal auf dem Display. »−10 PS, −20 km/h«. Das Cabrio ruckelte, wurde langsamer. Verflixt noch mal, was war da los? Simon trat das Pedal durch, aber mehr war aus dem Motor nicht herauszuholen.

Simon verstand nicht, warum, empfand Verzweiflung. Denn seinen Verfolger hatte er noch immer nicht abschütteln können. Im Gegenteil, der finstere Truck mit den stechend scharfen Scheinwerfern kam wieder bedrohlich näher. Jetzt, eine Brücke! Simon wusste Bescheid. Gleich dahinter ein Kreisverkehr mit Zufahrten ins Industriegebiet. Ein sehr beliebter Standort für die leichten Mädchen der Region, die zwischen Nachtschicht und Frühanlieferung ihre Dienstleistungen feilboten. Und stand da nicht am Straßenrand im roten Glimmer die Rabattskova und hielt aufreizend ihre Argumente feil? Simon schob grimmig sein Kinn nach vorne, eisern griffen seine Hände ins Steuer, konzentriert suchte sein Blick die Einfahrt in die kleine Umgehungsstraße, die kurz vor dem Kreisel abzweigte. Er erkannte das kleine, verwitterte Schild »Frische Erdbeeren« und die zerbrochene Ruhebank daneben und zirkelte blind seinen Boliden im 90-Grad-Winkel in die Einmündung. Hatte er die Rabattskova berührt oder war sie vom Fahrtwind zur Seite geweht worden? Im kurzen Aufleuchten der Bremslichter sah er jedenfalls das rote Glimmerkleid gen Straßengraben taumeln.

»Ping, Ping« kam das Signal und die orangefarbene Anzeige auf dem Display sagte: »+20 PS, +40 km/h«. Der Motor des Cabrios hörte sich inzwischen schon nicht mehr nach Auto an, sondern eher wie eine startende Boeing. Simon war egal, warum. Hauptsache, er kam aus dieser Sache heraus.

Der letzte Rest von Abendrot war inzwischen vom Himmel verschwunden. Stockdunkle Nacht drohte alles zu verschlingen. Die erkennbare Welt war begrenzt auf den Lichtkegel der Scheinwerfer. Die Tachonadel verharrte schon seit einiger Zeit am Anschlag, Simon wurde das Gefühl nicht los, dass er sich auf die Anzeige kaum verlassen konnte. Die stahlharte Federung des Sportwagens signalisierte ihm ein Tempo knapp unterhalb der Schallgeschwindigkeit. Und noch immer jagte der Truck hinter ihm her, wie von einer Schnur gezogen.

Das Fernlicht erfasste das durchdringend reflektierende Gelb eines Ortsschilds. Das musste das kleine Weindorf sein, wo er einst in den Semesterferien beim Winzer gejobbt hatte. Der hatte auf seine brühwarmen akademischen Erkenntnisse über Betriebswirtschaft und moderne Unternehmensführung mit großer Gelassenheit und der Bemerkung reagiert: »Die wichtigste Führungskraft im Betrieb ist die Verführungskraft des Produkts.« Dies hatte er in unverfälschtem fränkischen Singsang geäußert und das Glas mit herzhaftem Silvaner nachgefüllt. »Du musst immer Emotionen und Gefühle zur guten Qualität extra dazugeben. Dafür zahlen die Leut', nicht für das bisschen Alkohol.« Simon bremste scharf, als der alte Fachwerkbau linker Hand auftauchte. Erstens wegen des tückischen Kopfsteinpflasters, zweitens weil er vorhatte, in den verwinkelten Gassen des Dorfes seinen Verfolger abzuschütteln. Gerade vor dem Eingangstor des Guts, in dem Moment, als er sich das Straßennetz wieder vor Augen rufen wollte, um seine Route zu planen, machte es wieder »Ping«. Und das orangefarbene Signal auf dem Navi-Display sagte ihm »+10 PS, +50 m Abstand«.

Simon hatte die richtige Vermutung. Er saß ja in Profits Spezial-Racer! Klar, der hatte irgendetwas eingebaut, um seinen Fahrer aus der Zwickmühle zu holen. Sein Gehirn arbeitete auf Hochtouren – wie funktionierte das? Wo war das erste »Ping« gewesen? Beim Extra-Soßen-Gasthof. Das zweite bei der Billig-Tankstelle. Dann wieder, als er die Rabattskova in den Graben jagte. Jetzt noch eines beim alten Winzer. Er konzentrierte sich auf eine enge Tordurchfahrt, durch die er das Cabrio mit angezogener Handbremse schleuderte. Jetzt wieder Vollgas bis zum Dorfbrunnen, dann wieder scharf rechts, die Weinsteige hinunter. Eine Gruppe Menschen, kurz vom Lichtkegel erfasst, stob auseinander, als er wild hupend und mit röhrendem Sechszylinder heranbrauste. Papier wirbelte durch die Luft, tanzte wie Schneeflocken in der engen Gassenschlucht. Ein Blatt landete vor ihm auf der Windschutzscheibe, nahm ihm die Sicht. Irgendein Prospekt, lächelnde Menschen, die ihn das Leben kosten konnten. Bevor er das Hindernis mit dem Scheibenwischer zur Seite drückte, brannte sich eine großformatige Schlagzeile in sein Gehirn: »*Machen Sie mehr draus! Das sollte Ihnen Ihre Altersversorgung wert sein.*«

Ihm ging ein Licht auf. ProfitSelling. Jedes Mal, wenn er an einem Unternehmen vorbeigefahren war, das seinen Kunden Mehrwert bot, hatte sich die Leistung dieses kleinen Wunderautos verbessert. Extra Kraft, extra Tempo, wie bei Pacman. Wenn das Rettung versprach, dann war ihm geholfen. Denn von der Sorte kannte er einige auf der Route. Die Softwareschmiede mit den Servicetechnikern in zwölf Sprachen, den Maschinenbauer mit der lebenslangen Ersatzteilgarantie, das kleine Hotel, das jedes Mal, wenn ein Gast einen Kommentar auf tripadvisor.com abgab, gleich darunter ein persönliches Dankeschön platzierte. Dann die Buchhandlung, die jede Bestellung kostenlos auch per Bote ins Büro lieferte, um sich gegen die lästige Internetkonkurrenz zu behaupten, der Friseur, der bis abends um elf geöffnet hatte, »damit Sie das mit Ihrem Kneipenbummel verbinden können«, und dann noch die Gebäudereinigung, die anbot, auch frühmorgens zu kommen, denn »da können wir gleich noch die Büros frisch für Sie lüften«. Die Route war klar. Und ihm dämmerte auch, wer da hinter ihm her war: die Fiesen Einkäufer bei ihrem letzten Versuch, ihn vom Ziel abzubringen. Er trat das Gaspedal durch bis zum Anschlag, stieß mit der rechten Faust nach vorne und ließ einen lauten Freudenschrei vom Stapel: »Jippiiiiiiiiiiiieh!«

»Aufwachen, mein Liebling, die Sonne geht schon unter.« Es war Kathrins Stimme, die da an sein Ohr drang. Simon blinzelte.

»Wie? Was ist?«

»Du solltest allmählich aufwachen. Mein Buch ist zu Ende, der Inhalt des Picknickkorbs auch und mir wird allmählich kühl.« Mit einer Handbewegung, die leicht über den abendlich geröteten Himmel schwang, aber nachdrücklich den Wunsch seiner Begleiterin nach Aufbruch ausdrückte – »Wo lernen Frauen das nur, mit solch unscheinbaren Signalen solchen Druck auszuüben«, dachte Simon bei sich –, mit dieser Handbewegung wurde ihm klar: ein Traum. Wieder ein Traum. Aber welcher Unterschied zu damals!

Sie packten ihre Sachen in den Kofferraum und fuhren los. Das Glühen des Abendrots, das sich über der Landschaft wölbte, und der frische Fahrtwind, der Kathrins Haar wild wehen ließ, brachten Simon dazu, laut zu juchzen. Wie wunderbar, wie wunderbar, wie wunderwunderwunderbar. Seine Hand wanderte vom Schaltknüppel hinüber zu Kathrins Knie.

Es kamen keine Rehe. Es kam auch kein Truck. Kathrin lehnte ihren Kopf an seine Schulter. Im Radio spielten sie: »What a day for a day dream ...«

31. Die Lizenz zum Abschluss

Das war's dann gewesen. Günzle hatte den Job voll vor die Wand gefahren. Der älteste und beste Kunde, einfach futsch. Er hatte es noch einmal auf die bewährte Tour versucht. Zuerst jovial. »Klar, Frau Kraller, wir schieben den Job durch wie immer. Das wäre das erste Mal, dass Sie nicht mit uns zufrieden sind. Aufträge von Ihnen sind bei uns quasi so, als hätte der Chef selbst etwas angeordnet. Wir wissen ja, für Sie ist das Beste gerade gut genug. Ich bin ja sozusagen Ihr eigener Mann hier vor Ort. Das kriegen wir schon hin. Mal sehen, ob sich beim Preis noch ein bisschen etwas drehen lässt. Es wird ja nicht auf den Cent ankommen … Da dürfen wir dann doch auch auf einen Anschlussauftrag hoffen? So hatten Sie das bisher ja auch immer gehalten.«

Als er dann endlich merkte, dass er sich damit die Zähne ausbiss, hatte er auf die devote Masche umgesattelt. »Was kann ich noch für Sie tun? Darf ich Ihnen wieder Tickets für die German Open zukommen lassen? Dürften wir Ihnen eventuell beim Skonto noch etwas entgegenkommen?« Er merkte nicht, dass er gegen eine Wand redete. Denn Constance »Ichwilldassofort« Kraller hatte nicht bekommen, worauf sie wirklich scharf war. Bekam nur ein paar Infos, auf denen sie ihren Business-Case sauber aufbauen konnte. Aber darauf, wie er den Overnight-Kundendienst in Japan regeln wollte, hatte er keine Antwort für sie. Auch darauf nicht, wie er innerhalb von vier Wochen Einführungsschulungen für 18 Spezialisten des Kunden auf die Beine stellen wollte. Und erst recht nicht darauf, ob die Produktspezifikationen den neuen Importregeln der ASEAN-Staaten entsprachen. Seine vage formulierten Anfrage-Mails waren unbeantwortet im Intranet versackt.

Simon hatte noch mit zwei, drei Namen aushelfen wollen, aber Günzle hatte ihn nur unwirsch angemault: »Halten Sie sich da raus. Das erledige ich auf Leitungsebene.«

Simon sah Günzle zusammenbrechen. Schweiß auf der Stirn, Schweiß unter den Achseln, das Gesicht zuerst knallrot, dann kalkweiß. Die rechte Hand krampfte sich um die Maus, die linke zerbrach in diesem Moment einen Brieföffner. Plastik, 17 Cent das Stück, in Corporate Green mit aufgedruckter URL, vom zentralen Einkauf als Streuartikel zum Beipack in Mailings zur Verfügung gestellt. 178-mal versandt, 2322 noch auf Lager. Fieberhaft geisterte Günzles Blick über seinen Monitor, auf der Suche nach einem hilfreichen Hinweis, nach einem Anhaltspunkt im Excel-Sheet der Konditionen. Doch da war keine Rettung. Günzle verstummte, lauschte noch für ein paar Sekunden der Stimme am anderen Ende. Das, was Simon über Kraller wusste, ließ ihn ihre Botschaft hören, ohne dass er die Stimme selbst vernahm: »Da hätte ich mehr von Ihnen erwartet. Ich brauche nicht nur ein paar lausige Produkte, die ich mir irgendwo kaufen kann. Ich habe Ihre Unterstützung gebraucht. Sie können mir die nicht geben, also sind Sie aus dem Geschäft, Günzle. Jetzt und für immer. Guten Tag!«

Das, was Simon jetzt sah, kannte er nur aus Filmen. Die kraftlose Bewegung, mit der sein Boss den Stöpsel vom Headset zog, erinnerte ihn an jene Momente in *Schwarzwaldklinik* und *Emergency Room*, in denen schicksalsschwer und sonor der Chefarzt sein »Wir schalten ab« in den Raum stanzt. Mit dem kleinen Unterschied, dass diesmal der Doc vom Netz ging, während der Patient sich fröhlich eine andere Klinik suchte.

Simons Telefon läutete. »Hier spricht Simon Richter. Ich wünsche Ihnen einen guten Tag – so wie's aussieht, haben Sie ja ordentlich Sonnenschein in München, Herr Kleinert.« Dieses kleine Software-Tool, das in null Komma nix die Telefonnummer analysierte, die Daten aus der Kundendatei aufrief und die Website mit dem Wetterbericht auf den Bildschirm brachte, war schon eine tolle Sache. »Und Ihr Abschluss mit den Südkoreanern – tolle Sache.« Die aktuellen Nachrichten aus dem Google-Alert waren inzwischen auch auf dem Monitor aufgepoppt.

»Sie sind wieder 1a informiert, Richter. Ich bin beeindruckt«, meinte Kleinert, Chefeinkäufer bei der großen weiß-blauen Automarke, Sie wissen schon. »Genau wegen der Korea-Sache rufe ich bei Ihnen an. Sie hatten neulich davon gesprochen. Können Sie liefern?«

Simon erinnerte sich. Vor zwei, drei Wochen, die Zusammenarbeit mit Profit war noch recht neu gewesen, hatte er dessen Ratschlag beherzigt, die Schlagzeilen in der Wirtschaftspresse auf Marktpotenziale zu durchforsten. Und war auf die Absicht der Münchner gestoßen, mit den Südkoreanern ins Geschäft zu kommen. In der Lufthansa-Lounge am Flughafen hatte er dann am gleichen Abend neben Kleinert gesessen, der auf seinen Airbus nach Pusan wartete und in einem Korea-Dossier blätterte. Er hatte sich ein Herz gefasst und den Mann angesprochen. Dass dies ein interessanter Markt sei, dass er in der *Financial Times* über die Pläne gelesen habe, dass seine eigene Firma seit Jahren erfolgreich die dortige Automobilindustrie beliefere und dass, wenn sein Gegenüber Fragen habe, er, Simon, gern weiterhelfen würde ... Sie hatten Visitenkarten getauscht, er hatte eine Produktdokumentation und eine Preis-Leistungs-Analyse mit der Post geschickt, aber seitdem nichts mehr von seiner Zufallsbekanntschaft gehört. Er hätte aber auch selbst nachhaken können. Immerhin hatte er sich am Tag danach die Mühe gemacht, noch ein Angebot durchzurechnen. Mist. Einfach nicht daran geglaubt. Vergessen. Durchgerutscht. Aber das wusste er inzwischen besser.

Simon reagierte blitzschnell. Zuhören war inzwischen seine große Stärke geworden. Kleinert hatte nicht gesagt »Wir sollten uns mal unterhalten«. Oder »Machen Sie mir ein Angebot«. Er hatte gefragt: »Können Sie liefern?« Seine Antwort kam so präzise wie ein Pass von Franck Ribéry: »Wir können. Wie viel? Wann?«

Aus dem Headset klang ein Lachen. »Sie sind ganz schön fix. Wir aber auch. Die Umrüstung in der ersten Fertigungslinie fängt in sechs Wochen an. Bis dahin brauchen wir 200 von Ihren Analyzern. Ich hab's mir auf Ihren Prospekten und im Internet angesehen. Gutes Zeug das. Und wenn Ihre Leistungskurven nicht getürkt sind, genau unser Anspruch. Also, die ersten 200 gleich und dann alle vier Wochen 50 weitere über die nächsten 18 Monate. Inklusive Personal für die Installation, inklusive Schulungen, inklusive Qualitätskontrolle, inklusive Rund-um-die-Uhr-Service. Ich brauche Ihren Preis in 30 Minuten. Noch Fragen?«

»Herr Kleinert, Sie bekommen Ihr Angebot in 30 Sekunden. Ich habe meine Daten schon auf dem Schirm. 200 gleich, dann 18 mal 50, macht 1100 insgesamt. Acht Mitarbeiter von uns am Anfang, plus zwei zur Schulung, dann nach sechs Monaten noch fünf vor Ort …« Es sprudelte nur so aus ihm heraus. »Lieferung vermutlich mit Luftfracht – wir übernehmen die Zollabwicklung, wir haben da unsere Experten in Seoul.«

»Perfekt, daran hatte ich noch gar nicht gedacht.« Kleinert klang beeindruckt.

»Gut, die Parameter sind alle drin. Brauchen Sie die Geräte in Corporate Colours? Handbücher auf Englisch oder Koreanisch?« Simon kam sich vor wie ein Pilot im Cockpit, der die Checkliste herunterbetete. Vor ihm blinkten auf dem Computerschirm die aktuellen Daten, das sah gut aus, sehr gut.

»Wenn Sie das mit den Firmenfarben hinkriegen, ist das okay, aber nicht zwingend. Handbücher bitte auf jeden Fall zweisprachig. Aber – können Sie mir auch garantieren, dass Sie lieferfähig sind?«

Simon hatte längst im Warenwirtschaftssystem nachgesehen – Liebe Kathrin, danke für diesen Tipp!!! –, das reichte gut hin. Denn nachdem Günzle den Deal mit der Krallerin versemmelt hatte, hatten sie so viel auf Reserve, dass sie den zusätzlichen Auftrag aus München gut integrieren konnten. Aber das brauchte Kleinert ja nicht zu wissen.

»Ich mache das für Sie möglich, Herr Kleinert, das sichere ich Ihnen verbindlich zu. Normalerweise müsste ich Ihnen bei so kurzfristigen Orders einen Eil-Zuschlag von 18 Prozent berechnen, das sehen unsere AGB verbindlich vor. Aber angesichts der gesamten

Auftragsmenge streiche ich das für Sie. Das ist dann noch etwas günstiger als der Mengenrabatt; der läge nur bei 14,2 Prozent.«

»Feiner Zug von Ihnen, Richter. Mehr geht wohl nicht?«

»Nein, mehr geht wirklich nicht. Zumal ich den Custom-Broker-Service für Sie als Neukunde inkludiere, der zu unserem Stammkunden-Angebot gehört, und Ihnen gleich auch noch ein Viertel unserer Mannschaft aus dem Field-Service reserviere. Da werden einige für Sie ihren Urlaub umbuchen müssen. Und, kleiner Hinweis am Rande«, Simon grinste in sich hinein, dieser Link in die internen Einkaufskonditionen, den ihm Kathrin gezeigt hatte, war echt Gold wert, »die 49 Fahrzeuge aus Ihrer Produktion, die in unserer Firmenflotte rollen, sind deutlich niedriger rabattiert. Ich werde mir schon etwas einfallen lassen müssen, damit die Jungs dort von unserem Deal keinen Wind bekommen …«

Die Stimme aus München klang plötzlich ernst. »Ich habe schon verstanden, Richter.«

Simon hielt den Atem an. War er übers Ziel hinausgeschossen?

»Ich bin in einer halben Stunde beim Vorstand. Und ich schätze die Zuverlässigkeit Ihrer Angaben. Die Ausarbeitung, die Sie mir vor ein paar Wochen geschickt haben, ist besser als vieles, was ich in der Vergangenheit zu solchen Themen bekommen habe. Also gehe ich davon aus, dass Sie jetzt auch seriös argumentieren. Ich wünschte mir, unsere Jungs hier wären in Gesprächen immer so gut vorbereitet …«

»Herr Kleinert, das gehört bei TOPOLOH einfach dazu. Wie sollen wir Sie denn von der Qualität unserer Produkte überzeugen, wenn's beim Verkauf nicht präzise zugeht?«

Aus dem Kopfhörer klang wieder lautes Lachen. »Okay, Ihr Punkt. Wann habe ich das Angebot?«

»Geht in diesem Moment per Mail als PDF an Sie raus.«

»Dann ist ja alles in Butter. Sie hören bis 16 Uhr von mir.«

»Vielen Dank, Herr Kleinert. Ich sehe bis dahin schon mal nach, welche Restaurants in Seoul unsere Experten Ihnen empfehlen können. Bis dann!«

Zum ersten Mal in seinem Leben bedauerte Simon es, dass er Nichtraucher war. Jetzt die große, lässige Geste. Zurücklehnen, bis der Stuhl kurz vorm Umfallen war. Die Beine auf den Tisch. Das Kreuz durchstrecken. Mit dem Zippo eine Zigarette anzünden und dann einen coolen Zug machen wie John Wayne nach der Befreiung des Forts. Das war ja ein Ding. Die Weiß-Blauen aus München. Seit Gründung von TOPOLOH vor 27 Jahren auf der Wunschliste ganz oben. Zigmal gescheitert. Und jetzt rufen die von selbst an. Irgendwo im Osten machten sich jetzt vermutlich drei Magier auf den Weg, um ihn, Simon Richter, mit Gold, Weihrauch und Myrrhe zu beschenken. Na ja, es würde schon reichen, wenn der Vertriebsvorstand …

Die Euphorie war wie weggeblasen. Simon wollte gar nicht nachzählen, gegen wie viele Regeln und Hierarchien er soeben verstoßen hatte. Daran hatte er überhaupt nicht gedacht. Und wenn Günzle am Kunden scheitern konnte, dann drohte ihm ein ähnliches Schicksal durch das interne System. Doch Simon war nicht umsonst durch Profits Schule gegangen. »Frechheit siegt«, dachte er und verfasste ein Fünfzeilen-Memo an den Vertriebsvorstand: »… erwarte Zusage aus München bis 16 Uhr. Halte Sie auf dem Laufenden. Schönen Tag, Simon Richter.«

Jetzt senden.

Das Telefon. Simon stockte kurz der Atem. Das ging aber fix.

»Richter.«

»Habe ich Ihnen nicht gesagt, Sie sollen auf Ihren Gesprächspartner eingehen, wenn Sie ihn begrüßen?«

Profit. Simon atmete aus und holte gleich wieder tief Luft.

»Tom, ich wusste nicht, ich habe, ich dachte …« Er fand nicht die richtigen Worte.

»Weiß schon, was los ist. Wir haben hier alles über den Kontrollmonitor verfolgt. Erste Sahne, wie Sie das mit Kleinert gedeichselt haben. Chapeau!« Anerkennung klang aus den Worten des Agenten. »Ich meine, wir können Sie ab sofort auf eigene Faust die anspruchsvollen Jobs erledigen lassen. Das war perfekt.«

»Aber ich habe doch noch nicht …«, erwiderte Simon.

»Sie sind schon ganz auf dem richtigen Weg, junger Mann. Und den müssen Sie nicht nur selbst gehen, sondern auch selbst entwickeln. Sie müssen Ihre eigenen Methoden finden und verfeinern. Und Sie müssen selbst mehr draus machen.« Die Worte Profits hatten etwas Endgültiges. »Unsere Dienste werden andernorts gebraucht. Denn, Simon, eines können Sie mir glauben, da draußen laufen noch einige von Ihrer Sorte herum …«

»Ich verstehe«, sagte Simon. »Ich hätte gern noch ein bisschen von Ihnen gelernt. Aber das muss ich dann wohl lassen.«

»Junger Mann, bleiben Sie locker. Außerdem werden Sie über kurz oder lang selbst an meine Stelle treten.«

»Wie das?«

»Haben Sie schon mal an mein Honorar gedacht?«

Simon zuckte zusammen. Hatte er nicht. Davon war aber auch nie die Rede gewesen. Oder hatte er etwas überhört oder übersehen? Jetzt kam wohl das dicke Ende.

»Ähm…« Jetzt bloß nichts Falsches sagen.

»Habe ich mir schon gedacht, dass Sie das erfolgreich verdrängt haben.« Simon war sich nicht ganz klar, ob er aus Profits Stimme Schadenfreude oder Nachsicht heraushören wollte. »Wir haben ja auch nie darüber gesprochen.« Simon war erleichtert: Kein Vertrag, keine Kohle. »Wir erwarten einfach, dass Sie von selbst drauf kommen und sich als ehrenwertes Mitglied der Gesellschaft darauf besinnen, wie Sie den Mehrwert in Ihrem Leben honorieren.« Simon wurde rot. Er erinnerte sich an Profits Bemerkung, dass es zu den anspruchsvollsten Aufgaben gehöre, erfolgreich zu sein und anständig zu bleiben. Damit hatte er ihn. Und Simon wusste, was er schuldig war.

»Was erwarten Sie von mir?«

»Leute, die unsere Hilfe in Anspruch genommen haben und erfolgreich sind, stellen ihre Talente in den Dienst der Organisation. Sie geben ihr Wissen weiter, stehen anderen Hilfesuchenden zur Seite, verbreiten den Gedanken von Mission Mehrwert durch Überzeugung und eigenes Handeln. Das ist das Prinzip.«

Simon verstand sofort. »Was soll ich tun?«

»Warten Sie's ab. Man wird Sie anrufen. Ich wünsche Ihnen viel Erfolg. Sie sind ein guter Verkäufer. Und noch was: Die Fiesen Einkäufer und ihre Chefin Tanja haben sich nach Liechtenstein abgesetzt. Sie werden eine Zeit lang Ruhe vor ihnen haben. Aber verlassen Sie sich nicht zu sehr darauf. Diese Kategorie Miesmacher kommt immer wieder nach oben. Halten Sie die Augen offen und Ihren Verstand wach! So, und jetzt wird Sie gleich Ihr Vorstand anrufen. Er ist, sagen wir's mal vorsichtig, noch nicht ganz überzeugt, dass Ihre Regelverstöße angemessen waren. Aber dass Sie überhaupt mit den Münchnern so weit gekommen sind, hat ihn beeindruckt. Verhandeln Sie also geschickt. Tschüss!«

Die Leitung war tot. Und Simon schlug in seinem Leben ein neues Kapitel auf. Es war mehr wert als die vorigen.

Thomas Burzler

»Verkaufen um jeden Preis war gestern. Die Zukunft gehört dem *Profit-Selling!*« – das ist das Motto von Thomas Burzler, Deutschlands Experte für Preisverhandlungen. Der Entwickler des *ProfitSelling* beherrscht dieses Thema wie kein anderer. Wer *ProfitSelling* kennt und anwendet, braucht keine Angst mehr zu haben vor sinkender Kaufkraft oder wachsendem Preisbewusstsein. Thomas Burzler macht klar, wie Sie mit besseren Preisen mehr Gewinn erzielen und wie Sie mit einer stringenten Methodik Ihre Wettbewerbsüberlegenheit ausbauen. Zeigen Sie Ihren Kunden, warum Sie und Ihre Produkte einfach mehr wert sind.

Thomas Burzler kennt die Herausforderungen im Vertrieb aus eigener Praxis. Während und nach seinem Informatik-Studium mit dem Schwerpunkt Betriebswirtschaft war er viele Jahre als Vertriebsleiter tätig, bevor er seine Karriere als selbstständiger Management- und Verkaufstrainer fortsetzte. Seit 1996 ist der gebürtige Augsburger als Berater und Trainer aktiv am Markt und leitet zusammen mit Heinrich Kürzeder die Sales Motion GmbH. Die Agentur hat sich auf die Vermittlung von Trainern, Vortragsrednern und Coachs spezialisiert und vermittelt prominente Persönlichkeiten aus dem Sport für außergewöhnliche Unternehmens-Events.

Zu Thomas Burzlers Kunden zählen internationale Konzerne und namhafte Unternehmen im gesamten deutschsprachigen Raum. Thomas Burzler ist professionelles Mitglied der German Speakers Association, der International Federation of Professional Speakers und bei Speakers Excellence als einer der Top-100 Redner und Referenten in Deutschland gelistet. Burzler ist Referent an der Fachhochschule Augsburg und an der ZfU, der International Business School in der Schweiz.

Mit seinem Buch »Mission: Profit – Die Lizenz zum Abschluss« macht er *ProfitSelling* einer breiten Öffentlichkeit bekannt. Thomas Burzler vermittelt alias Tom Profit in dem spannenden Business-Roman eingängig und an vielen praxisnahen Beispielen, wie *ProfitSelling* im Vertrieb funktioniert und wie es gelingt, auch dem eigenen Leben »mehr Wert« zu verleihen.

Weitere Informationen unter www.sales-motion.de.

Die richtigen Referenten
zur richtigen Zeit
im richtigen Unternehmen

GABAL: Ihr „Netzwerk Lernen" – ein Leben lang

Ihr Gabal-Verlag bietet Ihnen Medien für das persönliche Wachstum und Sicherung der Zukunftsfähigkeit von Personen und Organisationen. „GABAL" gibt es auch als Netzwerk für Austausch, Entwicklung und eigene Weiterbildung, unabhängig von den in Training und Beratung eingesetzten Methoden: GABAL, die **G**esellschaft zur Förderung **A**nwendungsorientierter **B**etriebswirtschaft und **A**ktiver **L**ehrmethoden in Hochschule und Praxis e.V. wurde 1976 von Praktikern aus Wirtschaft und Fachhochschule gegründet. Der Gabal-Verlag ist aus dem Verband heraus entstanden. Annähernd 1.000 Trainer und Berater sowie Verantwortliche aus der Personalentwicklung sind derzeit Mitglied.

Die Mitgliedschaft gibt es quasi ab 0 Euro!
Aktive Mitglieder holen sich den Jahresbeitrag über geldwerte Vorteil zu mehr als 100% zurück: Medien-Gutschein und Gratis-Abos, Vorteils-Eintritt bei Veranstaltungen und Fachmessen. **Hier treffen Sie Gleichgesinnte, wann, wo und wie Sie möchten:**

- Internet: Aktuelle Themen der Weiterbildung im Überblick, wichtige Termine immer greifbar, Thesen-Papiere und gesichertes Know-how inform von White-papers gratis abrufen
- Regionalgruppe: auch ganz in Ihrer Nähe finden Treffen und Veranstaltungen von GABAL statt – Menschen und Methoden in Aktion kennen lernen
- Jahres-Symposium: Schnuppern Sie die legendäre „GABAL-Atmosphäre" und diskutieren Sie auch mit „Größen" und „Trendsettern" der Branche.

Über Veröffentlichungen auf der Website (Links, White-papers) steigen Mitglieder „im Ansehen" der Internet-Suchmaschinen.
Neugierig geworden? Informieren Sie sich am besten gleich!

Lernen Sie das Netzwerk Lernen unverbindlich kennen.
Die aktuellen Termine und Themen finden Sie im Web unter **www.gabal.de.**
E-Mail: info@gabal.de.

Telefonisch erreichen Sie uns per 06132.509 50-90.

„Es ist viel passiert, seit Gründung von GABAL: Was 1976 als Paukenschlag begann, ... wirkt weit in die Bildungs-Branche hinein: Nachhaltig Wissen und Können für künftiges Wirken schaffen ..."
(Prof. Dr. Hardy Wagner, Gründer GABAL e.V.)